传世励志经典

执着的探索者

达尔文

金 岩 编著

中华工商联合出版社

图书在版编目（CIP）数据

执着的探索者：达尔文 / 金岩编著. --北京：中华工商联合出版社，2017.3
ISBN 978-7-5158-1998-3

Ⅰ. ①执… Ⅱ. ①金… Ⅲ. ①达尔文（Darwin, Charles 1809－1882）－传记 Ⅳ. ①K835.616.15

中国版本图书馆 CIP 数据核字（2017）第 104944 号

执着的探索者——达尔文

作　　　者：金　岩
出 品 人：徐　潜
策划编辑：魏鸿鸣
责任编辑：林　立　崔红亮
封面设计：周　源
营销总监：曹　庆
营销推广：万春生
责任审读：郭敬梅
责任印制：迈致红
出版发行：中华工商联合出版社有限责任公司
印　　　刷：天津旭丰源印刷有限公司
版　　　次：2017 年 7 月第 1 版
印　　　次：2023 年 4 月第 4 次印刷
开　　　本：710mm×1020mm　1/16
字　　　数：190 千字
印　　　张：16
书　　　号：ISBN 978-7-5158-1998-3
定　　　价：59.80元

服务热线：010－58301130
销售热线：010－58302813
地址邮编：北京市西城区西环广场 A 座
　　　　　19－20 层，100044
http://www.chgslcbs.cn
E-mail：cicap1202@sina.com（营销中心）
E-mail：gslzbs@sina.com（总编室）

凡本社图书出现印装质量问题，请与印务部联系。
联系电话：010－58302915

序

　　为了给《传世励志经典》写几句话，我翻阅了手边几种常见的古今中外圣贤大师关于人生的书，大致统计了一下，励志类的比例，确为首屈一指。其实古往今来，所有的成功者，他们的人生和他们所激赏的人生，不外是："有志者，事竟成。"

　　励志是动宾结构的词，励是磨砺，志是志向，放在一起就是磨砺志向。所以说，励志不是简单的立志，是要像把刀放在石头上磨才能锋利一样，这个磨砺，也不是轻而易举地摩擦一下，而是要下力气的，对刀来说，不仅要把自身的锈磨掉，还要把多余的部分毫不留情地磨掉，这简直是一场磨难。所有绚丽的人生都是用艰难磨砺成的，砥砺生命放光华。可见，励志至少有三层意思：

　　一是立志。国人都崇拜的一本书叫《易经》，那里面有一句话说："天行健，君子以自强不息。"这是一种天人合一的理念，它揭示了自然界和人类发展演化的基本规律，所以一切圣贤伟人无不遵循此道。当然，这里还有一个立什么样的志的问题，孔子说："士不可以不弘毅，任重而道远。"古往今来，凡志士仁人立的都是天下家国之志。李白说：大丈夫必有四方之志，白居易有诗曰：丈夫贵兼济，岂独善一身，讲的都是这个道理。

二是励志。有了志向不一定就能成事，《礼记》里说："玉不琢，不成器。"因为从理想到现实还有很大的距离。志向须在现实的困境中反复历练，不断考验才能变得坚韧弘毅，才能一步一个脚印地逐步实现。所以拿破仑说：真正之才智乃刚毅之志向。孟子则把天将降大任于斯人描述得如此艰难困苦。我们看看历代圣贤，从世界三大宗教的创始人耶稣、穆罕默德、释迦牟尼到孔夫子、司马迁、孙中山，直至各行各业的精英，哪一个不是历经磨难终成大业，哪一个不是砥砺生命放射出人生的光芒。

三是守志。无论立志还是励志都不是一朝一夕、一蹴而就的，它贯穿了人的一生，无论生命之火是绚丽还是暗淡，都将到它熄灭的最后一刻。所以真正的有志者，一方面存矢志不渝之德，另一方面有不为穷变节、不为贱易志之气。像孟子说的那样："富贵不能淫，贫贱不能移，威武不能屈。"明代有位首辅大臣叫刘吉，他说过：有志者立长志，无志者常立志，这话是很有道理的。

话说回来，励志并非粘贴在生命上的标签，而是融汇于人生中一点一滴的气蕴，最后成长为人的格调和气质，成就人生的梦想。不管你做哪一行，有志不论年少，无志空活百年。

这套《传世励志经典》共收辑了 100 部图书，包括传记、文集、选辑。为读者满足心灵的渴望，有的像心灵鸡汤，营养而鲜美；有的就是萝卜白菜或粗茶淡饭，却是生命之必需。无论直接或间接，先贤们的追求和感悟，一定会给我们带来生命的惊喜。

徐　潜

前　言

如果将达尔文比作生物学领域的牛顿，一点也不过分。但达尔文在生物学领域的地位，又确实不同于牛顿在物理学领域的地位。因为科学界对牛顿的赞美可谓众口一词，即便是近代和现代物理学发展如此迅速，新的理论层出不穷。但是看看后人对达尔文的评价吧——20世纪的一位进化论学者杜布赞斯基曾如此评价达尔文和他的理论："如果不从进化论的角度去审视，生物学就没什么意义。"但20世纪的遗传学家穆勒却如此说道："这一百年的生物学进展，有没有达尔文理论都一样。"在这两种截然不同的评价中，达尔文及其理论在生物学中的地位显然大相径庭。

这是因为，达尔文理论主要是对生物界秩序何以起源的一种说明，而不是对某种具体功能的一种特定解释。比如，针对色盲，生理学的知识可以告诉我们，眼睛辨别颜色的机制是什么；遗传学的知识可以告诉我们，这种机制是如何由基因所决定的，它的遗传规律是什么；但进化论却告诉我们，色盲存在的历史原因是什么。这样的例子还可以举出许多。这就是说，生物学不同于物理学，它不仅涉及对直接原因的说明（这通常是生理学或遗传学研究的内容），还涉及对历史原因的理解，这就是进化论的研究对象。当历史原因被忽略时，进化论的视角似乎就真的变得可有可无了。

　　但历史是生命曾经存在的见证，我们又怎么能够轻易割舍历史呢？更重要的是，达尔文对此的解释，将我们带入了另一段历史的展开。而达尔文对自然与科学的探索精神，将一直启迪人们。若读者通过阅读，能有所获益，本书的目的也就达到了。

目 录

第一章　顽童还是天才

塞文河畔

曲折蜿蜒的塞文河是大不列颠岛上最长的河流，它发源于坎布里亚山，一路奔走，当它流到距伦敦约 220 公里、距西海岸约 100 公里的地方时遇到了一座小山，它展开自己的臂膀，将小山揽在自己的臂弯里。古城施鲁斯伯里，就在这个河湾里孕育、发展起来。

古城西北方有一座三层红砖楼房，楼房的主人名叫罗伯特·瓦尔宁·达尔文，他的父亲伊拉兹马斯·达尔文是英国著名的博物学家和医学家。这是一个高级知识分子家庭，罗伯特本人也是一位当地享有很高声望的医生。

罗伯特 21 岁时毕业于英国知名学府爱丁堡大学医学院，成为一位医学博士并开始行医。罗伯特医生颇有成就，受人尊敬，在当地很有声望。他是一个身材魁梧、器宇轩昂的男人，他不仅医术高超、具有高度敏锐的观察力，而且总是为病人和病人家属着想，很容易获得人们的信任。许多病人都把罗伯特当作自己的好朋友，主动告诉他一些自己的生活经历，甚至家庭纠纷。由于罗伯特医生善解人意，很多就诊的病人特别是妇女，都来请教他，她们把自己生活上的苦痛经历都向他倾诉，就像把他当作了一位神父，可以帮助她们解决种种不幸和灾祸一样，因此平时每个遇见罗伯特医生的人都对他肃然起敬。

1809 年 2 月 12 日，罗伯特的第五个孩子——未来的博物学家查尔斯·罗伯特·达尔文出生了。罗伯特曾对小达尔文说过："一个医生，不仅要治好病人，还必须让病人的亲属感到有希望和勇气。"小达尔文发现，父亲在给别人看病时特别注意心理治疗，帮助病人解除思想上的痛点。他常说，父亲是"最聪明的人"，他对父亲充满了信任。

小达尔文的母亲苏珊娜出身富家，是一位有名的陶工的女儿。达尔文 8 岁时，遇到了人生道路上第一次沉重的打击：他的母亲病逝了。后来回忆自己的母亲时，达尔文说："除了她临终时睡的床、穿的黑丝绒长衣和坐过的结构奇特的针线桌之外，我几乎记不起关于她的任何事情了。"

达尔文兄弟姐妹共六人，他有一个哥哥和四个姐妹，在兄弟姐妹中，达尔文受二姐和哥哥的影响最大。二姐卡罗琳是个爱管事的小大人儿，达尔文每次在上学前，她都会事先在家中给达尔文预备功课。可是卡罗琳有时会显得热心过度，她时常想要纠正达尔文的脾气。因此，几十年后，达尔文还记忆犹新：小时候，当他每次想进二姐的房间时，总会在心中盘算："她又会数落我的什么过错呢？"

达尔文的哥哥伊拉兹莫斯爱好十分广泛，对文学、艺术及各门自然科学都有极大的兴趣。当达尔文中学快毕业的时候，伊拉兹莫斯又沉迷于研究化学。哥哥在花园的工具储藏间中建了一个实验室，配备了专用的仪器装置。受哥哥爱好的影响，达尔文也对化学产生了浓厚的兴趣，他认真地阅读了几本化学书籍，还经常和哥哥一起做试验到深夜，他们研制出了各种气体和很多化合物，这些经历让达尔文感到"这是自己在中学时代受到的最良好的教育"。

达尔文全家所住的红房子是达尔文的父亲在1800年建起来的，这幢依山傍水的楼房边上有一个种满各种花草果木的花园，一条弯弯曲曲的小路通向远方，这条由罗伯特医生和前来求医者们踏出的小路被称为"医生路"。路旁有一棵栗树，树枝相互平行地弯曲着，这棵树是达尔文儿时的最爱。这里是小达尔文的乐园，是他玩耍的小天地。他和姐姐卡罗琳经常在树上玩，他们在这里都有自己固定的"座位"。达尔文从小就非常喜欢接近大自然，这为他成年后的发展奠定了一定的基础。

不务正业

儿时的达尔文看起来并没有什么不寻常的地方，伟大的科学家并不是人们想象中的一位天才少年，他好动、贪玩，经常一个人爬上树去捉知了、掏鸟蛋，下河游泳、捕鱼捞虾更是他的家常便饭。有时候他还会自作聪明地耍一些小把戏。有一次，贪嘴的达尔文把自家果园里的苹果摘下几个放到草丛里，回家却谎称是有人偷了苹果。这当然不会逃过父亲的眼睛，但罗伯特医生没有批评儿子，而是因势利导地教育小达尔文："注意观察事物是好的，但一定要注意发现的情况是不是事实"。

童年时代的小达尔文有一个特殊爱好，他喜欢长时间一个人散步，而且总是在散步时专心致志地进行思考。这让他进步很快，当然也吃了不少苦头。一次散步时，由于只顾思考，达尔文竟忘记看路，从两米高的地方跌了下去。

6岁时，有一次母亲带达尔文到公园去玩耍，这天公园里正举行栽树活动，母亲带着小达尔文领了一把铁锨，去挖坑栽树。小达尔文还拿不动铁锨，母亲就让他用双手扶着树苗，自己给树苗挖坑、培土。达尔文好奇地问："妈妈，您为什么给树苗培土呢？""因为泥土是树苗生长的基础，我想要树苗像你一样茁壮成长。""那泥土为什么长不出小猫小狗呢？""小猫小狗是它们妈妈生的，不是从泥土里长出来的。""人最早的妈妈是谁呢？她又是谁生的呢？""听说最早的妈妈是夏娃，不过我只知道圣母玛丽亚。""那么，夏娃和玛丽亚是谁造的？""上帝。""那么，上帝是谁造的？"

妈妈注视着面前闪着一双好奇的眼睛执意探问的儿子说："亲爱的孩子，世界上有很多事情对于我们来说还是一个谜。妈妈希望你长大以后好好学习，自己去寻找答案，做一个有出息、有学问的人。"幼小的达尔文若有所思。毫无疑问，达尔文是个聪明的孩子，他幼小的心灵已经对身边的世界充满了好奇的疑问。

达尔文家庭条件优越，家里人都认为他应该从事某项专业工作，自达尔文诞生之日起，父亲罗伯特脑海里唯一的问题就是：达尔文长大了干哪一行？父亲认定他的儿子可以成为一名好医生，无论如何，学医毕竟是家族传统，而且哥哥伊拉兹莫斯也已在爱丁堡大学学习医学了。父亲期望达尔文长大后也能够成为一名优秀的医生，期望他能继承自己的事业。

可7岁时的达尔文只喜欢搜集植物、昆虫，以及硬币、图章、贝壳和化石，是个调皮捣蛋、令大人见了脑袋发胀的小家伙。他整天在外玩耍，要么跑到森林深处的池塘里抓蝌蚪；要么就坐在小河边望着钓鱼的人痴痴地发呆。有时父亲会失望地对他说："你除了打猎、养狗、抓老鼠以外，无所事事。这样下去，会给自己及全家人丢脸的。"达尔文爱搜集，却不贪婪，搜集鸟蛋时，每次他只从鸟窝里拿走一个蛋，从来没有多拿过一个。他一生最内疚的事就是小时候曾经无缘无故地揍过一只小狗，为此久久难以释怀。

1818 年，9 岁的达尔文被送进一所旧式私立学校学习，在这里他度过了 7 个年头。虽然是寄宿，但他总是稍有空余时间就跑回家中，每次都等到最后一秒才恋恋不舍地离开，他觉得只有在家里和花园中才能找到自己的兴趣和爱好。这所学校只有一名牧师，教材就是《圣经》。达尔文不爱听《圣经》，喜欢看《鲁滨逊漂流记》《世界奇观》等儿童读物，喜欢收集各种植物、贝壳、化石等标本，很早便显露出了对博物学的浓厚兴趣。达尔文的这些兴趣和爱好没能得到应有的支持和鼓励，反被父亲和巴特勒校长视为浪费时间、不务正业，还认为他"是一个平庸的孩子，远在普通人的智力水平之下"。

达尔文所在的学校进行的是严格的古典教学，在学校里他要学习古文，读古罗马人和古希腊人的著作，还要背诵，学校对作诗也特别重视。而这些东西让达尔文感到十分反感，他认为在这所学校的经历对他来说是一个"空白"。

到了中学时，达尔文不再满足于抄写和背诵一些诗歌，他很喜欢荷马、贺拉斯、莎士比亚、拜伦、雪莱等诗人。他读这些诗人的诗篇时总是感到有"无限的乐趣"。从小就酷爱自然科学、喜欢思考的达尔文不喜欢一潭死水般的学校生活，于是便走出校门，请了一位家庭教师教授几何学。他还怀着极大的兴趣阅读了不少自然科学著作，特别是吉尔伯特·怀特的《自然史和赛尔波恩地区的考古研究》，这本书使他对观察鸟类习性产生了极大兴趣，促使他对附近各种鸟类的习性做了详细地观察，甚至一一进行了标记。

达尔文特别喜爱雪莱的作品。当时，雪莱是欧洲乃至全世界最进步的革命诗人，达尔文天天埋头阅读和背诵雪莱的诗篇，竟遭到负责全校学生宗教事务的教士的凶狠指责。有一次，这位教士教训达尔文说："雪莱是一个不信上帝、不敬国王、不爱祖国、诽谤政府、煽动造反的狂人！是疯子！如果在 16 世纪，他一定会像布鲁诺一样被活活烧死！"他还威胁达尔文说："你要是不改正错误，我就向校长建议，把你开除！"

面对"开除"的威胁，少年达尔文根本不放在心上，因为他早已对这所学校死板、陈旧的教学方法深表不满，甚至想要自动离校，但教士开除达尔文的建议被校长巴特勒否定了。

尽管许多人都在批评达尔文，但达尔文并不在乎这些，他依旧做自己喜欢做的事情。不喜欢学校的课程，反而使达尔文的搜集兴趣更加浓厚了。他搜集各种昆虫，10 岁时达尔文就已经对当地的动物如数家珍了。达尔文也非常喜欢英格兰的乡镇生活，当有机会逃学时，他就整天在树林里闲逛，采集岩石、昆虫。他喜欢养狗、种花、钓鱼，平时还喜欢喂鸽子，鸽子屎拉满了院子，有一次竟然拉到了父亲的头上。诸如此类的事情令罗伯特医生非常恼火，他多次训斥达尔文说："你成天游手好闲，东游西逛，以后怎么办？你为什么就不能好好学习，把家族事业继承下来呢？"

在达尔文中学即将毕业时，已上大学的哥哥伊拉兹莫斯正在钻研化学问题，兄弟二人在花园的工具棚里布置了一间实验室，经常在那里做些化学实验。为此达尔文又遭到了巴特勒校长的严厉训斥，巴特勒当着全校师生的面教训达尔文，说他是一个"无可救药的学生"。

学业生涯

达尔文的"不务正业"终于惹怒了父亲，罗伯特医生严厉地对儿子说："你关心的只是石头、动物、打猎，你这样会使我们全家蒙受耻辱，也包括你自己！"

达尔文被迫退学，并于1825年10月同哥哥伊拉兹莫斯一起进入苏格兰的爱丁堡大学学习医学。办完入学手续后，他报了下面这些课程：医学、化学、解剖学、临床课和外科学。在大学的第二学年，达尔文又报了产科学、物理实验和自然史这三门课。前两个学科自然不会引起达尔文的兴趣，这是不言而喻的，倒是自然史这门课让他产生了很大的兴趣，这门专业课包括动物学和地质学，学生可以学到矿物学、海洋动物学和鸟类学的相关知识。

起初，达尔文对爱丁堡大学充满了幻想，他自己也希望好好学习。达尔文进入爱丁堡大学学医是罗伯特医生一生最值得炫耀的胜利之一，他希望达尔文将来能像自己那样，既精通医学又懂得生物学，可是父亲的这一愿望还是破灭了。终究，达尔文还是对大学的授课相当失望，他认为大学所有的课对他来说都是相当枯燥的，他在自己的自传里写道："一想起上午8点钟开始的脑膜治疗课，至今还让我感到有些害怕。"

大学期间，达尔文并没有像父亲期望的那样好好学习医学，他结识了高年级学生罗伯特·格兰特和约翰·科尔斯特里姆。他们有共同的厌恶与喜好，都对医学不感兴趣，却热衷于水生生物的研究。他们经常到海边采集水生动物标本，并和渔民交上了朋友，有时还登上渔船，帮助渔民捕捞鱼虾和牡蛎。这些有趣的活动使达尔文在童年时代对生物学的热情又复活了，达尔文对从河底捕到的许多动物都进行了耐心的研究。在这一年的笔记中，他记载和描述了某些软体动物的产卵情况，对软体动物的幼虫进行了描述，还简单描述了珊瑚虫和海鳃。

1826年和1827年的两个暑假，达尔文都过得很快乐，在这期间他的兴趣得到发展，爱好都得以实现。他旅行、游玩、打猎，偶尔也访问舅舅的庄园。对于达尔文来说，在舅舅庄园里打猎是再好不过的事情。舅舅的庄园里景色优美，风景怡人，一幢古式房屋坐落在小湖岸边。夏天，亲戚朋友们聚集在这里，人们坐在柱廊的台阶上，面对着花坛和小湖，欣赏倒映在水中的美丽风景。他们表演莎士比亚的戏剧，相互嬉戏，达尔文每次在这里的日子都是那么的新鲜。

也就在这个时期，达尔文未来的妻子也悄悄出现了，她的名字叫埃玛，比达尔文大一岁。年轻的埃玛是个快乐、活泼又机灵的姑娘，她举止大方、温文尔雅。

达尔文在爱丁堡的第二学年，哥哥没有跟他做伴，理所当然地他又在同学中结交了很多热爱自然的新朋友。这期间，达尔文对生物学表现出了高度的热情和认真的态度，他积极参加普林尼学生自然史学会的工作及会议，几乎每场必在会议上发言。此外，他开始积极参加普林尼学会的工作，与会员们一起，每个星期二在学院地下室里集会，宣读和讨论自然科学方面的作品。达尔文在同学们眼中是个非常有名的自然史爱好者，很受大家尊敬。

1827年3月27日，达尔文在普林尼学会上做了关于观察海洋生物的两项报告，这些发现与他平日里观察海洋生物有密切的关系，他居然在简陋的显微镜下发现了前人的两个错误：一是板枝介的幼虫被前人误认为是借着鞭毛独立运动的板枝介卵；另一个是海蛭的卵衣被前人误认为是墨角藻幼年期的球状体。他把这两项发现写成论文，初步显示出了他在生物学研究方面的才华。由此，他正式当选为"普林尼学会"（爱丁堡大学一个主要研究自然科学的学生组织）的书记。同学们的好评及朋友们的鼓励使达尔文研究生物学的热情更高了。会员们也带达尔文参加魏尔纳学会的一些会议，达尔文在这些会议上听了美国鸟类学家奥久邦关于北美鸟类习性的报告。另外，达尔文自己也经常参加其他一些学会，如皇家医学会和爱丁堡皇家学会的会议。

从表面上看来，达尔文很少研究医学，很少上必修课，但这并不意味着达尔文对自然科学都失去了兴趣，恰恰相反，他逐步打开了另一扇满足自己需求的大门。他经常到学校的博物馆去，主动和大博物学家交朋友，他还经常同那些精力充沛的年轻博物学家们一起游览，帮助他们收集动物，他自己也尽力去研究如何对这些动物进行解剖。

达尔文所学的几门课程，除了托马斯·霍普教授的化学课讲得比较生动外，其他的课教师全都讲得枯燥乏味，许多教师的教学方式严重束缚了学生的思想。达尔文上爱丁堡大学后，亲眼看到一些病人在经过治疗以后仍然痛苦地死去了，而医生却在一旁束手无策，甚至医院竟把许多交不起医疗费的病人拒之门外。对此，他不理解医学为什么不能减轻病人的痛苦，更不明白医生这样崇高的职业为什么也被金钱所左右。达尔文的天赋也非常不适合学医，他一看到病人流血就恶心呕吐。在上大学二年级时，达尔文进过一次解剖室，解剖台上陈放的尸体经处理后仍发出难闻的气味，这使他恶心不止。达尔文畏惧解剖尸体，而解剖学是医学方面最起码的专业知识。当他知道这些尸体都是在爱丁济贫院度过余生的穷人时，就再也无法忍受了。医院的日常工作都使他厌恶，最使他反感的是做手术，那个时代做手术简直像做噩梦：病人的尖叫，满身血污，极度的痛……达尔文在手术室里上过两堂这种可怕的课后就再也没有去过。此后，他对选择学医的决心渐渐地动摇了。

1827年秋天，达尔文回到家里，把自己的苦恼坦诚地告诉父亲后，痛心疾首的父亲彻夜不眠。父亲明白，这样下去，达尔文将一事无成，爱子如命又恨铁不成钢的罗伯特医生向好友赫德先生求教。赫德先生了解罗伯特医生倔强的脾气，也懒得长谈，从书架上抽出一本法国幻想小说《巨人传》给他看。罗伯特医生翻开书一瞧，气得胡子都翘了起来，题首的一句话竟然是"随心所欲，各行其是"。赫德先生开导罗伯特医生说："你不光要用你的手和嘴去教育孩子，最重要的是用你的心去接近孩子，聆听孩子灵魂深处的声音。我的老朋友，请忘掉你的年龄，同孩子交朋友吧。"

已经被达尔文的学业弄得心力交瘁、焦头烂额的罗伯特医生恍然大悟，他决定彻底改变想法与态度，同达尔文好好交一次朋友。为了孩子的前途，罗伯特医生毅然地做出了决定，他辞去了学校董事、医学公会秘书等待遇优厚的兼职工作，腾出大量时间同达尔文待在一起。达尔文喜欢动物，他就带孩子去爱丁堡动物园游览；达尔文喜欢野外生活，他就带孩子到森林里野营、到河里捕鱼，甚至还同达尔文一起，兴致勃勃地养起了小动物。努力没有白费，达尔文对父亲的抗拒和逆反心理逐渐被淡化、消融了，他开始把父亲当成最可信赖的朋友。

罗伯特医生以牺牲祖业为代价的开明态度感动了达尔文，他又一次听从了父亲的忠告，报考了剑桥大学神学院。父亲的理由极其简单："孩子，读书是为了谋职，而神学院的学生特别容易找到工作，尤其是剑桥一类的名牌大学学生。"达尔文的舅舅也是他的打猎启蒙老师乔赛亚·韦奇伍德也极力地开导他："学好神学，当上了牧师，你对生物学的爱好还是可以坚持下去的。哥白尼、布鲁诺、康帕内拉、牛顿，还有剑桥大学教授塞奇威克都学习、研究过神学，有的还担任过圣职。不过我希望你像哥白尼、布鲁诺和康帕内拉那样，从神学走向科学。而不是像牛顿那样，从科学走向神学。"达尔文听了乔赛亚舅舅说的话，心想自己也可以走这条路。

要成为一名牧师，就得毕业于大学神学系。根据剑桥学院注册的记载，达尔文于1827年10月15日被录取为低年级寄宿生，1828年1月，达尔文正式进入剑桥大学基督学院学习。达尔文虽然从小热爱文学和科学，对神学没有什么兴趣，但他毕竟还是个阅历不深、知识不多的青年人，加上当时神学势力的影响，入学后的达尔文又产生了做一位乡村牧师的想法。他仔细地阅读了约翰·皮尔逊的《论教义》、佩利的《基督教教义证验论》《自然神学》等神学著作。由于学习努力，达尔文在神学院的考试中成绩优良，名列前茅。

然而日久天长，达尔文在神学院的学业开始退步。他的兴趣特别广泛，先是迷上了打猎，后来又迷上了地质学和植物学，达尔文自己也承认说："在剑桥的三年是完全浪费了。"神学院单调枯燥的学习内容，以及一日三次、天天重复的祷告仪式使他越来越厌烦。于是，达尔文把大部分时间用在阅读自然科学书籍和到野外采集标本的活动上，对神学的兴趣日趋淡薄。

伯乐亨斯洛

实际上，达尔文根本没有能够让自己做到认真地去学习神学，自然科学依然是他最感兴趣的东西，在爱丁堡如此，在剑桥还是如此。在剑桥时期，达尔文同表哥威廉·福克斯·达尔文非常亲近，原因很简单，因为他们俩都非常热爱自然科学。在剑桥大学基督学院期间，发生了对达尔文"整个人生影响最大的一件事"，那就是结识了亨斯洛教授。

剑桥大学同其他大学一样，除了必修课外还开设了一些公共课。达尔文常去听亨斯洛的植物学课，亨斯洛是剑桥大学著名的矿物学和植物学教授。早在达尔文上剑桥大学之前，哥哥伊拉兹莫斯就评价当时才 32 岁的亨斯洛是一位知识非常渊博的植物学家。亨斯洛教授的课程是引人入胜的，他时常带着学生们去剑桥的郊外进行实地教学，或长途步行到有某种稀有植物的地方去采集标本。有几次还坐驳船沿河而下，到沼泽地去做野外调查，坐邮车到乌斯河上游更远的地方采集野百合。亨斯洛把大自然当作课堂，每每遇到罕见的动物、植物或岩石，他就会停下来接连讲好几节课，他似乎对大自然中每样奇妙的生命现象都了如指掌。学生们对他的博学多识赞叹不已，内心充满敬佩。

亨斯洛教授性格平易谦和，待人真诚亲切，热忱而宽厚，并不因自己的饱学而自傲，对热爱科学的青年学子尤其如此。看到有的同学上蹿下跳、满头大汗，却怎么也抓不住金凤蝶，或是陷进沼泽地的泥泞里滚了一身泥水，他也和学生们笑作一团。青年学生对亨斯洛教授并不敬而远之，却把他当作朋友，愿意亲近他，他的学生中后来很多都成为英国著名的学者。

年轻的学生和年长的职员每周在亨斯洛家里聚会一次，聚会充满了自由讨论的学术气氛。大家时而沉思默想；时而各抒己见，畅所欲言；有时为某一问题争论不休、各不相让；有时又为某个精辟见解交口称赞。许多达尔文的同龄人及比他年长许多的人都对他产生了好感，大家都对他热爱自然的那种热情，特别是活泼又诚挚的性格和反应灵敏的大脑十分敬佩。达尔文在亨斯洛教授家结识了很多当时很知名、地位很高的学者，如三一学院的院长、天文学家和哲学家休厄尔，教育家道斯，动物学家詹宁斯等，他们的聚会和私下的交谈都对达尔文产生了重要的影响，让他学到了许多自然科学的知识和科学考察的技能，所有这些都对达尔文的成长起到了促进作用。亨斯洛很快就和达尔文亲近起来，达尔文在剑桥的最后几年中，他们几乎每天都一道散步。人们后来都这样称呼达尔文——"常同亨斯洛散步的人"。

亨斯洛不仅乐意教达尔文植物学、昆虫学、地质学、矿物学和化学方面的渊博知识，还在精神上给予他良好的引导。亨斯洛笃信宗教，而且信奉正教，但当达尔文在科学和神学之间徘徊的时候，亨斯洛却在客观上将达尔文引向了科学之路。他那谦恭沉静、无限仁慈的品性，他杰出的判断力、冷静的思想，以及从长期不断的细小观察中找出结论的研究艺术，通过言传身教给予了达尔文深刻的影响。事实表明：正是亨斯洛这样的"伯乐"，发现和培养了有志向、有才华的达尔文，才使他后来可以成为伟大的科学家。

1831 年达尔文通过了基督学院的毕业考试，与大多数同学相比，他的成绩相当不错，名列第十。可因为他最初是春季学期入学的，按规定必须再留校两个学期才能授予学士学位。

在这期间，他继续听亨斯洛教授的植物学课，还听从亨斯洛的建议，加选了塞治威克的地质学课程。同时，他广泛地阅读各种自然科学书籍，其中有两本著作对他产生了巨大影响，一本是亚历山大·洪堡的《南美旅行记》；一本是约翰·赫歇尔的《自然哲学的初步研究》。

洪堡是德国自然科学家，近代地质学、化学、生物学、地球物理学的创始人之一，他的科学考察足迹遍及西欧、西伯利亚和南北美洲，其著作和事迹传遍欧洲各国，成为当时人们极感兴趣的话题。赫歇尔大器早成，是英国年轻的哲学家、天文学家和化学家，21岁就成为英国皇家学会会员。

达尔文是这样描述他读完这两本书后的心境的："我在剑桥的最后一年，曾以极大的兴趣仔细阅读了洪堡的《南美旅行记》。这一著作及约翰·赫歇尔的《自然哲学的初步研究》激起了我火热般的激情，希望在自然科学的宏大建筑上添加一点极其微小的贡献。一打开其他的书都没有像这两本书那样地对我产生过如此重大的影响。"

洪堡的《南美旅行记》，达尔文读了一遍又一遍。达尔文兴奋地读了这部旅行的第一卷，书中对群岛和火山的艺术性描写的确很精彩。书中记述了长满海枣树、椰子树、龙血树的西海岸风景，洪堡对特纳里夫岛种种奇景的描写令达尔文激动万分，觉得自己非亲身去体验一番不可。他还将洪堡的精彩描述大段大段抄录在笔记本上，随身带着。在一次同亨斯洛和几位朋友远足的路上，他掏出自己的宝贝笔记向老师和朋友们高声朗诵：

位于"热带入口"处的特纳里夫岛西岸又是一番天地。这里生长着数不清的植物，千姿百态。岸边是海枣树和椰树，红玛瑙般晶莹圆润的海枣，饱含着比乳汁还要甘甜的液汁的椰果，让人看一眼就禁不住流口水。稍高的地方是一些龙树，其中一棵高得看不到树梢，弯曲苍老的身躯高举着长满像烛台一样朝上扬起的树枝，粗壮的树干十几人才能环抱得住。尽管已有数百年的高龄了，但每年都开花结果，显示出大自然永不消逝的青春。

平日沉静稳重的达尔文现在激动得面红耳赤，他被特纳里夫岛的风光陶醉了。一路上，他鼓动大家和他一道去南美旅行考察，并说他已经打探好了去那里的船期票价。亨斯洛显然被达尔文的热情所感染，答应一同前去，但他又认真地劝导达尔文："科学考察不是游山玩水，要有充分的知识和技能准备才能有所发现、有所收获"。

在这两本书和亨斯洛的影响下，达尔文决定研究地质学，他不仅大量阅读地质学书籍，还试着进行地质调查，甚至绘制了一张施鲁斯伯里的地层图，给不同的地质构造区涂上不同的颜色。这件事并非像他预料的那样轻而易举，做起来才感到自己知识准备的不足，这使他更加起劲地弥补知识的缺陷。在一封信中，达尔文描述了他研究英国地质学书籍的结论："使我感到惊讶的是，我们对地球结构的认识竟然这么肤浅，真像一只老母鸡对它在地上用爪子刨的那一小块田地的认识那样。"亨斯洛很欣赏达尔文的敬业精神，请求同事、著名地质学家塞治威克到北威尔士考察时带上达尔文，这当然是达尔文求之不得的事。1831 年夏天，达尔文经亨斯洛教授介绍，跟随塞治威克教授去北威尔士考察那里的古岩层。威尔士的徒步旅行，主要目的是研究岩石的形成，以及寻找化石。这次旅行使达尔文学会了如何发掘和鉴定化石，掌握了如何理解一个地方地质的科学方法。

第二章　环球旅行

贝格尔号

19 世纪上半叶，是英国继续寻求海外扩张的疯狂时期，英国派舰船四处探险、勘察测量、绘制地图，以便为通往世界各地、建立"日不落帝国"提供畅达的海上通道，这也为许多科学考察活动创造了机会和条件。

1831 年 8 月 29 日，当达尔文从北威尔士回到施鲁斯伯里的家中时收到了两封信：一封来自亨斯洛，另一封来自剑桥大学的一位科学家乔治·皮科克，两封来信都是邀请达尔文做一次环绕世界的旅行。皮科克的来信说，英国政府打算对南美洲的海岸线和一些太平洋岛屿做一次勘测，邀请皮科克推荐一个人作为随行的博物学家一起行动：在勘测船停靠的陆地上观察、记录和搜集任何有意义的东西。他把这个邀请转给了地质学家亨斯洛。

亨斯洛认为这是桩广开眼界的美差，立刻推荐了自己的得意门生达尔文，亨斯洛在信中说："'贝格尔'号的舰长菲茨罗伊乐意让出自己房间的一部分，给任何一位青年，只要他志愿自费担任‘贝格尔’号航行期间的自然科学家。我认为，在我所认识的人中，你是在这方面最合适的人选。这次航行要延续两年，这对你是一个少有的机会。”

达尔文读完信后，对他的运气高兴得不知所措，他想立刻就接受亨斯洛的建议。但是多年来，罗伯特医生一直试图支配他这任性倔强的儿子的生活道路，现在他所做的一切努力都因达尔文这一轻率的"贝格尔"号计划而受到威胁。最终结果是父亲对此表示坚决反对。父亲的反对意见是：航行对达尔文这个未来的牧师来说是不合适的，达尔文既没有航海的经验，准备的时间又太短，还有，达尔文可能同菲茨罗伊舰长合不来。不过他还附带说了一句："要是你能够找到任何一位有识见的人，他建议你去，那么我也允许你去。"

达尔文觉得父亲毕竟还是自己的父亲，如果自己不听从父亲的劝告，会于心不安。当天晚上，年轻的达尔文悲伤地写信给亨斯洛，谢绝他的邀请，然后动身去拜访舅舅，并顺便去舅舅家打猎。猎取鹧鸪的季节即将到来，他不想失去开头几天猎取的好机会。

第二天一早，达尔文就到了舅舅家，准备去打猎。出发前，他把亨斯洛来信的建议和自己的心情告诉了乔塞亚舅舅。令他惊喜的是，乔赛亚舅舅认定"贝格尔"号之行是次绝好的机会。舅舅要跟达尔文一起坐马车赶回施鲁斯伯里，去同他父亲商谈。

回到家里，达尔文向父亲表明了自己的想法，可是罗伯特医生根本就不同意孩子放弃牧师职业而去干不务正业的事情。达尔文像朋友一样推心置腹地对父亲说："我的志向是探求大自然的秘密，我愿意搏击风雨的人生，在同大自然的亲近中，必将找到终身的幸福。"在乔塞亚舅舅的推荐下，罗伯特医生同意让达尔文参加环绕世界的航行，并且说："我不喜欢你的职业，但是我愿意尊重你的选择。"同时父亲还拿出自己的行囊，亲自替孩子收拾行李。

第二天，达尔文便奔赴剑桥，同时他又给皮科克写了一封信。到达剑桥时天色已晚，达尔文便给亨斯洛寄去一封便函，内容如下："我是刚到这里的。您猜我为什么来？父亲已经改变了主意，我希望那个位置还没有让给别人……明天早晨我可以到您那里去吗？请给我一个口头答复……"

然而世事难料，新的情况摆在了达尔文面前，并且似乎又要让他的旅行计划泡汤了。亨斯洛收到了菲茨罗伊的一封回信，在信中菲茨罗伊明确表示反对达尔文随他出航。这对达尔文来说，不啻是当头被泼了一桶冷水。

达尔文这时完全确信，他这次旅行已经吹了。不过他依然按照原先的打算，在9月5日来到了伦敦普利茅斯，抱着侥幸的心理去拜访了"贝格尔"号的舰长罗伯特·菲茨罗伊。结果菲茨罗伊非常热情地接待了达尔文，并解释说，当时他希望自己的朋友切斯捷尔先生同他一道去。但就在达尔文来到之前的5分钟，菲茨罗伊才得知切斯捷尔谢绝了他的邀请。历尽曲折，达尔文终于如愿被允许参与这次旅行。

菲茨罗伊舰长个子矮矮的，皮肤黑黑的，长得却很漂亮。他虽然才23岁，但已有多次出海经验。1826～1830年，他曾乘这艘"贝格尔"号完成了对火地岛沿岸的勘察工作。

达尔文喜欢菲茨罗伊彬彬有礼、热情而又坦率的作风。菲茨罗伊告诉达尔文说，达尔文可以随便拿自己的书籍去阅读，也可以使用自己船舱里的用具和武器。他还建议达尔文同他一起用餐，虽然伙食很简单，又没有酒喝。他认为事先有必要指出各种不方便的地方，免得日后抱怨。最主要的问题是，军舰很小，住处很挤。但他认为自己应该一个人住，他想给自己留一间舰长室，如果达尔文同意的话，那就达成协议；如果不同意，那就只好分道扬镳。接着，他们把话题转到了考察的航线和达尔文能从这次旅行中得到什么的问题上。

达尔文根据亨斯洛的推荐，在伦敦请教了几位旅行家后，便开始忙于采购和运装这些物品。菲茨罗伊劝他节约开支，东西尽量少带，只带最必需的衣服和东西。达尔文听从了劝告，花 5 英镑买了一个望远镜和一个指南针。另外，纵然舍不得，达尔文还是认可了菲茨罗伊的建议，花重金买了手枪和子弹，因为菲茨罗伊说，如果不带手枪，绝不会让达尔文到岸上去，那他就不能实现采集标本的愿望了。其余的，他只要姐姐卡罗琳把几件衬衫、鞋子、一些书籍、显微镜和地质指南针用包裹寄给他。

1831 年 10 月，达尔文参观了"贝格尔"号。这是一艘老式军舰，上次航行回来后它已破烂不堪，所以不得不对它重新改造，现在还在修理，船员们正在忙着油漆船首部分和装修船舱，它的规模小得让达尔文感到惊讶。这是一艘排水量为 235 吨的军舰，他感到要把自己的身体放进这艘军舰，就得把所有的东西都包起来放进箱子里。但就是这艘小小的军舰，确实不辱使命地在环球航行中不止一次地经受住了狂风暴雨的袭击。

上次同菲茨罗伊一起出海去火地岛的官兵们都表示愿意再次同他一起出航。他的助手斯托克斯负责绘图，同菲茨罗伊坐在一张大桌子旁，达尔文也将在这张桌子旁工作。舰上还有两名尉官：季·韦克姆和布·谢利万、1 名医生、10 名军官、1 名水手长、42 名水兵和 8 名少年见习水手。此外，还有一个专门看管仪表、天文钟和其他仪器的人、1名美术家和1名绘图员、1名曾去过火地岛的传教士、3名菲茨罗伊上次航海时带到英国来的火地岛人。很快，达尔文就同大家认识了。他同菲茨罗伊在一起消磨时间，同他和水兵们一起用餐。有时还会同他们在一起做一些必要的观测。只有遇上阴雨绵绵的恶劣天气时，达尔文才待在房间里读点书。

11月12日，"贝格尔"号的维护工作终于得以完成。船体被重新油漆过，所有甲板已清扫干净，各种物资也收拾妥当。一切都已准备就绪，"贝格尔"号随时可以起航了。11月23日下午1点，"贝格尔"号进行了解缆试航。由于逆风一个劲地刮个不停，起航的日期不得不一拖再拖。几次延期虽然使达尔文心情忧郁，但另一方面却使他有充足的时间向那些有经验的人请教，使他从思想上到物质上都做好了必需的准备，弥补了他从家中赶来时行色匆匆、仓促准备的不足，以致他后来在航行途中的信中写道："我们在普利茅斯所经历的那一切遥遥无期地停留是极其幸运的，因为我认为在外出做自然史各方面的采集和观察工作的那些人之中，没有一个比我准备得更好的了。"12月10日，期盼已久的"贝格尔"号终于出海了，这是否预示着达尔文长久以来的出行即将开始呢？

好事总是多磨，单单一个出海就出现了反复。首次出航，达尔文就患上了晕船病，剧烈地摇晃让他感到十分难受。到了傍晚，海上又刮起了风暴，暴风骤雨太过猛烈，以至于"贝格尔"号不得不在第二天清晨返航。"贝格尔"号的第二次出海是在12月21日。万事开头难，这话真是不假。此次出航时因在退潮期间驶经德霍克岛，使船体触礁，加之风向改变，"贝格尔"号又不得不返航回来。不过，强大的顺风很快将舰船送回了普利茅斯。

　　1831 年 12 月 27 日，这天东风吹拂，阳光灿烂，借着美好的天气，"贝格尔"号在这一天上午 11 点终于第三次起锚出海了。这次它没有再次中途返航回来。在克服了种种障碍和经历了苦苦等待之后，在达尔文 22 岁这一年，他以博物学专家的身份，自费登上"贝格尔"号旅行船，漫长而又艰苦的环球考察活动真正开始了。

环球考察

　　达尔文新生活的起点是参加"贝格尔"号做环球考察。他在写给菲茨罗伊的信中说，这是他"第二生命的开始"。确实如此，如果没有环球考察，达尔文不会见到那么多物种变异的事实，不会见到那么多特异环境下的不同物种，也就不会萌生出反驳上帝创造物种的观念，进而创立进化论。倘若达尔文不去环球旅行，他也许会做一个乡村牧师，平静地度过他的一生，不可能在科学史上留下一座丰碑。

　　当然，"贝格尔"号的这次航行并不是一次纯科学性的旅行，因为这次探险最主要的任务是研究和详细勘察南美洲地理特征，便于进行经济掠夺和殖民统治，政治和经济任务才是这次航行的根本目的。探险所谓的科学目的，不过是英国用来掩盖自己在南美洲进行扩张的假面具而已。但对于达尔文而言，能够乘坐"贝格尔"号进行此次探险已是决定他全部未来的大事，甚至也是将来影响人类认识的大事了。

　　"贝格尔"号以每小时 13～15 公里的速度飞速前进。达尔文算是平安地度过了第一个晚上。他同斯托克斯合住一个船舱，尽管光线很充足，除了舰长室外，这里可以说是最好的一个船舱了，但最大的缺点就是十分狭窄。绘图桌旁的那个狭窄过道是他工作、穿衣和睡觉的唯一地方，那是刚够转身的一点空间。斯托克斯在绘图桌的一端绘图，达尔文的吊床就在绘图桌的上面，另一端的上面是斯托克斯的吊床。

第二天，天气骤然起了变化，海面上涌起惊涛骇浪。虽然"贝格尔"号躲过了风暴，但巨大的波浪导致船体剧烈摇晃，船在波涛中一上一下地颠簸着。在这种情况下，从未出过海的达尔文开始经受折磨与考验了，这种折磨整整持续了一周。

晕船使达尔文的情绪大为低落，甚至让他对这次旅行感到十分后悔。他在自己的"航海日记"中谈到这件事时写道："在这样的天气里航行让我痛苦……但愿不要一直是这样的鬼天气，因为那对我真是最大的不幸。"当然，达尔文只是在发泄自己的不满罢了，恶劣的天气是没办法阻挡他的考察热情的。

达尔文头晕得厉害，吃下去的东西全吐了出来，胃痛得像被撕破了一样。好心的水兵劝他躺下休息，可是达尔文却拿了一张网，一步一摇地走到甲板上，把它挂在船尾下面，收集大海里的小动物。船前行了一段时间，网兜里就装满了各种小动物。虽然对于甲板的卫生十分不利，但是达尔文还是把所有这些小动物都拖到了甲板上来。这些海里的小动物使负责管理船舱清洁和美观的韦克姆上尉大为不满，他气恼地对达尔文说："如果我是舰长的话，我早就把你和你那堆使人讨厌的'垃圾'倒海里去了。"只有像达尔文这样的博物学家才会把这些玩意儿看作宝贝，且去用心观察、分析和研究。为了不给他人带来不便，达尔文花了一整天来清理自己的捕获物。他在船里把这些动物制成标本并用文字记录下来。他的头实在痛极了，只能一面写，一面用左手使劲按着自己的头部。

达尔文初次出海，晕船给他带来的呕吐是很难忍受的，但是达尔文还是以惊人的毅力爬到桅顶，抓了一大把粘在风向旗旗布上的熔岩灰，然后径直往他的工作室跑去。当菲茨罗伊走进达尔文工作的船舱时，只见他正在用显微镜仔细观察熔岩灰，嘴里不住地说道："你来看啊，有许多小动物呢！是南美洲吹来的……"他的一只手还在紧紧地按住头部。

当他们经过马德拉群岛时，达尔文甚至无法登上甲板去看一眼这个群岛。每当晕船特厉害的时候，达尔文要么躺在吊床上阅读旅行家描写热带自然风光的书；要么躺在舰长室的沙发上同菲茨罗伊说话，以此来转移注意力。

几天以后，当"贝格尔"号驶近特内里费岛时，浓云上空显露出白色的山巅，大海和天气起了明显的变化，"贝格尔"号向圣克鲁斯镇驶去，这个镇上的许多白色小屋在火山岩的映衬下显现出来。突然，从圣克鲁斯方向驶来一只小船，小船上的一位执政官登上了"贝格尔"号的甲板。他宣布，现在欧洲有霍乱，"贝格尔"号必须进行 12 天隔离，在此之前，任何人都不准上岸。

听到这个消息之后，没有一个人不感到沮丧。因为这意味着船上的所有人要无所事事地度过 12 天，这不符合菲茨罗伊舰长的性格，他马上下令扬帆，向佛得角群岛驶去。这使达尔文大失所望。就是到了第二天，达尔文还以恋恋不舍的目光送别他极其向往的目标——那历历在目的特内里费岛。不过使他快慰的是，天气变得晴朗平和了，热带的夜晚美丽无比，晕船之苦也没有再来缠绕他了。

风平浪静的日子里，达尔文更多的是静静地阅读有关地质学方面的著作。在到达美洲之前的日子里，他不仅通过地质学书籍了解到了专业的知识，还从地质学家的书中学到了独立思考问题的方法。除了学伟大的科学家敢于质疑的精神，也领略到了他们的思考方式和逻辑推理技巧。

桂 耳 岛

关怀备至的亨斯洛曾建议达尔文在旅行中带上当时莱尔（1797～1875）刚刚出版的《地质学原理》第一卷。因此在驶向佛得角群岛的风平浪静的途中，一连几天，达尔文都躺在吊床上阅读这本亨斯洛推荐但又要他不接受其观点的书。

原来，莱尔书中阐述的理论同亨斯洛笃信的居维叶的"灾变论"完全不同，他提出地球上的地质变化是缓慢进行的，变化的原因不是什么超自然的外力，而是由自然界本身的力量，是风雨、温度、水流、潮汐、冰川、火山、地震等因素，在漫长的时间里逐渐造成了我们现在看到的地质现象，他主张"用现在起作用的因素来说明地球表面过去的变化，绝不可以和创世论相混淆"。莱尔的这些观点是从神学院毕业的达尔文从来没有听说过的，他感到十分新奇。达尔文知道，他的地质学老师塞治威克教授也是信奉居维叶的"灾变论"的。"灾变论"断定地球历史上曾经有过多次周期性的大灾变，造成了地球上的地质变化，并且每次突然的灾变都把地球上的生物全部灭绝，以后又由上帝重新创造出和过去毫无联系的新物种来。

哪种理论正确呢？此时的达尔文完全不能做出判断。但很快，他从对桂耳岛的地质考察中开始体会到莱尔地质学理论的正确性了。

1832 年 1 月 16 日，"贝格尔"号在佛得角群岛的一个四周荒芜的桂耳岛停留下来。依照海军部的指令，"贝格尔"号要测定佛得角群岛精确的地理位置，菲茨罗伊决定以佛得角群岛中的桂耳岛为基地开展测量。桂耳岛是个"可怜的荒凉的地方，周界还不到2000米"，它是一座火山岛，几百年来的火山喷发使岛上大部分地区为岩石覆盖，一眼看去，尽是些燃烧过的黑色岩石。少数沙土也由于灼热烈日的烤晒，寸草难生。

达尔文担心自己会对洪堡所描述的、他曾经为之赞叹不已的热带风光感到失望。这时，水兵们都考察海水的流向去了，达尔文和菲茨罗伊派给他的助手马斯特斯背起背包，手拿地质锤，准备爬到山上去采集岩石标本。当他们一上岸走进长有罗望子、芭蕉树和棕榈树的河谷时，就听到了不熟识的鸟儿在啼鸣，看到了新奇的昆虫围绕着新开的花朵在飞舞。顿时，达尔文感到这是对自己所经受的一切艰难和折磨最好的补偿。

一路上，达尔文把各式各样的石头敲下来放进背包，有黑色的、白色的，还有夹着花纹的。一会儿，背包里便放满了各种各样的石头，背包带深深地勒进达尔文的皮肤，他浑身上下都被汗水浸透了。达尔文兴致勃勃地拿着地质锤东敲敲西打打，全然不顾烈日的晒烤。

同行的助手马斯特斯实在受不了了，对达尔文说："达尔文先生，您对这样荒凉的地方怎么这样感兴趣？这些乱七八糟的石头到底有什么用啊？"听见马斯特斯的发问，达尔文停止敲打石头，抬起头说："你知不知道这是真正的火山熔岩？我还是第一次见到。"这句话似乎并没有打动马斯特斯，达尔文走到马斯特斯跟前，指着他站立的地面说："你脚下踏着的是世界上最富有爆炸性的地方之一。地球内部在不停地沸腾，常常喷发出大量物质，这里的大片岩石就是从那里喷射出来的。"达尔文向马斯特斯解释火山岩，忽然有所感悟，说了一句："对，火山确实是改变地球面貌的一种力量。"马斯特斯听得莫名其妙，其实达尔文是在确认自己的观察证实了莱尔的看法。

"你看，石头是有层次的，每层石头里有着不同的贝壳和海生动物的遗骨，它能告诉我们不同年代的生物，它们都是有价值的地质资料！"达尔文喘着粗气说道。马斯特斯总算明白了一些，他十分佩服达尔文的钻研精神，赶忙从达尔文身上接过背包，背在自己的肩上，也替达尔文搜集各种动物化石。

达尔文继续沿海边走去，他发现在黑色熔岩的大块地层之间，有一条水平的白色夹石层出现在海边峭壁的表面上。那条白色的夹石层约有 14 米高，沿海岸线一直延伸下去。这条白色夹石层由石灰质构成，其中嵌着无数贝壳。白色夹石层的下面是古老的火山岩，而上面又覆盖着一条细细的玄武岩。达尔文拿出笔记本和银色铅笔，一边记录着观察到的现象一边兴奋地对马斯特斯说："今天真是一个阳光灿烂的日子，真好像一个盲人突然恢复了视力，他为当时无法恰当地理解自己所看到的东西而手足无措了。我现在的感觉就是这样。"当天夜里，达尔文把搜集的石块贴上标签，写下搜集的经过。这样，搞清楚桂耳岛的地质情况也许并非那么困难。

接下来一连 3 天，达尔文都在这个光秃秃的平原上四处游览。这里到处都布满着一堆堆晒焦的岩石。3 天的游览使达尔文得到了极其丰富的收获，他已经被新奇的热带大自然完全吸引住了，这 3 天的时间给他留下了很深的印象。

在考察桂耳岛的过程中，达尔文根据物种的变化，整日思考着一系列的问题：自然界的奇花异树、人类万物究竟是怎么产生的？他们为什么会千变万化？彼此之间有什么联系？这些问题在脑海里越来越深刻，逐渐使他对神创论和物种不变论产生了怀疑。

在桂耳岛停泊的最后一天上午，达尔文又来到前次考察过的熔岩壁下，对照莱尔的《地质学原理》，他发现如果把莱尔的一些新观点运用到桂耳岛的地质上来，那么桂耳岛的地质成因就很容易得到解释了，莱尔的基本思想要比当时流行于美国的"灾变论"者们的地质学思想更为优越。他设想：火山爆发时曾经有一条熔岩流向着海底流去，熔岩流把海底那些已经变成粉末的现代贝壳和珊瑚烤灼成为坚硬的白色岩石，而后，整个岛便隆起在海面上。这时，达尔文脑子里忽然闪过一个念头：将所要访问的各国地质情况加以分类整理，整理为一本书。这个想法使他高兴得手舞足蹈，使他激动得全身颤抖，过了片刻他又觉得好笑了，"写一本有关地质的书？我一个初次出海的见习生，驶出普利茅斯港才刚刚六个星期。地质学家……作家……我……真是好笑！"

50年后，达尔文还清晰地记得在桂耳岛考察的情景。他说："对我来说，这是一个重要的时刻，而且我非常清楚地回忆到低矮的熔岩峭壁，我曾经在它下面休息过；当时太阳光在强烈地照射着，而在不远的地方，生长着几株荒漠植物……"

沿途风景

告别桂耳岛后，"贝格尔"号来到费尔南多迪诺罗尼亚小岛旁。这是一个火山岛，有一些大约300米高的山，岛上覆盖着一片几乎无法通行的密林，林中有各种树木。这些情景使达尔文感到十分惊异：纤细的椰子树是任何一种欧洲树木所不能比拟的；香蕉树和芭蕉树简直同暖房中的完全一样；金合欢和罗望子的蓝色叶子让人吃惊；而那壮丽的柑桔树，无论是用语言描述，还是用画笔彩绘都不能表达其中之美。温室中的植物具有一种不健康的绿色，而这里的树木则比葡萄牙月桂树的颜色还要深，那美丽的姿态也远远超过了月桂树，椰子树、番瓜树、香蕉树、柑橘树都果实累累，而木兰、月桂等却是百花争艳。这里的天气热得很厉害，夜间，达尔文躺在吊床上，觉得就像躺在热气腾腾的澡盆里一样。

"贝格尔"号迅速地向赤道方向驶去，到下一站圣保罗群礁的航程是一个星期。有几天海上的风浪使达尔文很不舒服，他没法看书，没法整理科学笔记，也没法给那些采集来的动物、植物、岩石分类做标签，只能昏昏沉沉、痛苦地躺在吊床上。

快过赤道了，舱房里闷热不堪，达尔文烦躁得如同热锅上的蚂蚁，水手们给甲板堵缝发出叮叮当当的敲击声，这让本已痛苦不堪的达尔文更加难受了。"吵死了！这简直像一座真正的地狱！"达尔文朝马斯特斯抱怨道。"船在海上航行的时候，每一天都得进行修理，这样航行才能顺利。"马斯特斯柔声解释说。

使船颠簸的逆风终于停止了，一股强劲的信风推动着"贝格尔"号破浪前行。这让达尔文又觉得"贝格尔"号美丽了，他和菲茨罗伊一起站到后甲板上四处嘹望。

菲茨罗伊从小望远镜中发现了圣保罗群礁："这些礁群看上去这么小，要不是我们专门去找它们，我看它们是不大会引起人们注意的，目前还没有任何人登上这群礁石的记录呢。"

礁石滩水很浅，"贝格尔"号只能在距圣保罗约5000米远的地方停泊。从舰上放下两只小船。斯托克斯坐上一只，去测量这座礁石小岛，达尔文和两个舰长坐上另一只，去考察地质和打猎。

圣保罗岛高出海面不到12米，方圆不过800米。小船在海浪中起伏，达尔文他们好不容易才划到一个较为平静的小湾，涉水上岸。刚上岸眼前就出现了令人惊讶不已的景象：成千上万只海鹅和白顶黑燕鸥密密麻麻地挤在一起，黑压压的遍地都是，看到来人也一动不动。它们从没见过人，不知道这些"侵略者"对它们的威胁。

在这里打猎，完全用不着枪，菲茨罗伊和韦克姆随手抓起石头和棍子，照着鸟儿的脑袋就打。鸟群并没有被惊吓到，也没打算飞走。两位舰长很快就猎获了一大批海鹅和燕鸥，达尔文也捡了一大背包鸟蛋。他发现岛上的岩石已被覆盖上了厚厚的白色鸟粪，在阳光下反射出炫目的光来。达尔文采集了一些鸟粪和岩石做标本，即刻写好说明，标上发现地点和日期。当达尔文他们带着猎获物凯旋的时候，发现留在舰上的水手们也"打了大胜仗"，他们捕捉到了许多大鱼。

为了即将越过赤道迎接"海神"，全舰官兵美美地饱餐了一顿。菲茨罗伊舰长还举行了迎接"海神老人和他妻子安菲特律特"的仪式。

上午9点，达尔文和其他几十个第一次参加远航的人被召集到下甲板的舱房里。舱口紧紧地关上了，又热又暗。后来，4个"海神"的卫兵走到达尔文身后，蒙上他的眼睛，将他带到甲板上，接着一桶桶水从四面八方哗哗地倒在他身上，然后把他放在一块容易被翻转到盛满水的大浴盆的木板上面。在这里，有人在他脸上涂抹了沥青和油漆。一声哨响，水手们将达尔文倒栽葱似地翻进水里，又按着达尔文的脑袋在水里扑腾了好几下，折腾够了才解开他眼睛上的蒙布。

菲茨罗伊走到他身边问道："你彻底经过洗礼了吗？""我是彻底湿透了，如果你问的是这个意思的话。"其他首次出航的人也经过了这番折腾，两个人在一旁看着。忽然，欢呼着的"恶魔"们仿佛是"不小心"地把几桶水浇在了达尔文和菲茨罗伊身上，他俩顷刻间又成了落汤鸡。这就是所谓的迎接"海神"的仪式。对于这样的恶作剧，达尔文感到厌恶极了。

1832年2月26日，"贝格尔"号顶着恶劣的天气向福兰克群岛驶去。在抵达路易港之后，他们才得知许多殖民地国家现在都在物色以前的无人岛，而英国已占尽先机，抢先占领了这些岛屿。尽管如此，英国住在这个岛屿的全部居民加起来也只有240人。

在福兰克群岛，达尔文收集了一些稀有动物，比如田鹬。在此期间，他还进行了一系列的地质勘测活动。与此同时，由于一场飓风及其带来的暴风雨，"贝格尔"号及其他在此停泊的船只都遭受了不同程度的损坏。达尔文在这里捉了几只鹿，雄鹿身上有很强的气味，它们不怕骑马坐车的人，只怕步行的人。它们还会走到骑马人旁边表示友好，这是为什么呢？因为当地居民以马代步，鹿们已经习惯了。在这里，达尔文还观察了几种胆子特小的水豚，不过最令他兴奋的是，他们发现了一些土拨鼠，它们会像鼹鼠一样打地洞，发出可爱的哼哼声。

"贝格尔"号借着一股稳定的信风向南美洲海岸巴伊亚驶去，航速高达每小时5万米，这是出发以来最快的速度了。巴伊亚是巴西东部的第一个大市镇，也是他们补充淡水和食物的地方。

巴西见闻

1832年2月底，"贝格尔"号到达了巴西的第一站——巴伊亚，在巴伊亚，达尔文停留了将近20天。在这20天里，他游览了热带森林，搜集了蜥蜴、昆虫和植物，观察了当地居民的生活，漫游了各条街。

在"贝格尔"号从巴伊亚开往里约热内卢的途中，达尔文总是想尽办法采集标本。起风浪时，他就整理自己的标本，毕竟已经搜集到了这么多动植物标本。每逢夜晚，他总是以赞美的心情观赏那灿烂的夜景，感受那美丽的南极星光，星空加之他丰富的收获，让他的心里美极了。

4月1日，"贝格尔"号上所有的人都在开愚人节的玩笑。午夜时分，人们开始把所有穿着睡衣的人从下面叫到甲板上：叫来木匠是为了修理炉子；叫来甲板上的工匠，其借口是桅杆咔嚓直响；叫来海军练习生是要他们把风帆降低一些……大家在回到各自的吊床上时有的骂、有的笑。对于愚弄达尔文这件事，众人们想出了更合适的办法，他们投达尔文所好，跟达尔文开玩笑。谢利万喊道："达尔文先生，您看见过逆戟鲸吗？现在出现这种动物了，您快点来看！"听到喊声，达尔文翻身从吊床上跳下来，一腔热情地向甲板上跑去，想看一看这种南方的海豚，但迎接他的却是值班人员发出来的哈哈大笑声。这时达尔文才恍然大悟，但他只是笑了笑。

1832年4月4日，"贝格尔"号驶进了里约热内卢港，打算在这里长期停留。达尔文在郊区租了房子，大多数时候，达尔文都要进行野外作业。他走进热带森林，每每都会为眼前所看到的一切而感到惊讶：那些兰科植物开放出来的奇花异朵；那些奇形怪状的鲜绿色植物；那些弯弯曲曲但又极其精巧的叶子；那些树枝相互盘绕的棕榈树。特别是这里的椰子树，它的枝干极其纤细，以至于用手掌就握得过来，但它却可以支撑着高空的树干随风摇曳。达尔文走遍荒无人烟的热带森林，这里找不到一个人，这种安静的生活几乎是无法想象的。

达尔文收集了许多漂亮的陆生扁平软体多肠目的化石，并对昆虫进行了大量的研究，还对其习性进行观察。许多热带大型蝶类引起了他的兴趣，有些蝶类可以双翅张开成平面，在陆地上奔跑，发出很大的噼啪声。由于达尔文对甲虫十分熟悉，所以他毫不费力地发现里约热内卢附近的甲虫同英国的甲虫不是同一个科。他特别努力地搜集这些小的品种，因为他认为，巴西的甲虫在英国昆虫学家的搜集品中主要都是些大的品种。他还发现了许多直翅目、半翅目、针尾膜翅目的昆虫，有时达尔文会因发现一些以前从不了解的昆虫习性而惊讶不已。一次，他走进一座深山，看见几只黄蜂围着一只蜘蛛，把它整得半死，然后把蜂卵产在蜘蛛的身体里。这只蜘蛛便成了黄蜂幼虫的点心了。达尔文看了黄蜂这种养育幼虫的特殊方法，大吃一惊，原来生物的繁衍生存方式还可以如此地奇妙。

达尔文穿过蜿蜒险峻的花岗岩壁，有时能看到从别处逃出来并躲藏在这里的黑人，他们是没被奴隶贩子抓到的幸运儿；还穿过一些被沼泽地、浅海湾或者湖泊切断的荒无人迹的地区。沿途的客栈非常简陋，客栈里常常找不到吃的东西，甚至连面包也没有。

在回来的路上，达尔文又在一个庄园里度过了两天，他充分利用这两天的时间到森林里去采集昆虫标本。在给同学弗·沃特金斯的信里，达尔文说："我住在一个庄园里，这里已经紧挨着无人区了，后面是一片无法穿行的大森林。这里人烟稀少，寂静无比，很少能找到人来和你做伴。在森林中的某些地方，含羞草像地毯一样覆盖着地面。我从上面走过去，回头时，竟发现已然是两排清晰的脚印。"

在巴西内地的旅行用了将近两个星期的时间。1832 年 6 月里，达尔文还收到了几封家人的来信，这些信件让达尔文感到了一些慰藉，特别是父亲的来信让达尔文感到十分地激动。达尔文马上写了回信，在信中，达尔文把最近经过努力研究所获得的研究成果随同信件寄回家中，以期待父亲的支持与鼓励，让父亲对他的所作所为给予一定的认可。1832 年 6 月末，达尔文带着他这段时间搜集来的全部标本返回了"贝格尔"号，整理自己从马尔多纳多得到的宝物，并对此做了简要说明。当他得知菲茨罗伊将绕过合恩角转向美洲西海岸去工作时，他感到很高兴。

1832 年 7 月 8 日，"贝格尔"号离开了马尔多纳多。1832 年 7 月 26 日，"贝格尔"号停泊在蒙得维的亚海湾。刚一靠岸，达尔文赶紧上岸，他已经迫不及待地想去了解当地的情况。从城旁的一座小山顶一眼望去，只见那一望无际的绿色草原上放牧着一群群牛羊，达尔文向那些从远处就能望见的辽阔的沙漠走去。他问当地的高楚人："这里有什么特殊的动物和植物吗?"高楚人说："这里的鸵鸟很奇怪，总是许多雌鸟集体下蛋，雄鸟去孵蛋，然后这些雌鸟再到别处去集体下蛋。"

于是，达尔文和马斯特斯走进无边无际的沙漠，花了好几天的时间去观看鸵鸟下蛋的情况，达尔文经过仔细观察，终于弄清楚了。他高兴地对马斯特斯说："你看，雌鸵鸟三天下一个蛋，一次连续下十几个蛋，总共要一个多月。这里天热，隔一个多月，早下的蛋不是要臭掉吗? 所以雌鸟们就集体下蛋，让雄鸟去孵。"破解了这种现象的奥秘之后，达尔文十分兴奋，因为达尔文自己知道，他在这次考察过程中了解到了他以前并不知道的知识。

时隔几日后，达尔文到蒙得维的亚远郊采集标本。在那里他打死了一只水豚，这只巨大的啮齿动物重 45 公斤，他还猎获了一些美丽的蛇和蜥蜴，收集了他所喜爱的甲虫。达尔文及时地把他在巴西搜集到的搜集品包装好，派人送到船上去。他把其中的一部分寄到了施鲁斯伯里的家里去，并把其中最重要的搜集品寄给了剑桥的亨斯洛。

9 天后，"贝格尔"号离开了拉普拉塔，沿着海岸向南驶去，这样便于对海岸进行观察。可是进行勘察的好天气并没有持续多久，很快又变成了狂风暴雨的天气。由于这种天气一直持续了一个星期，所以无法进行测量工作，达尔文不得不返回蒙得维的亚。

1832 年 9 月 22 日，达尔文一行人在海湾周围航行。他们来到一个叫做彭塔阿尔塔的地方。这个地方虽然风景不太美丽，但天气却十分晴朗温和，海水也很平静。在彭塔阿尔塔，达尔文收集了许多化石，他在这里挖掘出了不下 5 种贫齿类化石，其中包括大懒兽、磨齿兽等。他还发现了一只巨大的犰狳的遗骸，其庞大的个头连南美洲犰狳也无法与之相比。达尔文不仅找到了树懒和犰狳的化石，还挖到了许多现代贝壳及与其接近的贝壳。达尔文在这里认识了 5 种现代犰狳，其中有几种分布在阿根廷更远的南方，另外一种是在布兰卡港以北的地方碰见的。在对动物的研究中，达尔文发现每一种动物都有自己独特的自我保护方式。有一种叫做"荚达柯"的犰狳，长有三条能使自己蜷缩的带子，遇到危险时就缩成刺猬那样，使敌人不能向它攻击。而另一种犰狳会往地下逃，抓它一定要动作很敏捷、速度很快。他还见过那些色彩斑斓的蜥蜴，即使在沙滩上也不容易被发现，它们不但会装死，而且还会往地下逃窜，这些动物还会通过冬眠克服寒冷。

达尔文在这里发现了几个含有贝壳化石和骨化石的山岩，这些不寻常的化石引起了达尔文的注意。1832年10月8日，刚吃过早饭，达尔文又兴致勃勃地出发去彭塔阿尔塔，到他曾经挖掘过遗骸的地方去考察。使他感到特别高兴的是，这次在含石灰质少的岩石中挖掘出了一个巨大的头骨，为了取出这个头骨，他花了差不多3个小时的时间。这是一个与犀牛很相似的动物头骨，这使得达尔文十分惊喜，看来这是一个被列入古代有蹄类的箭齿兽的头骨，根据其牙齿确定为大懒兽。天黑3个小时后达尔文才把它弄到舰上。第3天，达尔文在原来的地方又发现了几个化石，遗憾的是连续10天的天气都很糟糕，达尔文被迫停止了手里的考察工作。

在从北到南的美洲西海岸旅途中，达尔文发现哺乳动物和鸟类的相似形态都是互相更替的。不过这些事实都是分散的、零星的，所有这些都在他的《航海日记》里完整地反映了出来。使达尔文感到惊讶的是，树懒化石是在现在树懒生存的那个洲发现的，而头骨则是从有现代贝壳的土层里挖掘出来的；所有这些发掘的化石都充分地证明了莱尔的观点是正确的，而"灾变论"者的观点则是错误的。达尔文怀着兴奋的心情给亨斯洛写了一封信，信中他对这次的搜集品尤其是化石谈论了很多。达尔文把一些自己认为与动物起源有关的化石一同编上号，寄给亨斯洛。经过对这些化石的研究分析，达尔文认为：物种是可变的。达尔文还从此行搜集的化石中列举出一些事实，证明了拉马克关于"各物种都有相互联系"的正确性。

回到里约后，他把自己的东西从"贝格尔"号上运往博托福戈。住在博托福戈的两个半月期间，达尔文研究了里约四郊的自然界。他住的房子位于海拔680多米以上的科尔科瓦多山麓上，科尔科瓦多山呈陡峭的锥体形，其半山腰处总是白云缭绕。达尔文白天考察和采集标本，或整理搜集来的东西。傍晚，青蛙、蝉和蟋蟀在不停地演奏着协奏曲，达尔文细听着这些声音，或者观察某个萤火虫的飞舞、搜集萤火虫的幼虫或对萤火虫进行实验。晚上，他就给自己的许多朋友写信或者阅读科学考察的著作。

火 地 岛

"贝格尔"号在其他军舰鸣放的友好送别礼炮声中，终于离开了到处都是处女林的热带地区，接着向南方气候温和的地带及覆盖着草本植物的海岸驶去。1832 年 10 月 28 日，"贝格尔"号带着几只小帆船，向火地岛开去，以便把菲茨罗伊上一次航行中带到英国的几名火地岛人送回故乡。这次航程的大部分天气都很好，只刮了几次暴风和逆风，起了几次雾。暴风影响了达尔文的胃口，而逆风和雾则延缓了"贝格尔"号的航程。惊涛骇浪和汹涌澎湃的大海再次使达尔文遭受到晕船的痛苦，但他们有时能观赏逆戟鲸；有时能观赏口齿锋利的抹香鲸；有时还能观赏到被人们称为"开普小鸽子"的小海燕。

十几天之后，"贝格尔"号驶进一个叫做里约德拉普拉塔的小海湾，这个海湾的水像小河水那样平静，但海水又红又脏。热带地区的传染病很多，有一种"热病"的死亡率相当高，欧洲人从来没有见过，谁得了这种病，三四天内就会死去。不到半年，水兵中已经死了 3 人。这是达尔文在热带所遇到的许多次可能发生的意外中的一次。

"贝格尔"号经过了麦哲伦海峡的入口处，继续向南行进。原先单调而荒凉的海岸现在截然不同了，在海岸的高地上，有许多火地岛人烧起了烟火信号。平坦低岸地带的悬崖峭壁上长满了灌木丛和树木，后面则突兀着高大的雪山。经过考察可以看出，这里原本是平坦的地带，后来变为覆盖着深棕色森林的高山。

1832 年 12 月 17 日，"贝格尔"号从东面绕过了东火地岛的顶端——圣迭戈角，后来停泊在一个有海湾的地方。火地岛是一块多山的土地，那里的悬崖上长满了茂密的森林，森林地带海拔高达 300～500 米，积雪地带约有 1000 米。在山毛榉构成的阴暗森林里漫步几乎是不可能的，因为森林里的地上堆满了大量腐烂的小叶植物，脚一踏上去就会陷下去。层峦叠嶂的群山给人一种神秘的巍峨感。这里几乎是不断地刮风、下雨、降冰雹、飘雪花。甚至连空气也好像要比其他地方的空气更加阴沉似的。这些高山上的唯一居住者是原驼，它那尖锐的嘶叫声常常打破这里的寂静。

火地岛人的住房就是窝棚，几根树枝插进泥土，上面马马虎虎覆盖几束干草和芦苇，连兔子洞都不如。他们的生活很贫苦，他们蜷曲着身子睡在地上。男人们穿的是几块小兽皮，刚刚可以遮盖住背部。这些兽皮用穿过胸部的绳子系着并且随风飘动。在小船上打鱼的那些人不管下雨还是下雪，全都赤身裸体。雪花落在抱着吃奶婴儿的赤身妇女身上就融化了，所有的人全都蓬头散发，动作放荡不羁，声音嘈杂不清。他们的主要食物是妇女们潜入水里在水底捕捞的贝壳或者是钓到的鱼。他们还采集没有滋味的野果和蘑菇，如果他们找到一具鲸鱼的尸体或打死一头海豹，那么就可以算是他们的节日了。狗常常给他们捕捉水獭，所以在饥饿时他们可以把老年妇女杀死，却从不把狗打死。

当"贝格尔"号驶过的时候，他们坐在一座悬崖之巅上，周围是山毛榉构成的阴暗森林。这群人就好像是另一个世界中激动不安的精灵。他们的样子既可怜、柔顺，又恐惧、惊慌，他们发出的声音含糊不清，喉音很重。不过正如菲茨罗伊的试验所表明的那样，火地岛人对于文明是能够接受的，而且表现出了很大的才能。

达尔文在火地岛上还发现了两种奇特的蜥蜴。其中一种身长好几米，脚上长着能在水中游的蹼，这种蜥蜴可以游到离岸好几百米远的地方。达尔文把这种蜥蜴的胃剖开后，发现它们吃的全是海藻。另一种蜥蜴正好相反，它们的脚上没有蹼，不会游泳，只能在陆地上生活，并且跑得相当快。这两种蜥蜴虽然共同生活在一片天空下，但却有着不同的生活习性。

有一次，达尔文到了一个群岛。他发现这里生活着大量的海龟，但有意思的是，每个小岛的海龟又各有不同。经过观察，达尔文认为它们与美洲大陆海龟可能是近亲。达尔文还在这个群岛上看到不同种类的地雀。它们的体形很相似，只是有的嘴又宽又扁；有的嘴又细又长，真是太有趣了！"是什么原因使它们的嘴各不相同呢？"达尔文思索着这个问题的答案。

经过长期的实地考察与研究，达尔文总结出了一系列的原因。他认为：火地岛上的动物和美洲大陆的动物本来就是同类，后来因为种种特殊原因，它们被迫离开了大陆，迁徙到了这片岛上。它们的生活习惯和面貌都发生了很大的变化，来适应新的环境，这就是物种的变异；但它们仍然保存了一部分祖先的特性，这就是物种的遗传。

达尔文十分兴奋地把他的想法告诉了菲茨罗伊，菲茨罗伊听了不但没有对达尔文的这一想法表示任何赞许，反而很不高兴地说："任何东西都是上帝创造的，上帝创造的东西是不会变化的！你难道敢怀疑上帝吗？"虽然达尔文听了这样的言语很失望，但他还是十分坚定地表示："我更相信真理……"

旅途研究

持续的恶劣天气使"贝格尔"号只能继续向西驶去。1833年1月11日,"贝格尔"号到达约克·明斯特尔山附近。由于遭遇大风暴,"贝格尔"号退回到海上,接连两天的大风暴更加猛烈了,菲茨罗伊舰长不得不放弃原打算去南美洲西岸的计划。

菲茨罗伊船长决定经过贝格尔河时再做一些采集工作,他打算坐三只捕鲸船和一只舢板去朋松布。这次共去了28个人,以一些小港湾为据点,沿着贝格尔河前进,途中他们见到许多高大的群山和茂密的原始森林。火地岛人和传教士决定在伏里阿港住下,他们盖起了房子,开辟了花园,并播下了种子。他们留下几个移民照看房子,其他部分人返回到"贝格尔"号,另一部分人去贝格尔河西段考察。

探险队员们眼界大开,这里的风景美丽迷人,北边山区的两边都是高山:有一座叫做萨尔明托山;另外一座被菲茨罗伊命名为达尔文山。一条条小溪冲进小河,流经森林,而那些美丽的冰川也直耸于水面上。根据达尔文在亨斯洛寄给他的《地质学原理》第二卷上的题词可以推断:达尔文是在火地岛读的这本书,而这本分析地质的书为达尔文后来研究物种起源奠定了基础。在第二卷里,莱尔彻底分析了物种的变异性、遗传性,以及由于外部条件而发生影响的一系列问题,批判了拉马克的"进化论",提出了生存斗争,最后阐述了他自己对物种更替的见解。在他看来,某些外界因素会影响物种,并且使物种发生变化,但是,无论怎样变化都有一定的界限。即使在人的干预下也没有用,例外只是偶然而已。所以他认为物种是存在于自然界的固定物,每个物种形成时就具备了自己的特征，物种起源时有一个祖先就够了，而且有一定的条件限制。莱尔还认为："当上帝创造人类时，已经规定了他们的环境和机体。"当然，莱尔在这里只是批驳了生物界的成群"创造论"，但依然保留了上帝"创造论"的观点。莱尔还引用了几个古生物资料来证明物种的不变性，后来他在自己的一封信中说，即使他某些时候口头上表示坚决支持"进化论"，但也决不赞同扎德、赫胥黎的"非进化论"观点。他在《地质学原理》第二卷中坚信自己的研究成果，坚决反对"进化论"，并重申了物种是由创造者根据一定目的而创造的说法。

达尔文的思想也受到了莱尔《地质学原理》的影响。由于当时他也相信莱尔的观点，所以在旅途研究时参考和汲取了不少书上的知识。莱尔的这本书还让达尔文了解到了许多关于物种的问题，比如起源、变异等。但对科学精确度的追求使他在研究的同时，也对莱尔的一些论断产生了怀疑，因为他发现物种都是在一定的限度内发生变异的。达尔文在彭塔阿尔塔进行研究时，就认为现代贫齿类与古生树懒科是有繁衍进化关系的。从此达尔文就开始把所有精力都放在研究物种的起源及变异问题上。

1833 年 9 月 10 日，达尔文又一次到达布宜诺斯艾利斯。9月 19 日，他沿着巴拉那河到名菲镇去做了一次旅行。在那里，达尔文认识了鼠石。鼠石是啮齿动物，它们与小猫砂鹰是最好的朋友。鼠石通常把各样东西拖到洞口，对于鼠石这种奇怪行为的研究，人们得出的结论是它们这样做是为了好辨认自己的洞穴。鼠石向南只分布到奥格罗，因为它们需要在黏土或沙土中挖洞穴。起初达尔文认为鼠石之所以这样分布可能是因为其他地方没有鼠石生存的环境条件，但是在马尔多纳多附近符合鼠石生存环境条件的地方却根本看不到鼠石，因为乌拉圭是鼠石分布的终点。达尔文因此认为，动物种类是在特定环境下产生的观点是错误的，后来他时常想起这个观点。

在布宜诺斯艾利斯的时候，达尔文还去过一个绿草如茵的地方。当地居民告诉他，这里的生态平衡相当完善、和谐：野草养活了家畜，而家畜粪便又滋养了这儿的野草。在附近的瓜尔基亚，他发现了许多诸如茴香这样在欧洲很普遍的植物，还发现了很多西班牙蓟，达尔文就此又证明了莱尔的一个观点："人类活动是植物分类的一个重要原因。"

之后，达尔文又到了圣菲巴雅达。他在圣菲巴雅达待了五天，在此期间做了一些地质方面的研究。原来这里是个淡水湾，因为河岸上有一些动物尸体，也就是说这里原来发生过地壳变动。他在这些尸体中发现了一只巨大的犰狳甲壳和剑齿象、柱齿象的牙齿及一颗马牙。这次旅行中，达尔文听到过许多关于动物在大旱时期大量死亡的故事——这也是他为什么会一下子挖到这么多化石的原因。他还听说过其他地区的动物大量死亡的事实：动物都找不到水喝，大旱之后的洪水又淹死了不少动物，一场大浩劫使这么多动物的生命就此终结了。

1833 年 10 月 12 日，达尔文突然感到头痛，只好乘一只小单桅船返回布宜诺斯艾利斯。他们路过树木繁茂的群岛时有幸看见了许多美洲豹。这种动物在这里特别多，马、牛和人经常会成为它们的口中餐，这些美洲豹还能把树皮抠下来。达尔文不仅发现了美洲豹，而且还看到了一种叫做剪嘴鸥的鸟，这种鸟上嘴壳比下嘴壳大而且很窄。

直到 10 月 20 日，他才到达巴拉那河岸，准备在那里迎接从拉普拉诺返回的"贝格尔"号，两个星期后他搭上了一艘邮船去往蒙得维的亚。在那儿找到"贝格尔"号时，菲茨罗伊已经打算把起航时间延长到 12 月，以便有足够时间勾画海岸图。达尔文再次登岸后便去了德塞德斯，在附近的牧场里，达尔文遇到了一种像狮子狗那样的名为"尼阿塔"的牛，在大旱期间这种牛很容易死掉。

10 月 23 日，在德塞德斯返回蒙得维的亚的途中，达尔文偶尔发现了一些古生物的残骸，还有这儿的一些地方名称，如"兽河"和"巨兽山"都充分表明了大量动物灭绝于此。

回到蒙得维的亚后，菲茨罗伊又买了一条纵帆船，于 12 月 7 日往南朝巴塔尼亚方向驶去。

麦哲伦海峡

不知不觉中，一年的时光又在船上度过了。由于不断地搜集和研究，达尔文对于物种起源这个问题研究得越来越透彻了。他发现的许多动物化石及对其他动物的分布、先前活动的痕迹的观察，使他对莱尔观点产生了严重怀疑，达尔文决定继续坚持研究。当他还只会采集、收藏时，他就已经表现出对科学执着追求的精神，现在作为成长起来的博物学家，他更学会了如何去研究、思考，达尔文的思想在此基础上变得逐步趋于成熟。

南美洲茂盛的热带森林让达尔文眼花缭乱、欣喜若狂，达尔文从小就热爱自然界，现在他已来到这片鸟类、野兽、昆虫和植物共存的天堂。鸟儿在飞翔，动物在觅食，昆虫闪闪发光，空气中充满着奇特的、诱人的香味，这一切让达尔文心旷神怡。每当"贝格尔"号进行它的勘测任务时，达尔文就会登岸待上几天甚至几个星期，从事他的观察和采集工作。每到一处新的停泊点，他就会产生阵阵快乐、兴奋和自由的感觉。

　　"贝格尔"号继续测量海岸，为了避免触礁和激浪的冲击，在夜间舰船不是下锚，就是开到海上去。1834 年 1 月 12 日，"贝格尔"号终于开进了一个良好而宽广的海湾——圣胡利安港。1月末，菲茨罗伊船长、达尔文和水兵们分成两路，其中一部分人乘"贝格尔"号，另一部分人乘坐小船去勘探麦哲伦海峡。最后"贝格尔"号停泊在了饥饿港，从这里可以望见火地岛最高的一座山——距离饥饿港 150 公里外的萨尔明托山。在这些地方，达尔文又可以对许多有趣的有关生物地理分布的情况进行观察了。麦哲伦海峡的两岸具有过渡的特性，在这里，巴塔哥尼亚的生物和火地岛的生物混合在一起共同生存着，每个地方的植物都很多，随处可见。

　　接着，达尔文登上海拔 600 米左右的塔尔恩山。倾盆大雨连续下了 3 天，山上的树木是如此茂密，虽然海峡里暴风怒号，但这里的树叶却一动不动。堆满了大量腐烂树干的深沟与河谷令人望而生畏。脚一踏在这些树干上就陷到膝盖处，旅行者经常滑倒，有时他们想靠一下某些树干，但是轻轻一碰腐烂的树干就会变得粉碎。树木愈来愈矮小，到山顶上就光秃秃的什么也没有了，山巅周围是些不规则的山脉，上面点缀着片片雪迹，下面有绿里透黄的河谷和大海支流。这里刮着刺骨的寒风，而空气中却充满了雾气。上山容易下山难，达尔文一行下山的时候非常不容易，由于路面光滑，他们经常滑倒。

　　"贝格尔"号离开麦哲伦海峡返回后又向南拐，继续测量东火地岛的东岸，这次测量终于完成了。在圣塞瓦斯蒂安港，达尔文看见了一幅壮丽的景象：无数条口内有齿的抹香鲸正在嬉戏，全身跳出水面后，再倒身扣打下去，发出巨大的拍水声，就像大炮的发射声。

　　"贝格尔"号在绕过位于东火地岛东南端的圣地亚哥角时，陷入了一个非常大而又危险的漩涡，没有风，南来的浪把船冲往塔腾群岛的西端，之后又把船冲往该群岛的东岸。因此，"贝格尔"号只好从这里又向火地岛南面的一些岛驶去，并停泊在武拉斯吞岛。达尔文以前在这里就曾碰见过最可怜的火地岛人。这些部落甚至都没有首领，每个部落都仇视邻近的部落，他们都竭力争夺那些少得可怜的生活物资，即悬崖下和海岸上的贝壳、鱼类和海豹。他们的主要财产是独木船。自从欧洲人认识了火地岛人以后的200～300年间，这种独木船还是老样子。同处于最不开化的原始状态的人的多次会见，使达尔文追问自己："难道我们的祖先也是这个样子吗？我们对于他们的手势和表情动作的了解，还不如对家畜的了解吗？"达尔文后来明白了，他们是这样的人：虽然未被赋予动物的本能，但是看起来人的智慧，至少由智慧所产生的活动，在他们身上并不存在多少。

　　1834年2月26日，"贝格尔"号进入贝格尔河，菲茨罗伊前些年就曾乘坐小船沿着这条河旅行过。这一次，"贝格尔"号在航行中熟练地顶着西风迂回行驶，艰难地通过了这条河。火地岛人一边不停地重复喊着"雅密尔舒纳尔"，一边示意进行交换，用鱼和蟹来换取一些破布条。

　　3月初的一天，天气特别晴好，达尔文和菲茨罗伊利用这个好天气，最后一次参观了朋松布海峡的北部，也参观了伏里阿海港。他们的熟人琴米乘坐着一只挂着一面小旗的独木船向他们驶来。他怀着平常那种温和的心情，把两张水獭皮送给了自己的英国朋友，还把他亲手做成的几个矛头和箭头送给了船长菲茨罗伊。当"贝格尔"号向着大海驶去的时候，琴米在沿岸的山冈上燃起一堆火，表达对达尔文和菲茨罗伊的送别之情。

福克兰群岛

1834 年 3 月 10 日，"贝格尔"号又停泊在福克兰群岛附近的巴尔克里湾。达尔文在这里仍然顽强地、毫不动摇地继续进行自己的博物学家的工作。6 天之后，达尔文对环绕着这个岛的部分地方进行了一次考察，与其同行的还有两名高楚人。不管是寒冷的天气，还是夹杂着冰雹的暴风雨，都无法阻止达尔文继续考察的坚定信念。在旅途中经常碰见一小群大雁和田鹬。而野牛和从前法国人运到这里来的马匹，却吸引住了达尔文的主要注意力。他专注地观察着高楚人灵敏的动作，他们熟练地往野牛脖子上投套索，向野牛后腿的主腱上用刀一刺，使它不能再迅速地向前奔跑，刹那间就把刀刺入野牛脊髓的顶端，然后就把野牛杀死。达尔文和高楚人一起吃野牛肉，为了不使一滴肉汁流失，他们连皮烧烤。因为这个岛上的人通常是把容易对付的母牛杀死吃肉，所以这里就出现了大量野公牛，它们常常向人和马猛冲过来，或许这些野公牛的凶猛行为是为了替野母牛报仇的吧！

达尔文指出，在福克兰群岛上，变凶猛了的牛不断繁殖增多，而且具有健壮结实的特点；与其形成鲜明对比的是一群群野马在不断地退化，它们的个子长得不大，许多野马都有跛脚病，小马经常死掉。达尔文认为马的跛脚是由于蹄子变长所造成的，至于小马的死亡，他认为是由于公马强迫母马抛弃小马而造成的。从中可以看出，有一些类型的生物相比其他生物更能适应新的生存条件，达尔文还特别注意到这里的野牛一共有 3 种毛色。

根据对上面两种事实的观察与研究，达尔文提出了关于物种的问题及关于难于辨别本种与变种的问题。在引进（外地运来）

的和福克兰群岛上的野生动物中有一种家兔，它的分布情况像野马一样，只局限于该岛的东部。达尔文知道，居维叶把另一些法国博物学家曾认为是变种的那些黑兔中的品种看作是一种单独的品种。达尔文向高楚人详细打听后才得知，黑兔和灰兔的分布情况是一样的，它们栖息在一起，相互交配，并生育出杂色后代。关于物种的这个问题，在福克兰东西两岛上都分布着当地唯一最大的哺乳动物"狼形狐"也出现了这样的情形。这是一种好奇的、肆无忌惮的野兽，它能钻进帐篷里，甚至能把放在睡觉的人头下面的肉拖走。菲茨罗伊船长坚持说，这是一种叫作南美洲狐的变种，它可能是在某些漂浮的树干上被水流冲到福克兰群岛上来的。但是，据达尔文观察，这种特殊的狐狸只有在福克兰群岛才有。

本次考察是十分艰苦的，因为一开始就遭遇了几场夹杂着冰雹和雪的大雨，但是毕竟高楚人本领高强，对这种环境的适应能力相对较强，高楚人能在毫无防风措施的地方把火吹旺燃起篝火。后来虽然天气暖和起来，可马却开始经常滑倒，达尔文的马曾滑倒了 12 次。在这样难以前行的情况下，达尔文一行不得不涉水经过海湾，而这里的水淹到了马背处。风掀起的细小浪花使他们的衣服更湿了，当他们回到船上时，全身都湿透了，冻得直发抖。

4 月 7 日，"贝格尔"号起锚，向巴塔哥尼亚驶去。菲茨罗伊想修理一下"贝格尔"号，因为"贝格尔"号在宽阔的希望港撞上了暗礁，被刮掉了一块铜皮，同时他打算乘小船考察一下不太为人所知的圣克鲁斯河。4 月 13 日，"贝格尔"号在圣克鲁斯河的河口靠岸。大清早，一场大风席卷而来，达尔文他们费了很大的周折才上了岸。"贝格尔"号在岸边被碰碎的危险特别大，好不容易避免了这种危险才驶进港里。3 天之后，船被拖上岸来，他们发现船的损坏并不那么严重，假龙骨被刮断了几米，在两次涨潮之间很快就修好了，随后他们把"贝格尔"号重新放下水去，系在岸边。

4月18日，菲茨罗伊舰长带领着25名船员一起乘坐3只捕鲸船，动身沿圣克鲁斯河上流对该河进行考察。第一次，捕鲸船趁大涨潮之机，逆流而上。晚上，他们就已经行驶到了涨潮区以外的河面。河面宽约三四百米，河中心的深度为5米多。这条河流环行于其间的河谷宽达16公里。像台阶一样的阶地相互对称地分布在河谷两岸。因为河水湍急，无论用桨还是张帆都不能逆流而上，于是他们只好把3只船首尾相连地系在一起，把人分成两批拉起纤来。日落后，他们就宿营在一片灌木丛旁。每只船上的军官和船员都住在一个帐篷里，吃一样的食物。这样一来，他们每天只走16～20公里，有时稍微多一点。河谷里到处是光秃秃的沙漠，沙漠上稀稀拉拉地长着一些毫无生气的植物和带刺的灌木。沿途碰见了许多脖子脱了臼和骨折了的羊驼，这是在兀鹰和白兀鹫的助威下，美洲狮捕猎羊驼留下的痕迹。灌木丛中有许多经常受到小狐狸追逐的小鼠，它们长着一对大耳朵和一身软毛。

4月26日，达尔文一行发现这里有了新的情况，这里的地质情况开始发生变化。稀疏的小玄武岩砾石没有了，出现的是更坚硬的石块，然后是一整座玄武岩地台。河水就是穿过这种玄武岩块流动的，玄武岩的厚度显著增大。达尔文认定，河水是在海底上升到地面后，在原来海湾的地方为自己开辟一条通道的。"贝格尔"号的船员们接着就进入了隘口地区，在这里有几个罕见的喷泉。河流逐渐变窄了，拖拉船只的劳动愈来愈艰苦。河岸附近陡峭的悬崖上有大量兀鹰，这是一些巨大的猛禽，它们的翅膀展开后有两米半长。

4月29日，科迪勒拉山脉的一群雪峰出现在地平线上，开始时，达尔文遇到了大量的斑岩砾石。达尔文根据地质情况的考察，认为从前这里可能是大海，当时这些斑岩砾石就在浮动的冰块上被冲来了。5月5日，他们开始返程，由于他们是顺流而下，经过的地方都特别凄凉和寂寞，所以并没有什么值得回忆的事情发生，返回途中用了3天的时间。

"贝格尔"号对南美洲东岸的旷日持久的测量工作终于结束了。"贝格尔"号再次出海，经麦哲伦海峡向西岸驶去。这是个狂风暴雨的天气，达尔文由于害病而备受煎熬。

6月8日，"贝格尔"号驶进了不久前发现的马格尔累纳河，并经马格尔累纳河来到塔尔纳角，那里的岩石、冰雪、风、水令人望而生畏，不过到了早晨，覆盖着一层雪的萨尔明托山的壮丽景象又显露出来，山麓下有着一片片阴森的树林和一条条通向海边的冰川。"贝格尔"号沿着狭窄的麦哲伦海峡迂回行驶，于6月10日从两大悬崖——东符里岛和西符里岛之间进入太平洋。这里海岸的形状使住在陆地上的人只要看到它，整个星期都会想到翻船、危险和死亡，从而变得忧心忡忡、焦虑不安，达尔文正是带着这种印象与火地岛永别的。

6月28日，"贝格尔"号在奇洛埃岛上的圣卡尔洛斯港湾落了脚。奇洛埃岛是一个山峦起伏的大岛，到处被密林覆盖着，生长有常绿树木和热带植物，经常有海风刮来，并带来大量的雨水。岛上和睦而又勤劳的居民是由具有印第安人血统的混血人种组成的，他们使用最原始的工具来开垦土地和磨碎食物。鱼、马铃薯和猪肉是岛上的主要食物，居民们栖身于清除了树林的海岸上。圣卡尔洛斯是一个居住很分散的小村庄，村中房屋的四壁和屋顶都是用松木板构造而成的。

7月14日,"贝格尔"号离开了这个潮湿多雨的地方,向智利的主要海港瓦尔帕莱索驶去,7月23日到达该港,并停泊在那里,达尔文对瓦尔帕莱索的气候大为赞赏。这里的城市也很美,它坐落在一排特别鲜艳的红土壤大山丘的山麓旁,由一条长街组成。远处显现出山峦起伏的科迪勒拉山脉的轮廓和圆锥形的阿空加瓜火山。达尔文在这里遇见了老同学和老朋友理查德·科尔菲德,达尔文感到万分高兴,就在他家借宿。

1834年6月4日,达尔文曾在给亨斯洛的信中说:"在南方雾气弥漫的阴沉气候里长期航行之后,呼吸清新的干燥空气,享受美好的暖和天气,品尝有味的新鲜煎牛肉,乃是人生最大的幸福。"不难看出,在艰难的海上奔波之后,只要能够稍事休息一下,达尔文对此就已经感到心满意足了。他也对故乡、朋友和在剑桥自由自在的生活非常怀念。

像以前一样,达尔文还是期待得到他的挚友、导师亨斯洛对他的搜集工作给予有益的建议和批评。达尔文将所搜集的全部搜集物都给他寄去了。亨斯洛的住所成了这些搜集物的"大本营"。但是,由于条件不是很便利,"贝格尔"号经常航行且难于事先知道停泊地点和时间,因此达尔文有时候一年的时间也收不到亨斯洛的回信,有时甚至会更长些。达尔文特别焦急地等待着亨斯洛对他在1832年8月从蒙得维的亚寄去的有关他的搜集物的一些询问的回信。亨斯洛会怎样看待达尔文的搜集物呢?亨斯洛会不会说他所搜集的搜集物太少了呢?"当他一无所知的时候",他该怎样在热带森林中对陌生的植物进行采选呢?与其说他关心所采集的动物形态标本的数量,不如说是关心把标本保存得更好些。标出并记下标本的自然形态和颜色,而不局限于采集的时间与地点。但这样做是否对呢？同年 11 月，当达尔文把收集物连同一些珍贵的化石标本从布兰卡寄给亨斯洛后，他在给亨斯洛的信中写道："我急于知道这些东西的处境，并急于听到对寄去的东西的数量和种类的各种评论。"

达尔文提出的这些非常重要的问题在 18 个月后才得到答复。亨斯洛在 1833 年 5 月 15 日写了回信，达尔文于 1834 年 7 月 24 日才收到，而且他是在瓦尔帕莱索同亨斯洛于 1833 年 12 月 15 日发出的另一封信一起收到的。达尔文总是不大相信自己的能力。由于这么长时间没有收到回信，一切全靠自己处理，于是就想象可能是由于自己给亨斯洛提供的资料非常有限，所以短时间内亨斯洛很难快速给出合理的答案。

达尔文在瓦尔帕莱索一下收到亨斯洛的两封信，这让达尔文兴奋不已。显然，亨斯洛对达尔文的搜集物所给出的评语特别好，这使得达尔文的荣誉感达到了最高峰。当然，亨斯洛建议他寄来收集的复制品。达尔文虽然意识到这个意见是正确的，但是他辩白说他在海上经常患晕船病，只有在特别好的天气里才安然无恙，所以不能工作太久，无法制作复制品。他写信对亨斯洛说："我的笔记篇幅已很大，四大开的纸我都写满了，有 600 页左右，一半是地质学；另一半是对动物不完善的记录。对于动物，我照例是描绘那些泡在酒精里保存起来的标本中无法看到的部分或事实。"

安第斯山

达尔文有时是在远行的途中，有时是在瓦尔帕莱索郊区，对许多的植物进行了多次考察，极好的天气使他觉得很幸运。当然，由于这里经常刮南风，而不刮海风，所以就决定了这里的植物很贫乏；虽然盛开着许多散发浓郁芬芳的花朵，但昆虫和鸟儿却很少。

1834 年 8 月 14 日，达尔文向安第斯山脉出发，打算在那里对其地质结构进行考察。在出发前，他向菲茨罗伊提出自己的打算，菲茨罗伊听了摇摇头说："这个山脉，山连山、峰连峰，一共有886万米长呢！它的最高峰约有7000米高，你怎么过得去？"达尔文坚定地握着双拳表达了自己的决心："我从来不会跟着任何人的足迹走，我要走前人没有走过的路！"菲茨罗伊被达尔文的热情所感动，给他派了两个向导、十头骡子和一匹马，组成一支登山队。

当他们爬到4000多米的高山时，达尔文发现了贝壳的化石。贝壳是海底动物，怎么会到高山上来呢？达尔文经过反复推敲，终于明确了地壳升降的道理，在他脚下的这座高峰原本是一片汪洋大海。由于大气压的变化，越往上登高，空气愈来愈稀薄，气候愈来愈冷，人每走一步就要喘一口大气。但最苦恼的是东西煮不熟，烧了半天水还是温的、土豆还是生的，而水已经化为蒸汽，烧干了。他们忍受着难以想象的困难，一直坚持到登上了安第斯山的顶峰。

达尔文在顶峰高兴地遥望着苍茫的大地。这时，他又掏出笔记本来记录着新的发现。原来，山脉的两边，植物的种类并不相同；即使是同一种类，样子又相去甚远。这是为什么？一个新的理论假设忽然出现在达尔文的大脑中：物种不是一成不变的，而是随着客观条件的不同而相应变异的！

达尔文在通往基尔奥塔河谷的归途中，翻过了契里考昆山山脉，那里溪水旁的沟壑上长着许多常绿植物，从山巅之上俯瞰基尔奥塔河谷，它坐落在一群光秃秃的高山中，景致美丽如画。达尔文翻过了契里考昆山，住在山麓之下。智利的海岸与科迪勒拉山脉间的地带被几条与主脉相平行的小山脉分割开来，在山与山之间一些狭窄平坦的盆地里也有一些重要城市，横向的、平坦的河谷原来都是海，这里的盆地和河谷的外貌当时与火地岛的地质相似，也有大量的海峡、河渠、海港和海湾。许多急流流入大海，使智利平原变得特别肥沃：那里种植着小麦和玉米，果园里栽培着桃树、无花果和葡萄。

8月16日，达尔文在一名向导的陪同下找了几匹强壮的马匹，登上了海拔约1820米高的钟山。钟山的南坡上长着一片竹林和一些与众不同的棕榈树，树身很粗，最粗的地方有树高的一半。居民们所食用的糖浆大部分是来源于这些棕榈树的树汁。晚上，达尔文和同伴在河旁的最高处宿营，天气异常晴朗，空气洁净，在十几公里内可以看见停泊在瓦尔帕莱索湾的船只上的一根根桅杆，恰似一条条细线。翌日早晨，他们到达山顶，在那里待了整整一天，向山巅之西眺望便可看到智利。智利就像呈现在地图上那样清楚，往山巅之东眺望便可看到安第斯山脉，山脉有一个相当平直的山脊，在雪线的左边向前延伸，只是有时被一个个孤立的圆锥形的火山所中断。

8月18日，达尔文下山，穿过靠近基尔奥塔和圣费利佩这两个小城市的美丽如画的河谷，继续往前走。第二天晚上，他到达位于主要山脉侧面的哈胡耶尔铜矿场，之后，他们在那里逗留了5天。在此之前，智利国家开采矿藏的方法是十分原始的。在达尔文访问之前，外国人曾对此作了两项根本改进：一是从炼过矿的熔矿炉里，把矿渣掏出来，再加以淘洗，这就可以得到大量的金属；二是开采黄铜矿石，这种矿石当地矿工起初是把它扔掉的，尽管他们并不怀疑从中可以得到许多铜。达尔文在这里考察了矿山的地质结构，可是由于积雪堆积和初起的暴风雪，他本来打算上山去考察的，但是在这样的天气状况下他不得不提前返回。

8月26日，他又上路，到智利首都圣地亚哥去，一路上尽情地观赏被大雪所覆盖的阿空加瓜火山和科迪勒拉山脉。翌日，他又登上了一个比圣地亚哥所在的大平原稍高的矮山岭。达尔文认为，这个平原是从前的内海的海底在圣地亚哥，达尔文逗留了约一星期，又绕弯道继续往南走，到了波浪汹涌的马伊普河河边。河上架着一座吊桥，连一个人牵着一匹马的重量都使它摇晃不已，从这种桥上走过去是相当冒险的。但另一条小河卡察普阿尔河上连这种吊桥也没有，所以他们不得不骑着马渡过此河。这条河的河谷里有几处叫做考凯纳斯的温泉，这个温泉能治病，所以四方驰名。达尔文发现，这些泉水在夏季比冬季更多、更热。但夏季几乎是滴雨不下的，达尔文就此推测到：地下水源与在夏季里由于山上积雪的融化而形成的急流有关。这些山离温泉有15～20公里，雪水首先渗入高温区，然后再流到考凯纳斯地区的地面上。

达尔文渡过克拉罗河，来到距圣地亚哥以南20公里左右的圣费尔南多，之后又浏览了以浮岛著称的塔关湖，这些浮岛是由各种不同的植物茎干彼此交织在一起而形成的，浮岛上茂密地生长着其他植物。达尔文着手勘查金矿，为此又花费了4天时间。金矿的工人都显出疲惫不堪的样子：他们必须把沉重的矿石从130米深的地下背到地面上来，然后把矿石运到磨房，磨成细粉，然后再把矿泥排进矿池里，让矿泥在矿池里沉淀。随着矿泥硬化，各种盐在表面晶化，一两天后淘洗干净，就可以淘出黄金来了。这一过程得重复好几次，矿工们干着这样繁重的工作，却只吃一些煮熟的豆子和面包用以充饥。照达尔文所观察到的情况来看，矿工们得到的工资就已经够微薄的了，可服劳役的农奴在这里的生活比矿工们还要苦。

达尔文在归途中病得很厉害，回到瓦尔帕莱索就完全病倒了。他在科尔菲德家一直养病到 10 月底，在此期间，他得到了这位朋友无微不至的关怀和护理。继达尔文患病之后，"贝格尔"号上发生了一次严重的经济危机。菲茨罗伊船长为了加快海岸的测量工作于 1833 年在加里松租了两只纵帆船，为此支付了 1650英镑租金，稍后过了一段时间，他为了同样的目的又花 1300 英镑买下一只洛乌船。他指望英国海军部同意核准这些开支，或许会补偿他这笔钱。谁知海军部不仅不补给他这笔钱，反而来信说"不赞成"租船，命令他"要尽快解雇所租的船只"。由于碰上这些不愉快的事情，又加上疲劳过度，菲茨罗伊的情绪非常颓丧，他已不能决定任何事情，医生认为他应当停止手里的任何工作。

因此，韦克姆尉士只有完成对南美洲东南部的测量工作，然后才能带领"贝格尔"号返回英国。但全体船员都愿意经太平洋返回，而这只有在菲茨罗伊的指挥下、根据他的指示才能办到。但收到海军部指令的菲茨罗伊大为恼怒，他不能好好地按他过去希望的那样去完成对南美洲东西两岸的测量工作，他坚决要求辞职。

如果舰长辞职，韦克姆就会得到晋升，但韦克姆还是劝说菲茨罗伊撤回自己的辞职书。他劝说舰长，海军部的指示本身就是命令，他有多少剩余时间，就做多少测量南美洲西岸的工作，然后再横渡太平洋。最后菲茨罗伊被说服了，撤回了自己的辞职书。

　　"贝格尔"号上的这次危机使达尔文非常焦急不安，这一点在达尔文给亲属的信中可以看出。当然，一方面因为他特别怀念故乡、家庭和朋友；另一方面由于考察、特别是航海旅行愈来愈艰苦，使他的身体疲惫不堪。如果菲茨罗伊拒绝指挥，"贝格尔"号就要被迫抄近道，由大西洋返回。达尔文自然也就应该结束在"贝格尔"号上博物学家的工作，考虑的只是回去的事情了。然而他头脑中却有着其他的打算。

　　对南美洲的地质考察情况已开始形成一定的构思，并向达尔文提出了新的任务：首先要对西部各海岸进行地质考察，特别是考察科迪勒拉山脉的地质学问题。对自然景象仔细观察的最初热情、对迷人的热带风景的兴奋心情渐渐地为考察家所具有的那种特别平心静气的浓厚兴趣所代替。达尔文明白，作为一个较好的考察家，他竭力要做的不仅是尽可能多地采集标本、记录他所观察到的现象，而且还要更好地弄懂和解释这些现象。

　　旅途中，达尔文在菲茨罗伊的图书馆里熟悉了许多南美环球旅行的情况，给自己拟定了未来工作、未来旅行路线和考察一些新地区的计划。他不能使自己的事业半途而废、不能放弃自己制订的计划，特别是快要完成的计划。要是"贝格尔"号放弃环球航行的计划，向英国驶去的话，达尔文将不顾一切地继续坚持已有的工作，他决定走他自己所拟定的航线，独自越过科迪勒拉山脉，研究科迪勒拉山脉的地质，走旱路横穿南美洲大陆，再返回东岸到布宜诺斯艾利斯去，然后从那里乘船回英国。对大自然奥秘的探索是达尔文一生追求的目标，他绝对不会因此而停止他的理想。

　　危机结束了，"贝格尔"号还是决定在完成环球航行之后再回英国。同时达尔文也决定要更加努力地在南美洲西岸进行工作，乘"贝格尔"号到一些岛屿上去考察，广泛利用陆地上所用的老办法——雇佣向导、马匹和骡子走完拟定的行程，翻越科迪勒拉山脉始终是达尔文的工作目标。

"贝格尔"号全体船员又开始着手测量奇洛埃岛的工作。有几个人在谢利万尉士的指挥下，于 11 月 24 日乘着舢板和高速艇前去考察该岛的东部；达尔文雇了几匹马，到岛北端的查卡奥，他要在那里与其他人汇合；另一部分船员则留在"贝格尔"号上，他们去考察岛的西部，以便与第一队人马在南部汇合。

其实，本来查卡奥本是奇洛埃岛的主要港口，但由于船只经常在海峡里的急流和危险的岩礁中间失事，所以人们把港口移到了圣卡尔洛斯。达尔文在查卡奥遇到了第一队人马。在以后的日子里，这队人马逐渐地往南推进到被河谷切割开来、分离成很多小岛的平坦的地方。这片大陆上出现了三座正在喷出一团团浓烟的、巨大的活火山，每座火山的高度都有 2000 米左右。安第斯山脉在这里要比瓦尔帕莱索附近的山脉矮得多。

11 月 31 日，这队人马来到了卡斯特罗，卡斯特罗曾是奇洛埃岛的古都，但当时已变成了一个十分荒凉的地方，总共只剩下几百个居民。这里有一种非常值得注意的植物叫做"庞克"，庞克的基干有 1 米多高，长着四五个齿状的圆叶子，直径超过 2 米，周长在 6 米以上。

12 月 6 日，这队人马到达了南岛圣佩得罗，"贝格尔"号在那里已靠岸。当这队人马中的两名军官在这里用经纬仪进行测量工作时，据说是这个岛上特有的一种狐狸中的一只正在聚精会神地注视着军官们的工作，达尔文偷偷地走到它的背后，用地质锤朝它头上重击一下，把它打死了。这个岛上特有的狐狸就这样被发现了。由于森林中到处都堆积着大量倒下的腐朽的树木，根本无法通过，他们只好时而一个跟一个地从腐烂的树干底下爬过去，时而在离地面二三米高的树干上走。达尔文和菲茨罗伊虽然努力要爬上岛巅，但最后还是放弃了这一打算。

1834年12月13日，他们到达了乔诺斯群岛，那里开始刮起了可怕的"不亚于火地岛的"风暴。各个岛屿根本不能通行，所有海岸都无法接近，必须在海岸上沿着尖角的云母页岩爬行，至于森林，脸、手和膝盖上的伤痕就明显地说明，要想穿过这些密林需要付出怎样的代价。

后来，"贝格尔"号又调过船头向北驶去。12月20日，"贝格尔"号在靠近特烈蒙特斯角以北的地方发现了一处海港，海港附近有一座海拔500米的形似塔糖的正圆锥体山丘，它比里约热内卢那座名叫塔糖山的山丘更加接近于正圆锥体的形状。尽管山坡非常险峻，达尔文还是爬上了山顶。他在《航海日记》中写道："在这荒凉的地方，能够爬上一座山的山顶会使人感到某种不寻常的快乐。只要我总是不安地期待看到某种新东西，而这种期待总是落空，然而每当我有新的打算时，这种期待总还是一定要出现的。任何一个人都知道，当我们从高山上眺望展现在我们面前的宏伟壮观景色时，我们心头会洋溢着胜利和骄傲。而在这些处女般圣洁、人迹罕到的地方，你会联想到你可能是第一个站在这座山顶上欣赏这一景色的人，你的心情中还会添上某种荣誉感。"

达尔文在荒野的海岸上发现了有人在这里住过的痕迹：悬崖凹处有草铺，草铺旁边有篝火残迹及斧痕。眼前的这一切让达尔文感到非常惊讶，这些残败的景象是遇难水手留下的痕迹。确实，过了几天，当"贝格尔"号发现另外一处海港并在那里停泊的时候，海岸上出现了一个挥动衬衫的人，派去接他的小船带回两名水手。他们是美国捕鲸船上的流亡者，他们的小船被岸边的暗礁撞得粉碎。他们要沿着海岸走过去是非常困难的，他们当中有一个人已经摔死，其余两人住在芦草舍里，平时以海豹和软体动物充饥来维持生命，就这样，他们一直住了 15 个月。他们只有两把斧子和几把刀。他们用燧石取火，那里的燃料是十分充足的。

12 月 30 日，"贝格尔"号在特烈斯蒙特斯半岛最北端附近的小港里靠岸了。翌日，达尔文同几个旅伴一起爬上了海拔约 700 米的高山，那里可以清楚地看见由花岗石组成的科迪勒拉山脉的主脉，花岗岩上面覆盖着一层云母石岩，云母石岩形成宛如手指状的雉堞。

1835 年初，"贝格尔"号围着这个小港湾绕行一周。途中他们看到了无数的海豹。火鸡、兀鹰时刻地窥视着这些海豹，只要发现海滩上有海豹的尸体它们就会群起而食之。海燕和海鸥在海上飞来飞去，鸬鹚在水中游来游去，捕捉着鱼类，几只黑颈天鹅和海獭在那里游动着。这儿的海岸有高大美丽的树木和一些花草，有 4 座火山，较为著名的是科尔科瓦多火山。这个岛上的树木长得像火山岛的树木，有许多毛榉树，而且藓类植物、地衣植物及蕨类植物也很多。西海岸群岛的泥岩形成过程和火地岛一样都是很迅速的。有一种红胸脯的鸟经常出没在奇洛埃岛和乔诺斯群岛上，由于它们叫声不同，因此人们把它们的声音分为吉兆和凶兆。还有一种身体较大、叫声像狗的"吉德吉德"鸟。非常巧的是这种特殊的鸟与智利中部的土耳其鸟和塔巴科洛鸟有血缘关系。

这一地区的海面上时常出现凶猛的大海燕，其中有一种"别拉德"海燕，如果按照它的习惯和身体构造很难看出它到底属于哪一种，这使得达尔文惊讶不已。这种海燕的胆子特别小，它们一旦受到惊吓就会躲到水里，过很长一段时间才敢再出来飞到空中。在空中直线飞行了一段时间后又会重新潜入水中，从嘴和鼻孔的形状及腿的长度都不难看出它是海燕，它潜水的性能特别好。

1835年1月18日，"贝格尔"号又回到了圣卡尔洛斯海湾。第二天晚上，奥索尔诺火山爆发了，达尔文感到非常庆幸，因为他有机会看到了这一奇异而又美丽的景色，火山直到凌晨时分才停止喷发。后来他又听说，科迪勒拉山脉最大的一个火山在当天夜里也爆发了，它叫阿康卡瓜山。在6个小时后，其北约4300公里的科谢圭钠火山也爆发了，与此同时，一场大地震也发生了。

1月23日，达尔文一行到达了卡斯特罗，这是一个美丽的地方。达尔文把带来的介绍信给了当地的彼得罗先生，他们受到了热情的接待。彼得罗十分乐于助人，他还为他们雇了马匹，并陪伴达尔文一行沿海岸往南走去。1月28日，他们终于又回到了圣卡尔洛斯。

2月4日，"贝格尔"号离开奇洛埃岛向北驶去，大雾的突然出现又使他们耽搁了几天。几天之后，他们到达智利的瓦尔迪维亚。又过了3天，达尔文带着向导在这个地区旅行，南美洲海岸上的常绿树木比奇洛埃岛上的要少，走过几座森林后他们来到了平原上，他们在那里遇见了一些性格特别的印第安人。

2月20日，这里发生了一次强烈地震。达尔文并没有强烈的震感，当时他正一个人躺在海边休息。城里的木头房子摇摇欲坠，惊恐的居民纷纷跑到海边避难，地震发生时已赶上退潮的时候，海水迅速上涨，升至最高点时又急剧倒流回来。

　　"贝格尔"号离开了瓦尔迪维亚，沿途进行勘测。由于锚的破裂，他们只好去瓦尔帕莱索买新锚。3月3日，当"贝格尔"号在进行航行时，又有一次强烈的地震发生了。达尔文在"贝格尔"号驶进康塞普西翁市时，登上了基里基纳岛。刚到这里首先映入他眼帘的是大地震后遗留下来的惨状，这是大地震给人类带来的毁灭性的后果。达尔文很快得出结论："地震是威胁人类的罪魁祸首之一。"他仔细地研究了地震后岩石层发生的变化，地面在这次地震中产生了许多裂缝。因为地震在白天发生，人们对于灾难的突然来临还能来得及逃避，所以死亡人数并不太多，但许多沿海的房屋和树木被震后引发的海浪一卷而空。

　　3月7日，"贝格尔"号起航向瓦尔帕莱索驶去。历时4个月，达尔文一行才抵达那里，两天后，达尔文又出发了。为了实现自己越过科迪勒拉山脉的夙愿，他在圣地亚哥就做好了一切登山的准备工作。他在登山的两个入口中选了一条登山距离最近的山口，以便能在归途中更方便地越过另一个入口乌斯帕拉塔山口。

　　3月18日，达尔文在一名向导的带领下，和一名赶骡人离开圣地亚哥，向马伊普河河谷走去。达尔文在科迪勒拉山脉河谷的周围地区发现了一些由砾石和沙土构成的土地，这些和南美东岸的现象一样，而其原因就在于海岸的上升。由于这些山地在缓慢下降，达尔文在不知不觉中发现这块山地已与周围草原连成一片。他认为这些沉积是因为海水浸泡造成的，而与此同时，智利更南的海岸也受到了一定程度的侵袭。

　　达尔文对于莱尔关于"科迪勒拉山脉是逐步形成的"这一观点一直都表示支持。由于河流从上游直冲而下，使沿途一些杂物由河道在入海口处沉积下来形成了这些阶地，然后随着海平面的上升，一直达到现在的海平面为止。许多流经这个盆地的河流都是从高山上冲下来的。达尔文在河谷时所产生的那些想法与他在登上科迪勒拉山脉时所产生的想法一样。达尔文在攀登科迪勒拉山脉时遇到了许多牛群，当时牧民们正把它们往山下赶。冬季即将来临，他们在山顶上发现了几处矿藏，在智利北部的山区可以经常发现矿物。

越往上爬植物就越少，但是出现了一些漂亮的山花，而禽兽和昆虫却几乎看不到了。达尔文指出他在其他地方没有看到过安第斯山那样的情况：两边是阶地或是平原，第二层次是完全裸露颜色的鲜亮山丘，第三层次是连绵不断的岩脉，第四层次是因地层分布而显现出来的美丽景色，最后是由颜色鲜亮的岩石片所构成的圆锥形石堆，从高山基部升起，有时竟高达 1 米多。

3 月 30 日夜晚，达尔文他们到达耶奈谷。这个谷地形似“一口铁锅”，有很多石膏，因此又被称为“石膏谷地”，这儿的石膏厚度达 1000 多米。达尔文来到了山麓下，这条山脉将许多河流分成两支，分别流往太平洋和大西洋。他沿着彼乌克涅斯山脉前行，这儿的道路崎岖不平，非常难走，山脉是由红砂岩、砾岩层和泥贝岩组成的。他们一直走到中午才到乌克沓斯山脉，这里的空气十分稀薄，有人建议用葱来帮助呼吸，但是达尔文是个工作狂，他根本没有注意到空气稀薄，只有化石才能让他忘掉这一切。考察队继续前进，之后来到了常年积雪的山顶地带，在这里展现在达尔文面前的又是另一番天地，与前面所见到的情景截然不同。

凭借敏锐的观察力，达尔文发现雪地上有一些红色的类似于骡蹄印的印迹。达尔文原以为是风吹过来的灰尘，但是这种印迹还能被刮下来留在纸上。经研究这是一种水草微粒，它们能够把雪地染成红色。他们扎下帐篷，由于各种原因他们点不着火，烧不开水，生活艰苦。从科迪勒拉山脉下山比从朝向太平洋那面的山路下山近得多，但坡度更加陡峭。

3月23日清晨，由于雾特别大，考察队根本看不见潘帕斯平原。晚上，他们宿营在海拔约2000米的地方，东面河谷和智利河谷的气候及土壤性质差不多，但两地的植物却完全不同，同样的差别后来在哺乳动物及鸟类和昆虫方面也都得到了证实。然而科迪勒拉山脉东坡的植物和动物与巴塔哥尼亚的生物都极为相似。在这里还发现了许多类似巴塔哥尼亚的植物，还有一些黑色甲虫，所有这些都说明：研究科迪勒拉山脉的生物分布，是非常有意义的。

第二天，天上美丽的云朵不见了，山里的天气真是说变就变，但是达尔文仍能清晰地欣赏到山下潘帕斯平原的无限风光。后来他下了山并在山下住了一宿，第二天又朝东走过了一个沼泽地，踏上平原，花了两天时间才来到了门多萨。到那儿不久，他就把天上飞翔的一大片蝗虫当成被大火映红的乌云。好大一块儿空间都被这些害虫占据着。由于数量极多，以至于它们拍动翅膀发出的声音就像是刮大风或者在打雷。当这些害虫落在地面吃庄稼和野草的时候，原本绿油油的庄稼地被它们侵犯过后变成了一片淡红色。

3月29日，达尔文途经乌斯帕利亚塔，最后返回智利。乌斯帕利亚塔位于门多萨的北面，他们必须在一片长满仙人掌的荒漠里行走。这里没有水，而且气候炽热，尘土飞扬，对于旅行者来说在这儿旅行是一件令人讨厌的事情。乌斯帕利亚塔位于海拔约1700米的平原上，和主脉等高。从这里的地质结构来看，它应该与太平洋海岸的第三红地层相似。从这一点可以推断出这儿应该

有树木的遗迹。而且达尔文确实在这儿看到了周长有半米或 3/4
米不等的白柱子，达尔文对这些柱子的奇特外形印象颇深。

他们于 4 月 7 日起航，继续到智利北部地区考察，原定路线
是沿海城市科舍博、瓦斯科和科皮亚波。在科皮亚波，"贝格尔"
号正好把达尔文接走。这次旅行的方法和以前一样，唯一不同的
是他们全都骑马，沿途他们穿过盛产黄金的钟山山麓的基尔奥塔
河谷。到达海岸时，智利中部地区所特有的树木和灌木很快就看
不到了，取而代之的是高大的植物。达尔文认为可能是由于这儿
的降雨多，所以这里的大量木本植物和其他植物都生长得十分
繁盛。

1835 年 4 月 10 日，达尔文到达了圣地亚哥，这是他在 24 天
内第二次越过科迪勒拉山脉。他又回到瓦尔帕莱索这个地方，在
给妈妈苏珊娜的信中，达尔文描述了他这次旅行在地质方面所取
得的成果："据我的研究考察表明，那两个山脉其中的一个，要
比另一个早生好多年。老一点的那个山脉叫做安第斯山脉，这些
山脉岩石的种类和排列顺序我都摸得清清楚楚。这些山脉的主要
特点在于它们含有将近 600 米厚（这可是绝无仅有的数目）的石
膏层。我已经在海拔 3000 米的地方找到了一些稀有的贝类化石，
虽然这本来是不可能的。研究一下这些贝壳，我便可以确定这些
山的年龄是否与欧洲地层的年龄一致。而安第斯山脉的另一条山
脉，我有其他可靠的依据可以推测，但是我还是要证实一下，如
果证实可靠的话，那么在证明地球形成的理论中是很重要的。因
为，如果在地壳中曾在这么晚的时代发生过如此惊人的变化，那
么它在以前就不可能剧烈变动过。我们必须注意这些近代地层，
因为这里面蕴藏着丰富的金银铜等金属矿脉，到目前为止，我们
还认为这些都是属于较古老的地质层系的。"

此外，达尔文在信中还描述了他所遇见的已经变成化石的树木，并且他还对发现的一些关于地面隆起和沉陷的结论做了详细地叙述。他给亨斯洛的回信中，还阐述了一些地质方面的研究成果。在亨斯洛的眼里，如今的达尔文显然是一名学者了，已经能够将考察后得到的资料进行汇编，严谨地加以思考后得出自己的结论。亨斯洛收到达尔文的来信并在看完内容后感到万分惊诧。

5月4日，达尔文转向内地，走到了矿产多得像蚂蚁窝一样的洛斯奥尔塔司区。工作量十分繁重的矿工们带着重达90公斤的矿物，每天从72米深的矿井里背12次矿石。随后，达尔文又沿途来到了寂静的城市——科舍博。这儿大约有6000～8000名居民。晚上，这里发生了一次强烈地震，人们手足无措地慌乱起来。达尔文在地震发生以前听到一些隆隆声，当时人们相当嘈杂，达尔文并没有察觉到地面的晃动。

走过了这么多地方，达尔文用大部分时间来从事地质调查，特别是研究阶梯形的砾石阶地。这些考察让达尔文获得了很多宝贵的资料。从这些考察研究中，达尔文发现这里和其他地方一样，都能充分地证明阶地是由于海水的冲刷而形成的，陆地是海底平面逐渐上升而形成的。

6月2日，达尔文开始重新沿着海岸往北到瓦斯科去旅行，并且进行考察。这里一片荒凉，连一点绿意都没有。只有陆生螺轮蜗牛在最干燥的地方集结成一大堆，在春天到来的时候，当有一种它们赖以生存的小植物长出叶子来时，它们才会醒过来。到达科皮亚波河谷后，达尔文这才松了口气。科皮亚波是一座相当大的城市，每家都有一处果园，而且与矿场紧密地联系在一起，因而人们茶余饭后都谈论着有关矿产和矿石的话题。大约一个星期后"贝格尔"号才到达。达尔文在这段时间里，带上足够的粮食及马匹，跟着向导，参观了那儿的无人谷。这个河谷也是由海水冲击而成的，但是到现在为止几个世纪都没下过雨了，所以变成了一片沙漠。达尔文发现了古印第安人生活过的痕迹——他们用黏土支撑的房子。后来一位秘鲁土木工程师吉尔说，有时可以看见古秘鲁人在山里开凿的灌溉水道。但是由于这里地震频繁，坍塌的泥土常常使河流发生堵塞因而不得不时常改道，所以这些灌溉渠遭到破坏是常有的事。

加拉帕戈斯群岛

7月1日，达尔文又回到了科皮亚波河谷。3天后，"贝格尔"号驶到了离城不远的一个港口。晚上，达尔文又同自己在智利的旅伴马里阿诺·贡萨达斯做了亲切的告别，回到了自己的舰上。由于在瓦尔帕莱索时，他们得知英国军舰"挑战者"号在阿劳科附近遇难，菲茨罗伊的挚友塞穆尔舰长和全体船员都被印第安人抓去了，他们在那里过着非人的生活。菲茨罗伊表示，他作为一名已考察完南美洲所有西海岸的领航员，愿意前去帮助他们逃离苦难，所以菲茨罗伊舰长不在舰上时韦克姆尉士暂时做代理舰长。"贝格尔"号继续向秘鲁方向驶去。

几天之后，"贝格尔"号在秘鲁海湾伊基克港靠岸了。这儿一年到头也下不了几场雨，连喝水也是个大问题，喝的水是从北面约40海里的居民点用船运来的，价格也特别昂贵。达尔文好不容易雇到一名向导和几头骡子，去了一趟硝石矿场——伊基克的唯一财源。这里的荒凉景象没有给达尔文留下深刻的印象，因为达尔文以前已经见识过这种景象了。这个地方是由普通食盐和盐土层在海面上升的时候沉积而形成的，远观这儿的地面就像下过雪后被人踩脏的样子。硝石矿场参观结束后，达尔文又返回伊基克，并乘船继续驶往利马。虽然当时他们已处于热带地区，但由于海洋掀起波浪，冬季阴沉的乌云遮蔽了天空，海风又很大，所以气温不算很高。

1835 年 9 月 15 日，"贝格尔"号载着 26 岁的达尔文，在加拉帕戈斯群岛登陆了。加拉帕戈斯群岛正好处在赤道上，这是一片纯粹的火山岛屿，岛上有着大小不同的火山口，形态各异。在这里，达尔文登上的第一个岛是查塔姆岛，岛上荒无人迹，炎炎烈日将地面晒得滚烫。炎热的气候使得很多植物无法在这里生存，只有一些洋槐树和仙人掌能够勉强存活，除此之外，便没有什么树木了。这群火山岛上几乎无人居住，这里距美洲大陆本土约有 500 英里远，船员们可以在此收发邮件、补充淡水和贮备新鲜肉食。这类肉食是一种野生动物的肉，群岛就是以这种动物的西班牙名字命名的：加拉帕戈斯，意思是"巨龟"，它们在岛上的灌木丛中结队而行。灼热的、黑乎乎的海滩，枯萎的灌木丛和植物，长满刺的仙人掌，眼前所有这些似乎都显示出一种不好客的情景。"贝格尔"号围绕着群岛航行了两个月，在一个又一个岛屿上做了停留。

9 月 23 日，"贝格尔"号驶往查理岛。这里有很多来自厄瓜多尔的流放犯人，他们居住在一个几百人的殖民区里，共同生活在海拔几百米的高地上。这里的风景还算优美，有碧绿而茂密的植物、有肥沃的黑色土壤。当地居民靠猎捕为生，野猪、山羊和乌龟等都是他们的主要捕猎对象。达尔文登上海岛后，便又重新开始了采集各种动物和植物标本的工作。

达尔文对自己所见到的一切日益着迷，仿佛这些岛屿蕴藏着许多神秘的事物。例如，海蜥或者鬣蜥在这里都有一种古怪的行为方式：大海是它们的天然栖息地，但它们一旦受到惊吓，为什么又拒绝进入海中呢？这位博物学家不止一次地将正在蠕动的三脚爬虫用力掷向一个礁石坑中，每次它都能径直地游回岸上。难道鬣蜥的唯一敌人是鲨鱼吗？为什么它们把海岸沿线的礁石视作它们最佳的安全地点？这一定是一种世世代代遗传下来的天性……

这里的许多鸟类也同样十分令人着迷，在达尔文所收集的大量不同种类的鸟中，燕雀类占了一半。如同这个黑色岛上的许多其他鸟类一样，这些雄性的燕雀通常也是黑色的，但它们之间还是有很大的差别。有一种鸟像欧洲锡嘴雀那样有一张结实而有力的喙，足以啄开有坚硬外壳的果实。还有一种鸟具有一张用来捕捉昆虫的尖细的喙，其余的鸟喙都介于这两类之间。它们同属雀类，又生活在非常相似的环境中，但它们的长相却为什么如此不同呢？海龟本身也是神秘的动物，它们给达尔文出了第一个小小的难解的谜。起先他无法确定在这些荒无人烟的岛上，从海岸到后面小山之间的那些清晰可见的足迹是谁留下的，不久达尔文就茅塞顿开，原来这些是海龟留下的踪迹，海龟通往经常出没的饮水点，因此踩出了宽宽的痕迹。事实上，加拉帕戈斯的第一批来访者就是借助这些海龟留下的踪迹才找到饮水点的。给达尔文及其他许多人出的第二个谜则异常令人费解，这是加拉帕戈斯群岛的副总督尼古拉斯·劳森向达尔文介绍的。一天，劳森无意中说："不但我一眼就能分辨出捕捉来的海龟来自哪个岛，其他岛民也能做到这一点。因为据说不同岛上的海龟有不同的斑纹、不同的体形，甚至吃起来味道也不一样。"

达尔文对当地人们的这一说法并未多加注意，后来猛然间他才意识到了劳森这句话的重要性。当时达尔文感到糟糕透了，他已经采集了加拉帕戈斯群岛的两个岛上的标本——并分别标注了，但是，每个岛似乎都有自己独特的生物种类。他相信，有些岛屿栖息着它们自己特有的海龟种类，那么这些岛屿上是否也有自己独特的鸟类呢？达尔文不由得再一次责怪自己将标本搞乱的失误。

这些差别是如何产生的呢？为什么会有这些差别呢？如果所有不同种类的海龟和鸫鸟真的在一个小岛上都有独特的种类呢？或者是否还有其他某种解释——一个推翻人们所信仰的、关于地球生命现有理论的解释呢？达尔文整日地在思索着这些问题，希望早日得到问题的答案。

10月28日，"贝格尔"号驶抵加拉帕戈斯群岛中的最大岛屿阿尔贝马尔岛。次日，"贝格尔"号绕过阿尔贝马尔岛的西南端，晚上停泊在阿尔贝马尔岛的邦克湾。第二天天刚蒙蒙亮，达尔文便上岸去考察一个很大的椭圆形火山口，火山口的底部有一个蓝色的浅湖，湖水很咸。在沿岸的悬崖边，他看见了许多黑色的大蜥蜴，它们差不多有几米长，这种蜥蜴居然脚上有蹼，会游泳，岛上的许多地方都能看到，但在西南的许多岛上却几乎看不到它们的踪影。达尔文在调查研究之后发现，这座小岛上居住着一些在其他地方看不见的鸟类、爬虫类和其他生物。从岛上乌龟与其他地方乌龟的差别可以看出，虽然它们的距离相隔很远，但这些生物与美洲生物有明显的亲戚关系。达尔文能在当时就得出这些结论是很不简单的，后来这些结论都被证实了。

达尔文的这些研究对他之后的观点形成有很大的帮助。达尔文发现有些东西并不与当时博物学界关于植物基因是由环境创造的这一观点相符合，因为根据当时的博物学观点，一些环境相同但距离很远的植物也应该相同，但实际上并不相同，反而与其他一些环境情况不很相近的地区植物接近。所以达尔文总结出来的观点是：物种是多变的，是可以进化的。达尔文陷入了沉思中："为什么这个岛上的生物与美洲的很相像呢？" 1835 年诺拉·巴尔劳发表了一篇达尔文的手稿：

> 秦卡鸟，是一种栖息在房屋旁、以啄食挂在房梁上晒的鸟肉为食的鸟，它们跑得非常快，叫得也相当好听。它们建筑的窝，结构很简单，在岛上随处可见，并且喜欢往高的、潮湿的地方去建窝。我把从四大岛上弄来的几只鸟与查塔姆岛和阿贝尔岛上弄来的几只鸟相对比，发现几乎差不多，但是其中两只和其他的不同。我想起以前有个西班牙人告诉我说，他们能从龟壳的轮廓和体积大小分辨出它们各来自哪个岛。生存在这些岛屿上有限的动物，在结构方面并没有多大的区别，它们聚集在同一个地方。根据这种情况，我们推断出它们只不过是一些变种而已。但有一点可以肯定，福兰克群岛和西岛的"狼形狐"之间是有区别的。如果说这一点是有根据的话，那么这个岛上的动物学就非常值得加以研究。

这是达尔文关于"进化论"的最早见解。1835 年 11 月 16 日，亨斯洛在剑桥哲学学会上宣读了达尔文寄来的其中一些信件的内容。由于在学生中很受欢迎，因此亨斯洛将其编印成小册子分发给学会会员们，两天后塞治威克教授在伦敦地质会上宣读了这些摘要。

太平洋之旅

从 1835 年 10 月 20 日起，"贝格尔"号从加拉帕戈斯群岛向西进行了一次长达约 3200 公里的航程。这次航行一帆风顺，还得归功于晴好的天气。"贝格尔"号于 11 月 15 日驶抵塔希提岛，在马塔凡湾停泊下来。像从前的旅行家一样，达尔文对这片低地也十分欣赏。由于这个低地的珊瑚礁挡住了海浪的冲击，因此这里可以作停泊用的港湾。

第二天，"贝格尔"号上迎来了一些新的面孔——做买卖的当地人。早饭后，达尔文到了近处的一座高山上游览，从这里他可以清晰地看到爱米奥岛，它被邻近的暗礁包围着。又过了一天，他们就驶往新西兰了，驶往新西兰需要经过太平洋，这花了他们许多的时间。在烟波浩渺的太平洋上经过长期航行之后，12 月 19 日，达尔文及其旅伴们远远地望见了新西兰。次日，"贝格尔"号驶进北岛的群岛湾，并在那里停了下来。这是个外形柔和但山峦起伏的岛屿，陆地被海湾切成很多小块，近处被蕨类植物覆盖，远处则是一片片的茂密树林。茂密的植物让达尔文一饱眼福的同时，也给他带来了麻烦。由于这些蕨类植物和灌木太过茂密，再加上有许多小河和海湾，这些都成了他前行路上的重重障碍，因此这次计划进行得很不顺利。在这个岛上，达尔文发现了许多建筑的遗迹，这些建筑与现代坚固的建筑结构有着明显的差异。

12 月 23 日，在英国领事布希贝和一位新西兰当地负责人员的陪同下，达尔文乘坐一条小船来到一个距离群岛湾约有 15 海里的小地方——惠马特，做了另一次短途旅行。这里有火山土壤，土地很肥沃，蕨类植物长得非常茂盛。在这片林子里，达尔文观察到高大的贝壳杉松。这种松树的根部特别粗壮，高有七八米，树干上没有树枝，上下粗细差不多。这里的居民吃的是欧洲人运来的马铃薯、蕨类植物根和海滨的一些软体动物。当地人的见面礼也非常奇特，当他们要表示欢迎对方时，就相互碰鼻子和握手。新西兰的树林里根本无法通行，林中有许多英国人和法国人运来的植物，但很少见到小鸟。

达尔文是在北岛上的纳希亚村度过圣诞节的。翌日，达尔文和同行者一起乘坐小船欣赏了周围的美丽景色。后来他们还访问了其他几个村子，观看了当地一个酋长女儿的葬礼，在研究了这儿的石灰层之后又返回到"贝格尔"号上。12 月 30 日，"贝格尔"号离开群岛湾，向悉尼方向驶去。

"贝格尔"号于 1836 年 1 月 12 日抵达澳大利亚，在悉尼海湾抛了锚。当天晚上达尔文在悉尼这座城市散步后，感到非常高兴。几十年来，这里兴起了一座崭新的城市，市内有许多宽大的正规街道，还有许多两三层楼高的石屋和商店。像在任何地方一样，在这里达尔文也组织了一次内地旅行。他雇了一名向导和两匹马，到一个叫做巴瑟斯特的村镇去，这个村镇距离城市大约有 20 海里，在此之前这里却是个大畜牧区的中心。

达尔文沿着一条非常漂亮的石子路径直往前走，这条路是靠那些放逐到澳大利亚的苦役犯的强迫劳动修筑起来的，周围的风景很单调，只有稀疏的树林和一片细弱而泛白的绿草。因为这里树叶的侧面都是垂直地向太阳长着，所以没有阴凉。傍晚时分，达尔文遇到了一群当地人，他们都很善良，还给达尔文展示了他们极其精湛的投掷镖枪的技艺。他发现澳大利亚土著人无论从文化水平还是聪敏程度上都比火地岛人高一些，但他们过着一种漂泊不定的生活，他们既不种地，也不盖房，更不牧羊。酒类的输入、欧洲人带来的各种疾病在当地人中间的传播，以及对当地人的摧残都使得殖民地的土著人数迅速减少，其中某些病例如麻疹对他们的危害特别大。达尔文后来在《一个博物学家的日记》里激愤地写道："凡是欧洲人到过的地方，当地的居民无不接受死亡的摧残。"

1月17日，达尔文渡过尼比翁河，到达了蓝山山脚。蓝山是超出海滨低地的砂岩高地，从这片高地往下看，一片十分广阔的森林尽收眼底，风景非常美丽。从树林右边突然展现出的深达400多米的大山谷是这里最漂亮的地方，山谷的悬崖峭壁完全是笔直地挺立着。山谷底部一片郁郁葱葱，如从天而降般，让人惊叹。

达尔文离开了蓝山高地，穿过芒特·维克托里亚通道，来到一个树木更加稀少、绿草更为茂密的地方后，在边区的一个养羊场停了下来。在这里他试图捕捉袋鼠，但没有捉到，后来弄到了一只小家鼠；他观看了白鹦鹉和其他一些鸟，使他感到满意的是，他有幸看到了一些一会儿在水面上嬉戏、一会儿又潜入水中的鸭嘴兽。他躺在一个水塘边，静静地思索着澳大利亚的动物不同于世界上其他地方的动物的原因。

达尔文在《航行日记》中写道："一个什么宗教都不信仰的人，可能会感叹地说：在这里肯定有两种不同的造物者在工作；但是他们的工作对象是相同的，他们在每一场合下的目标都完全达到了。"这句精彩的推理表明：达尔文在继续思考着物种起源的问题，一直以来收集到的许多事实，开始使他不再相信《圣经》上关于"上帝创世"的概念，他开始感觉到自己已经不是一个信徒，而所谓的"创世主"，也已经开始让他感到滑稽。

除了澳大利亚的哺乳动物群不同于世界上其他地方的动物群以外，他还发现了个例外的情况：他在自己的脚下看到了一个圆锥形的深坑，这是蚁狮设下的典型的陷坑。他观察了蚁狮幼虫捕捉苍蝇和蚂蚁的情况：蚁狮幼虫从陷坑的深处射出股股沙子，迫使那些吃力地、顺着沙粒流动的坑壁向外爬的昆虫流到自己跟前并成为自己的食物。不过这种陷坑要比欧洲蚁狮通常用的陷坑小一半，可能是供当地特有的那种蚁狮用的。

1月20日，达尔文的考察工作还在进行着。这一天天气非常闷热，从沙漠里刮来的风吹得满处都是沙子。他到达了旅行的目的地——巴瑟斯特。当时很干旱，草地变成了褐色，河流完全干涸，很多幼小的果树和葡萄树都已旱死。在返回的路上达尔文没有发现什么特别的东西。

1月30日，"贝格尔"号驶向塔斯马尼亚，于2月3日到达那里。塔斯马尼亚的当地人曾经对英国人进行过强烈地抵抗，这时已经被征服并被迫迁移到了一个孤岛上，他们在那里很快地死去了。

达尔文在塔斯马尼亚停留了10天，在此期间他经常出去游览，主要从事地质学的研究。他在自己的笔记中提到：他曾在这里登上了不高的惠灵顿山，山上长满了茂密美丽的植物，要穿过这些植物是极其困难的，令达尔文感到惊讶的是，这里除了高大的桉树外，还有长得非常茂密的像树样的蕨类植物。

3月6日，"贝格尔"号驶抵澳大利亚最西南角的乔治亚湾。在这里"贝格尔"号停留了8天，达尔文认为：旅行期间他从来没有这样无聊过，因为这里的植物单调而且贫乏，在这里任何有意义的观察都没有，这就使得达尔文不想再到附近去考察。唯有当地人举行的那种粗鲁，却非寻常的"柯罗别利"舞会，还使达尔文感到有某种民族文化习俗的趣味。之后"贝格尔"号离开澳大利亚继续航行。

4月3日，达尔文和菲茨罗伊来到马来亚人的一个村子，这个村子坐落在一个岛屿的一角。他们在那里观看了一种在死人墓上跳"木勺舞"的仪式，这是在望月时举行的一种"半崇拜偶像"的仪式。3天后，达尔文同菲茨罗伊访问了紧靠礁湖入口处的一个岛屿。在这里，他们观看了居民们是怎样坐着两只小船捕捉海龟的情况。小船在海水的冲击下粉碎在岩石边的这种情景使得达尔文十分惊讶。达尔文在日记中非常激动地谈论这一印象，他用富于表现力的语言写道："我很难解释，为什么这些珊瑚岛的外侧海岸的景象总是使我感到极其伟大。在这类似壁垒的岸边，在这绿色的灌木丛和高大的椰子树的边缘，在那大片紧实的、到处都散布着巨大碎块的死珊瑚岩上，最后还有在那从四面八方袭击的波涛汹涌的巨浪中包含着多少纯洁的、未被人涉足的地方。大洋把自己的波浪抛送到宽阔的珊瑚礁之外，它好像是不可战胜的、强大无比的敌人似的；可是眼前可以看到，人类仍旧可以用一种方法去抵挡它，甚至去进攻它。虽然这种方法初看起来好像是软弱无力而又不中用似的。大洋并不宽恕珊瑚岩，因为这些散布在珊瑚礁上面、而且堆积在这条生长着高大椰子树的海岸上的巨大碎块，清楚地显示了波浪的威力。海洋从来没有过一段安静的时间。在广大的海洋表面上，永远吹拂着同一方向的风；这种微弱但却不停的信风所引起的巨大海浪，能够产生出一种十分强大的波涛，其力量几乎等于热带地区的一阵大风暴所发生的力量，而且这种波涛还在永不停息地咆哮着。在看到这些波涛时，你会不得不相信：假定一个岛是由最坚硬的岩石构成的，比如说是由斑岩、花岗岩或者石英石构成的，那它终究也要被这种难以抵抗的力量所征服和毁灭。可是这些低矮而微小的珊瑚小岛却依然站在那里，而且成为斗争中的胜利者，因为出现了另外一种对抗的力量在斗争中帮助了它们。一些有机体的力量从波涛汹涌、泡沫飞溅的波浪里，不断地分离出碳酸钙的原子来，而这种原子又逐渐地结合成一种对称的结构。让飓风把它们撕裂成千万块碎片好了，因为如果同无数个建筑师夜以继日、成年累月所积累的劳动总量比较起来，这又有什么意义呢？我们从而看到一只水螅虫的柔软而有黏液的身体，依靠生命规律的作用，正在战胜大洋波涛的巨大的机械力量，而这种力量，既不是人的技能，也不是自然界任何无生命的创造力所能制服得了的。"

次日，达尔文访问了西岛。在西岛干燥的陆地上，到处都可以看到一种以椰子为食的陆地椰蟹。达尔文根据当地一位居民的话，对蟹如何吃椰子的情况作了记录，他还观察了两种蓝绿色的鱼经常咬破珊瑚并以吃珊瑚为生的情况，以及许多生活在珊瑚礁中的无脊椎动物。

4月12日，"贝格尔"号离开了礁湖。在这一天的笔记中，有一部分是他关于珊瑚礁和环形珊瑚岛起源的著名理论的初稿。达尔文这样写道："我很高兴我们访问了这些岛屿，这些形成物无疑是自然界最稀有的现象。这并不是一下子就能够使我们的肉眼感到惊讶的奇迹，而是在经过了一定的思考之后才使我们的理智为之惊讶的奇迹。"

"当旅行家们告诉我们某些古迹的伟大结构和庞大体积时，我们感到非常惊奇，但是即使是最大的古迹，如果同这里的由各种最小的动物尸体堆积起来的物质相比的话，它们也是显得微不足道的。在这些面积广大的岛屿上，每一个原子组成部分，不管是从哪里弄来的，是最小的微粒，还是巨大的岩石碎块，都有曾经遭受过有机物方面侵蚀作用的痕迹，菲茨罗伊船长在离海岸约1海里远的地方，用2000米长的一根绳索测量了海的深度，但没有测到底。因此，我们应当把这个岛，看作是一座陡峭的高山的顶峰。至于珊瑚虫工作的结果延伸到何种深度或厚度这是根本无法知道的。

"在太平洋里，我们看到一些为珊瑚礁所包围的岛屿，而许多海峡和静水区把这些珊瑚礁同海岸远远隔开。各种各样的原因都可能阻碍那些最能在这种条件下发生作用的珊瑚岩的增长。因此，如果我们设想：这样的岛屿经过很长时期之后，要像南美大陆那样，向相反的方向下沉若干英尺的话，那么珊瑚将从周围珊瑚礁的底部继续向上生长起来。将来中间的陆地将被海水所淹没，而珊瑚则将完成它那围墙式的建筑。那时我们是不是将会得到一个环形的珊瑚岛呢？从这个观点来看，我们应当把环形珊瑚岛看作是由无数的建筑师建筑起来的一座纪念碑，它标明从前的陆地是在什么地方被淹没在海洋深处的。"

第三章　唐恩岁月

结束考察

在 1836 年 4 月 29 日这天的早晨，"贝格尔"号绕过了毛里求斯岛的北端。沿岸是一片逐渐倾斜的平原，平原上有一些碧绿的甘蔗种植园，种植园的后面是一些稀稀落落的小房子，岛中心耸立着几座高山尖尖的山顶，山上长满了树木，白云在山顶缭绕，风景宜人。第二天，达尔文访问了一个城市——路易港，这个城市给达尔文留下了良好的印象，它是一个文化中心，具有鲜明的法国特色，歌剧院、大书店——达尔文对这一切都很感兴趣。在路易港这个城市的大街上，有很多从印度流放来的印度人。5 月初，达尔文登上了城外的拇指山，山高 200～800 米。

随后，达尔文同斯托克斯一块去劳合大星的别墅，别墅离城市约有 3 海里，那里是一个富丽堂皇的地方，他们在那里呆了两天。在途中，有一段路他们是骑着大尉的象走过的。据达尔文说，这些象在走路时一点声音都没有，这使他感到非常惊讶。

"贝格尔"号从南边绕过马达加斯加后,在纳塔尔附近抵达非洲海岸,接着在非洲海岸附近辽阔的海域航行。

5月31日,"贝格尔"号在四蒙士湾靠岸。次日,达尔文到了离四蒙士湾约20海里的卡普什塔德特。在距离卡普什塔德特约7海里的地方,有许多幼小的苏格兰云杉林和低矮的叶子发黄的橡树林,这些云杉林和橡树林散发着一阵阵秋天英国树林的气息,这些树林使怀念祖国的达尔文感到特别欣慰。

6月2日,达尔文和通常一样登上了邻近的一座山。这座城市不久前还由荷兰人管辖,现在却越来越带有英国的特点。城里除了英国人和荷兰人以外,还有很多法国人和戴着圆锥帽或红头巾的马来西亚人和果天托特人。引人注目的是,这里有许多一前一后两个一列的套着12对犍牛的四轮车。但很少看到一前一后4个一列、6个一列和8个一列地套着犍牛的四轮车。紧靠城外有一座高约2000米的桌子山,风景很独特。

两天后,达尔文到内地做了一次路途更长的旅行,他雇了两匹马和一个年轻的果天托特人做向导。这次旅行使达尔文了解了非洲南部的植物、土壤地质构造和动物化石群的某些标本特征。

在接下来的一周里,达尔文是在卡普什塔德特度过的,在这里他结识了一些英国人,使他感到非常高兴的是,他结识了约翰·赫歇尔,因为约翰·赫歇尔的著作在达尔文少年时代就给他留下了深刻的印象。6月中旬,"贝格尔"号驶离四蒙士湾向大海航行。

7月8日,"贝格尔"号来到了圣赫勒拿岛。这个岛好像一座巨大的黑色城堡一样,陡峭地耸立着。达尔文住在距拿破仑墓不远的一个城市里,他住在这里并不是出于对这位伟大统帅感兴趣,也不是出于对他的敬仰,而是由于这个地方正处在岛的中心，从这里出发到任何地方去游览都十分方便。在他住宿的 600 米高的地方，气候寒冷而且有暴风雨，经常下着大雨。他写信给亨斯洛说："这里出现的是真正的暴风骤雨，假如拿破仑的灵魂在他被俘的那个可悲的地方游荡的话，那么这种情况对他那徘徊游荡着的灵魂来说，倒的确是个十分合适的夜晚。"他在信中表现出对祖国的深切怀念。5 年的航海生活使所有的人都疲惫不堪了，因此他们都期待着能回到英国去，这一天他们一直期待着。他请亨斯洛在塞治威克的帮助下，让自己成为地质学会的会员，并请亨斯洛先为此事采取一些措施。

达尔文每天从早到晚都在岛上浏览，研究这个岛的地质构造，就这样在不知不觉中，达尔文在圣赫勒拿岛停留了 4 天。给达尔文当向导的是个上了年纪、头发斑白的混血，从前是个奴隶，现在获得自由。达尔文注意到，这里 90％以上的植物都是从英国运来的。这里的鸟和昆虫非常少，英国人只运进了一些鹧鸪和野鸡。16 世纪初，这个岛上的植被被运输过来，但是不幸的是山羊和野猪却彻底灭绝了。这种情况也影响到了陆生软体动物，达尔文发现有 8 种陆生软体动物只剩下了空壳埋藏在土壤中，这种活的软体动物已经看不到了，它们随着森林的毁灭而灭绝了。达尔文本来很想到圣赫勒拿岛的各个山上和悬崖峭壁处去漫游一番，但是由于"贝格尔"号又要向前航行了，因此他不得不在 7 月 14 日回到舰上。

1836 年 7 月中旬，"贝格尔"号到达亚森松岛。在那高低不平的黑色熔岩的表面上耸立着一个个鲜红色的、被切断的圆锥形山丘，这些山丘围绕这个中心，即一个最大的"绿色"山丘。达尔文第二天早晨的第一个行动，便是登上这个海拔约 800 米的山丘。在所有这些荒漠的山丘上，只有个别地方长了点青草，因此吸引来了一些绵羊、山羊、牛和马在这里享受着美餐。这里的家鼠很多，它们比普通的家鼠的个头要小一些。为了消灭各种老鼠，人们曾为这里运来一些猫，但是由于它们繁殖得太快，猫反而成了一种真正的灾患。

在亚森松岛，达尔文接到了由施鲁斯伯里寄来的一封家信。妹妹凯瑟琳在信中说，有一位叫塞治威克的地质学家到了施鲁斯伯里的父亲家。塞治威克对父亲说："达尔文将在科学家中间占据显要的地位。"由于达尔文并没有与塞治威克通过信，因此他不能知道塞治威克是从哪里知道他所从事的事业和他旅行期间的工作情况的。不管怎样，得到像塞治威克这样一个大地质学家的赞扬的确使达尔文感到愉悦。这时候他还相当年轻，在读了这封信之后，他便跳跃着登上了亚森松岛的各座山，他的小锤子敲打在山的峭壁上并发出了胜利的响声。在地质发现方面，特别能引起达尔文兴趣的是他在这里找到了大量"火山弹"和它们的多孔构造及形成的方法。

眼看就要回到英国了，由于"贝格尔"号的器材对确定经度存在一些矛盾，菲茨罗伊认为在回英国之前应该把这些矛盾弄清楚，因此下令"贝格尔"号又向巴西驶去，菲茨罗伊的这一计划使得十分希望归国的达尔文和其他水手们的念头都破灭了。

8月1日，"贝格尔"号又停泊在了巴伊亚，达尔文根本没有想过何时再能回到这里。在第一次航行至此时，达尔文对这个美丽的城市及其近郊十分赞赏，而现在却完全失去了欣赏的欲望，更何况那些曾经使风景变得异常鲜艳的美丽的红树林，如今已被砍光了。尽管如此，热带风景的那些因素依然未变，所以达尔文在巴伊亚停留的4天中仍禁不住要把自己对热带风景的印象和感受表达出来。他在写给妈妈苏珊娜的信中说："我反复推敲着一个又一个的形容词，我认为用这些形容词来把我所感受的愉快心情传达给那些没有到过热带的人，就会显得过分无力了。整个国家是一个巨大的、野生的、没有修整过的、五彩缤纷的暖花房，这个暖花房是大自然为自己创造的，但却被人类所占有……任何一个热爱大自然的人都有一个愿望，那就是如果可能的话，想去看看另一个行星上的风景，这个愿望该是多么伟大啊！但实际上可以这么说，对于每一个欧洲人来说，在离他家乡只有几经度远的地方就拥有另一个美丽世界的景色。"

8月6日，"贝格尔"号向海上出发，以便径直驶向佛得角群岛，可是逆风又阻碍了它的前进。8月12日，"贝格尔"号驶进了伯南布哥湾，这里位于南纬8°处，是巴西海岸上的一个大城市——伯南布哥市（现名累西腓），它位于一个平坦的、有沼泽的地方。当时雨季尚未结束，洪水淹没了四郊，因此达尔文想做一次长距离散步的尝试都未能顺利实现，只限于对形成海湾的礁脉进行研究。在这里他观察了一些有生命的海洋机体的活动，如制造石灰质小管的软体虫、蔓脚目，即带有石灰质小塔和固体海洋藻类（石珊瑚藻）的固着虾。

8月19日，"贝格尔"号终于离开了巴西。在返回英国的路途中，"贝格尔"号颠簸得很厉害，因此达尔文再次饱尝了晕船之苦。唯一使他引以自慰的是，这是最后一次在通往英国途中所忍受的晕船之苦了，这样的想法又让达尔文对于早日回家的迫切愿望有了一丝希望。8月31日，"贝格尔"号在普拉亚港停泊。

9月20日，"贝格尔"号驶抵亚速尔群岛。全体船员上岸访问了一个叫安格拉的小城市，该市坐落在捷尔谢伊尔岛上，居民达1万人。第二天，达尔文在一名向导的带领下，到这个岛的中心做了一次旅行。那里有一座山，人们把它描述成活火山。那里的风景、植物、昆虫和鸟类在达尔文看来很像威尔士山上的一个地方。达尔文观察了一个叫作火山口的地方，这里热气从裂缝中喷出并作用于周围的粗面岩和熔岩上，而在地下的活动在这里就表现为地震第二天，达尔文游览了普拉亚市，这里曾经是一个大城市，可是，后来在一场大地震之后被毁灭了，于是就变成了一个很不起眼的小地方。9月24日，"贝格尔"号在圣米卡埃尔的西岸停泊。

1836年10月2日，"贝格尔"号在伦敦朴茨茅斯港抛了锚。达尔文和船员们回到了祖国，这使得他们感到非常地兴奋和激动。此刻，这个看上去似乎还不如葡萄牙某个小村庄大的英国海岸，竟给了达尔文无尽的温暖，这就是祖国的胸怀，这就是家乡的臂弯！那天夜里，狂风暴雨大作，但这一切都已不能挡住达尔文的脚步，他乘着邮政马车，一路奔驰而去，目的地——施鲁斯伯里。达尔文的环球旅行生活就此结束了，我们面前的达尔文作为一个优秀的学者和博物学家已经成熟，而一个惊天动地的理论似乎正等待着达尔文的宣布。

重返剑桥

长时间的颠簸让达尔文感到疲惫不堪，加之前面在船上的晕船经历，险些让他感到体力不支。当他赶到施鲁斯伯里时，时间已经很晚了，为了不在夜里打扰家人休息，他在一家旅店里先住下了。第二天一吃过早饭，达尔文就急不可耐地去见自己的家人。

当他到家时，一家人正围坐在餐桌旁吃饭。对于达尔文在门口的突然出现，一家人都感到惊奇。"爸爸，我回来了！"罗伯特医生先是一愣，但很快就意识到：自己离家 5 年的儿子回来了，便赶忙招呼说："快进来，快进来。"还是妹妹凯瑟琳眼快手疾，她很迅速地迎上去，接过哥哥手里的行李箱："查理，你不是在信上说到月底才能到家吗？我们都没想到你会提前回来。"

终于和家人见面了，达尔文真是高兴极了！姐妹们和离开时的样子差不太多，父亲却显得有些衰老了。父亲得意地打量着眼前的儿子，打心底里对儿子环球航行的成就感到自豪，并对女儿们高兴地喊道："瞧，连他的发型都和以前不一样了。"姐妹们微笑着，看着面前的这位熟悉而又有点陌生的兄弟，在亲人面前的达尔文仍然和从前一样，可爱而善良，他用那温情的眼神看着他们。5 年的旅行生活让达尔文改变了太多，现在的他，已经不是之前那个仅仅对昆虫和打猎感兴趣的小伙子了，而是一个有着丰富阅历的博物学家，是一个科学青年，也已经是一个具有超强意志的人，他已经习惯了经常进行劳动和观察，并能够遵守体力纪律和脑力纪律。他研究了许多科学问题，并且解决了这些问题。

达尔文对科学孜孜不倦的精神一直延续着，哪怕已经回到家乡。在旅行中，每每到一个新地点，他都要在第二天就登上山顶观察新到的地方，着手搜集材料。和这种情况类似，现在在自己的家乡施鲁斯伯里他依然如此。当然，现在达尔文要攀登的是他自己的科研之山，他在第二天就开始了攀登，向着那高高的"山顶"，也许只有在那里，才可以最清楚地俯视"山下的美景"。在达尔文看来，亨斯洛就像是一座"山顶"，他可以清楚地了解一切情况。因此回家不久达尔文就写信给亨斯洛，询问亨斯洛是否在剑桥。达尔文要亲自同亨斯洛谈一谈，因为他知道，亨斯洛不仅会给他出很好的主意，而且还会帮他很多忙。

在 5 年漫长的航海生活中，达尔文一路都进行着认真地观察和记录，考察了美洲数以万计的动物和植物，并且采集了 1.7 万种标本。他发现所有的物种都随着地域的变化而变化，并且表现出明显的规律性：有亲缘关系的物种总是分布在邻近的领域；而地域距离越远，物种的差异也就越大，这也许就是人们常说的"一方水土，养一方生灵"。正是这次环球考察，使达尔文变成了一位生物进化论者，达尔文在晚年回顾这一段经历时说："'贝格尔'号的航行，在我一生中是极其重要的一件事，它决定了我的整个事业。"在考察的过程中，有 3 类事实给达尔文留下了深刻的印象，促使他逐渐相信物种是可变的、是由其他物种进化而来的，而不是由上帝创造的。这 3 类事实是：

第一，南美洲的东海岸自北向南、西海岸自南向北的生物类型逐渐地更替，这使他对"神创论"产生了怀疑。使他想到环境对生物类型的影响。

第二，达尔文在南美洲发现了一些古代动物骨骼化石，其中有一种是古代贫齿目四足兽的化石，从它的结构上看，很接近南美洲的特有动物——犰狳。又如，有一种古代动物，他的身体有大象那么大，从牙齿上看，很像现代啮齿目的动物，从眼睛、耳朵和鼻孔的部位看，很像现代水生的哺乳动物——儒艮和海牛。这些现象使达尔文感到非常惊奇，并且产生了疑问：为什么现代的动物与古代的动物十分相似，但又不完全相同呢？为什么一些现代动物的特点会集中在古代某一种动物的身上呢？现代的动物是从古代动物发展演变而来的吗？

第三，达尔文发现加拉帕戈斯群岛虽然与南美洲大陆相隔八九百公里，气候也很不相同，但该群岛的物种都属南美洲类型；而且该群岛的大多数物种与南美洲的物种是有一定区别的。通过进一步的研究，达尔文还发现同一物种在该群岛的各个岛上都是略有差异的。所有这些现象使达尔文想到，物种可能是在不断地变化着的。

达尔文回到施鲁斯伯里以后的工作很多：要把带回来的搜集品按专家的意见进行分类；要作出关于"贝格尔"号的详细报告；要写一系列的在他头脑中已经形成的地质著作，包括火山岛的地质、南美洲的地质等；要解决加拉帕戈斯群岛上的生物分布问题；要准备出版旅行期间的日记。

真正开始工作后达尔文才发现，要把搜集品加以分类并对其进行进一步整理和确定是一件很不容易的事。莱尔在信中认为达尔文应当亲自研究地质学；当时担任伦敦大学教授、他的老朋友格特准备研究某些珊瑚，但起初的准备工作很不完善；亨斯洛则建议让达尔文把各科动物标本在剑桥的博物学家中加以分配。最后达尔文接受了亨斯洛的建议，把这个建议当成工作第一阶段的计划，他打算在剑桥度过几个月，在那里开始自己的计划。后来为了工作，达尔文又不得不迁到伦敦。因为伦敦的专家们可以对达尔文旅行期间搜集的动物资料进行研究工作，但只有达尔文在场，工作才可以进行下去。

接下来的时间里，达尔文就开始着手实现自己的工作计划了。1836年10月底，他把自己航行期间随身携带的东西和搜集品从"贝格尔"号上卸下来，运往剑桥。在伦敦，达尔文主动结识了许多大博物学家，在这些人中博物学家莱尔表现得非常热情，他对达尔文的计划非常关心，并产生了很大的兴趣。达尔文不仅积极拥护莱尔的地质学思想，还有在地质学方面超过这位博物学家的雄心。这两位博物学家真可谓是心有灵犀了，甚至当达尔文尚未归来时，莱尔就已经开始对他的归来翘首期待了。当"贝格尔"号还在新西兰时，莱尔就写信给他的朋友说："长久对达尔文的期待，让我感到非常的寂寞，我真心希望你们不要在剑桥把他独占了。"事实证明，他们彼此之间是互相需要的，因此，两人在相识后彼此都相当满意，并且很快就成了朋友。

达尔文对莱尔的成就也有着非常高的评价，莱尔在发展达尔文的地质学思想和生物学思想方面确实起着举足轻重的作用，达尔文逐渐成了莱尔地质理论的忠实信徒。当达尔文踏上"贝格尔"号开始环球考察的旅途时，他是带着从基督学院获得的神学信仰和对上帝崇敬的情感的，对上帝创造世界的真理也是虔诚地相信。后来，莱尔的理论帮助他破除了信仰上帝的第一个迷信，应该说，莱尔的地质理论包含着生物物种变化的内容，因为既然地球表面在不停地变化着，那么生活在它上面的动物和植物怎么可能不变化呢？但是即使从这个正确的起点出发，走上创立科学进化学说的道路依然还有许多问题要解决、许多难点要攻克，否则就只能像莱尔那样，徘徊在进化理论大厦的门前而不得其入。"吾爱吾师，吾更爱真理。"现在，达尔文要迈开的第一步，就是动摇"物种是由上帝创造的"的信仰。在环球考察前期，达尔文对上帝创造物种的说法是丝毫没有怀疑过的，他在《一个博物学家的日记》中谈到生物物种时还是用"创造"、"设计"这些字眼，正如其儿子弗朗西斯后来所说，完全是一种"正统神学的博物学"。

1834年，达尔文在瓦尔帕莱索时的旅行日记中写道："我已在海拔约400米的地方找到了贝壳层，它们还保留着颜色，散布在平坦区域的地下，可以相信的推测是，自从这个区域从海底升起来以后，还没有动物被创造出来，这就可能是那里缺少动物的原因。"当达尔文谈到各种不同的动物时，他说它们是在"伟大的设计中扮演着不同的角色"。但到了考察生活的后期，达尔文对"上帝创造生物物种"的信仰就开始怀疑了。特别是1835年9～10月在加拉帕戈斯群岛，他看到了大量事实，这些事实能够摧毁物种不变的说法。联系到考察初期他在彭塔阿尔塔的观察，在那里发现的已经灭绝但又集中出现几种现代动物特征的化石，他更是对"上帝创造生物物种"疑惑不解了。

如果一个人对自己的信仰从来都非常相信，那他用这种信仰看待各种事物并不会感觉到有什么矛盾；而一旦人对自己的信仰开始怀疑以后，他就会感到冲突接二连三地到来了。此时的达尔文就是这样，他感到，越来越多的事实难以用"上帝创造的"说法加以解释了。

各种各样难以解释的现象跟事实都归结到"物种怎样起源"这个问题上。地球上的物种如果不是上帝创造的，那它们究竟是怎样产生出来的呢？回到英国后，达尔文就一直在苦苦地思索，他一心想要揭开这个"秘密中的秘密"。

伦敦生活

1836年11月的某一天，达尔文正赶往梅尔的韦奇伍德的家。在那里，人们正焦急地等待着他，此时的达尔文因为自己的报告和发现，早已是闻名遐迩了。他到达后，人们便迫不及待地向他提出各种问题，达尔文一直亲切地谈论，并做出回答。大家在一起谈论的话题还有达尔文的日记，因为他以前曾寄回家中一部分日记，所以他的姐妹们早已知道了。菲茨罗伊看了这本日记后，提议把它同自己的日记合在一起，作为一个完整的读物出版，但达尔文的姐妹们对这种做法持反对态度。

1836年12月10日达尔文来到剑桥，在这里度过了冬天。起初，他住在亲切、热情的亨斯洛那里，后来自己租了一个单独的房间。他要在这里检查完他的地质搜集品，此外他还下了很大功夫致力于《一个博物学家的日记》这本书的写作，因此必须在剑桥多待一段时间。

时过境迁，此时的达尔文已经不再是当年在神学院大名鼎鼎的大学生了，当他走在学院的院子里，发现这里的每一张面孔都是那么的陌生，这都使他感到闷闷不乐。这年冬天，达尔文在动物学会上作了"关于美洲鸵鸟"的简短报告，在地质学会上作了"关于智利海岸新的上升"的简短报告，这两次报告的演讲使得达尔文在学校里稍有声誉。有了名气，每天晚上都会有一些好朋友聚集在他那里，这对他多少是一种安慰，即使这在一定程度上妨碍了他的写作活动。从航行历程来看，达尔文是随船的"博物学家"，但是他把很多时间都花费在地质学方面，他从航行中带回那么多佐证莱尔观点的东西，以致他能在很短的时间里就做出令许多人感兴趣的报告。

1837年3～9月，在伦敦的大马尔勃罗大街，达尔文对他的《航海日记》进行了加工整理。菲茨罗伊船长也出版了描述他乘"贝格尔"号两次旅行的著作，其中第一卷中描述的是他于1826～1830年在金克率领下的旅行；第二卷描写的是有达尔文参加的1831～1836年的旅行；第三卷应该是达尔文写的《一个博物学家的日记》的一部分。但达尔文的日记中所遵循的不是时间顺序，而是地理顺序，他认为把注意力放到对访问国的描写方面对读者来说更容易理解。在描写时，他有意介绍了动物的生活方式、风景描写、地质考察及个人的印象。

达尔文写完日记时已经是 6 月份了，他给自己放了一次假，启程回到施鲁斯伯里。在《一个博物学家的日记》的末尾，加拉帕戈斯群岛的情景又一次在达尔文的脑海里呈现，物种起源这个更加严峻的问题又一次摆在他的面前。他认为应该像莱尔那样，论述观点之前先收集好充分的事实，然后再加以证实，他广泛地搜集与人工培育有关的事实，同有经验的畜牧学家和植物栽培学家们保持联系。1837 年 7 月，他开始着手进行第一本关于物种方面著作的写作。

在此期间，达尔文作的两场地质报告"南美的巨漂砾"和"关于地震"受到了地质界的高度赞扬。达尔文从来没有这样忙碌过，即使目前所做的活动符合他的兴趣和科学愿望，但长久的写作耗费了他太多的时间，这样一来，他从事其他工作的时间就大大减少了。他曾经期望着航行结束后能够回到故乡与父母兄弟姐妹生活在一起，但现在看来这样的想法是根本不可能变为现实的。几个月以来，他只能从百忙中抽出很少的一部分时间回到家，与家人团聚。

达尔文来到伦敦后，在莱尔的悉心帮助下，对《"贝格尔"号的动物学》一书的材料进行了分类整理，之后的工作才得以顺利进行，莱尔在此起了很大的作用。那些曾经反对过达尔文观点的植物学家们的态度开始有所转变，对达尔文有了好感。由于印刷《"贝格尔"号的动物学》一文中的统计表和插图是要花很多钱的，达尔文决定向政府申请补助金，以此来作为出版这篇论文的开支。让达尔文吃惊的是，政府无条件地接受了达尔文的请求。

伦敦的生活也使达尔文感到痛苦，在这里，他失去了人生当中最美好的享受——不能充分地让自己在大自然里散步。达尔文天性喜欢把自己融入到大自然中，他喜欢在大自然的广阔空间里自由自在地漫步。但现在这种享受的生活已经离他远去了，很难会再有这样的生活了。另外一个原因是他在 1837 年秋天因为工作过于疲劳，健康不如往昔——消化不良、头晕眼花和易受刺激，这些持续的病痛使他不得不与社交活动告别了。

这种病痛，"陪伴"了达尔文一生。关于病因，众说纷纭。有人认为，在"贝格尔"号试航时达尔文的心悸很可能是他得病的原因，但这种看法未必正确，因为不管一个人在海上晕船多么厉害、时间多么久，它也不是在陆上长期患病的原因；达尔文的父亲罗伯特医生认为达尔文在瓦尔帕莱索所患的病是他后来长期生病的主要原因，虽然当时的医学还没有查出所有的病因，但根据达尔文在后半生中每逢体质减弱时，疾病就会再次出现这一事实，应该是他的血液里存有病原体；达尔文的儿子弗朗西斯认为父亲的病是由先天体质虚弱造成的；有些医生还曾认为，达尔文患的是神经官能症或慢性神经衰弱。综合各方面推断，达尔文父亲关于"体外病原体"在身体内起作用的推测可能性最大。

世界从何来

自从人类在地球上诞生的那一刻起，他们就开始思考：我们周围的一切，特别是千奇百怪、姹紫嫣红的生物界：天空飞的、地上跑的、水里游的、土里藏的，各式各样的动物；高大的乔木、矮小的灌木、美丽的花朵、柔韧的小草，形形色色的植物，它们都是怎么来的？

西方基督教的《圣经》告诉人们：它们是上帝创造的。《圣经》在《创世记》那一部分是这样介绍动植物的由来的：上帝第三天创造了植物，第五天和第六天创造了动物。千百年来，在基督教所传播的地区，人们都相信这种说法。直到了18世纪近代科学开始发展的时候，大部分研究生物学的科学家的思想还被禁锢在这种信仰中，但令人高兴的是，已有人开始提出不同的看法了。

和基督教上帝创造世界说法相近，得到基督教推崇和支持的最有名气的人物要数林奈了。林奈是瑞典人，他对生物学发展做过重大贡献，也是18世纪最有影响的科学家之一。他系统地对当时的生物进行了分类，解释了动、植物种属的定义，确立了动、植物分类的方法，结束了生物分类的混乱状态。最重要的在于，林奈认为各个生物物种都是由上帝分别创造出来的，生物物种是不变的，上帝"当初创造了多少物种，就有多少物种"。他虽然肯定农业生产中培育新品种的事实，承认"有机体在人类活动的影响下能够变异"，但同时他还认为，"如果让它们任意发展的话，它们会恢复到以前的初生状态"。

与林奈同年出生的还有一个很有名气的法国博物学家，名叫布丰，此人曾经提出过地球自身形成的假说。但是因为这种观点本身就意味着否定上帝创造物种的说法，因而这位伟大的博物学家受到了巴黎大学和教会的警告，甚至，他还被迫写出悔改书，声明"放弃所有在我的书中所说的关于地球形成的说法，并放弃所有可能与摩西故事相冲突的说法"。

居维叶是法国的一位很有影响的古生物学家和地质学家，他认为动物的机体和植物的机体是相互关联的。根据他的这个理论，就可以依照局部的动物化石复原出整个动物的完整形象来，这对古生物学的发展有不可估量的影响。但居维叶认为，动物机体之所以相互关联，是上帝创造的缘故，是上帝特意安排的。上帝特意创造了4种结构完全不同的动物类型：脊椎动物、软体动物、分节动物和放射动物。他根据在不同的地层有不同的动物化石的现象，提出了"灾变论"。这种说法认为，现在地球上的生命都遭受过可怕的事件，无数的生物变成了激变的牺牲者，一些陆地上的生物被洪水淹没，另一些水中生物随着海底的突然高起而被暴露在陆地上。这样，地球上的生物物种就被灭绝了。后来，居维叶的弟子阿盖西茨和多宾尼对老师的观点进行了补充，他们认为物种在灭绝以后，上帝又创造出新物种来。经过计算，他们发现上帝总共进行过27次特定的创造行为，使整个地球布满了新的动物和植物。

有一位曾经和居维叶一起在法国植物园工作的同事，叫作圣提雷尔。他通过自己对解剖学的研究，认为动物的器官来源相同，并且，动物的器官都有着相近似的功能。比如，脊椎动物的前肢，虽然在不同的动物中具有不同的作用：马的前肢是用来支撑身体和奔跑的，鸟的前肢（翅膀）是用来飞翔的，鲸的前肢（鳍）是用来游泳的，但圣提雷尔发现，它们在躯体上占有相同的位置，具有类似的骨骼、有相同的结构，因此它们有共同的起源，圣提雷尔称它们为"同源器官"。

圣提雷尔的这种观点显然含有否定"上帝创造万物"的意思，并且直接同居维叶的看法针锋相对。因为，如果不同物种的器官有同一种来源，那么它们就不可能是上帝分别创造的了。居维叶及其支持者是绝对不能容忍圣提雷尔这种看法的，他们在巴黎科学院的会议上对圣提雷尔进行了猛烈地攻击，挑起了一场持续6个星期的大论战。

这场大论战轰动了法国，轰动了整个欧洲，甚至连德国 81

岁的著名诗人歌德（18世纪中叶～19世纪初德国和欧洲最重要的剧作家、诗人、思想家）都在惊呼："火山爆发了！""一切都在燃烧！已经不是会议密室里的会议了！"

不幸的是，圣提雷尔在论战中失败了。他的说法虽然得到很多人的支持，但因为他的论证既不够科学也不够充分，无法使自己的观点立于不败之地。居维叶及其支持者们抓住了他的弱点发起猛攻，使圣提雷尔无法招架，败下阵来。上帝创造世界一切万物的观点获得了全胜，圣提雷尔的进化思想遭到了惨败。这样，神创论思想的统治地位就更加稳固，更加不可动摇了。

居维叶的弟子用神多次创造世界的说法代替了《圣经》说的一次创造的说法。他这么说是因为，通过自己的认真观察，发现不同的地层有不同类型的动物化石，这也和居维叶主张的地球在地质年代里发生过多次灾变的说法不谋而合。按照"灾变论"的说法，地球表面的地质变化是突然发生的，就像《圣经》说的，上帝因为不满人类的作为，一时怒起，让洪水淹没了整个地球，这时，地球上就发生一次激变。

由于居维叶的权威，也由于教会的支持，"灾变论"一时成了地质学中居统治地位的学说。英国的许多地质学家，像塞治威克、达尔文的好朋友亨斯洛等都是信奉"灾变论"的。

但是，莱尔却坚决反对居维叶的"灾变论"。他在20岁时就开始进行野外地质考察，旅行的足迹几乎遍及整个欧洲。经过对自己多年考察资料的研究，他认为地质变化是经过日积月累而形成的。我们常见的许多自然力，如风雨、流水、潮汐、火山、地震等，是它们长期的作用改变了地球的样子。

地质的变化是逐渐地、缓慢地进行的，根本不是由于什么超自然的力量引起突如其来的激变造成的。开始，莱尔的地质学理论在英国地质学家中不受欢迎。

莱尔认为地质的变化是缓慢的，并不是什么"灾变论"，实际也就在根本上否定了物种是由神创造的说法。莱尔认为，地球上生物物种的灭绝不是突然出现的，而是自然发生的。可惜的是，莱尔的理论走到这里便戛然而止了，对于生物物种是怎么起源的，他却没能再向前走出一小步。莱尔认为，物种起源问题是"秘密中的秘密"，是最难解开的谜。他用自己的地质演化学说开启了达尔文创立生物进化论的思路，而他自己却长期在生物进化论面前犹豫、徘徊。

1837年7月，达尔文在把整理完成的《一个博物学家的日记》交付出版的同时，也开始对物种问题进行专门的思考。他给自己专门准备了一个本子，在封面的底线处他写着"此笔记约在1837年开始"。从这个本子里我们可以清楚地看到，第235页是在1838年1月底写的，最后一页是在2月初写的。

这本名为《论物种变异》的笔记本记录了达尔文参考的阅读数据，也记录着他所有的调查活动和他不间断的思考。从这本笔记里可以看到，在此期间，他经常寻找有经验的动物饲养家和植物栽培家，向他们请教，找机会跟他们交谈，设计好多好多的调查表，寄往国内外各地的农业机构，收集有关物种问题的实际资料。

达尔文的祖父也提出过生物进化的观点，在达尔文小的时候就听说过祖父的生物进化思想，只是自己没有认真读过祖父的著作。"现在为什么不去读一读祖父的《动物规律学》这本书呢?"达尔文自言自语地说着："说不定读的过程中我还可以得到新鲜的启发呢!"

他开始了对《动物规律学》的阅读。在书中，祖父列出了物种进化的各种理由：首先，生物在个体发展中样子会发生变化。比如，爬行的毛毛虫会变成五彩缤纷的蝴蝶，在水里游来游去的小蝌蚪会变成用肺呼吸的青蛙；其次，人类能使家畜发生变化。比如，人们可以根据自己不同的需要培育出不同品种的马——拉车的老马或者行动迅速的赛马；再次，变异之后的畸形动物是存在的，而且这种变异会产生新的一代。比如，没有尾巴的波利狗出现以后，这些狗再生育的狗狗也是没有尾巴的；最后，祖父认为，从老鼠到大象甚至鲸鱼，所有的四足动物、鸟、两栖动物包括人类在内，这些动物在结构上都有惊人的相似之处，并且说这些相似的形体起源于一条"动物纤维"。它在有的动物身上逐渐演变成了手指，在有的动物身上发展成了爪子，而在另一些动物身上又发展成了对生的蹄子，在鸟的身上就发育成了翅膀。达尔文祖父的这些看法是有一定的道理的，虽然还不尽科学，很多地方和事实有着很多差别，但达尔文支持祖父的生物进化观点。

接下来，达尔文又把目光转移到了农业实践的资料上，他阅读了很多农业方面的书和杂志，研究了大量的关于动植物品种的理论说法，还学习了好几个农业展览会的报告。

数据总是让人真假难辨，从这么多的档案里找出自己需要的东西可真不是件轻松的事情。达尔文的每一步判断都是经过在不同的数据里加以比较、仔细核对后才最终确定的，达尔文搜集资料的态度总是如此严格。与其相反的是，很多事实在叙述的时候总是被搞得乱七八糟。有位比利士男爵，他把两只不同品种的鹅进行杂交，得到 7 只杂交小鹅，但 7 只鹅都是没有生育能力的。而这一事实是如何被记录的呢？有人把这些杂交品种说成"有繁殖能力，并且可以繁殖 7 代"；有的人随心所欲地说这些鹅是"一连繁殖了 7 代的鹅"——这些人竟然还被称为是杂交专家呢！

达尔文讽刺说："我们那些大名鼎鼎的专家们就是这样工作的。"

除了阅读各种数据，达尔文还和动物饲养家、植物栽培家、园丁等人通信，想从他们那里获得培育新物种的例子。达尔文知道表哥福克斯在怀特岛做各种动物杂交试验，他在1841年1月写信给福克斯时说："我在搜集有关物种变种的各种事实，如果你能给我哪怕一丁点儿的帮助，我都会非常感激。比如你那只杂交的非洲猫如果死了，请把它的尸体妥善放在一个容器里寄给我，你不知道我是多么想要得到它的骨骼。"

达尔文还同著名的家禽专家捷格特迈耶尔之间通过大量的信件，即便是细小的问题和琐事，只要达尔文感到有疑问，他都会跟懂行的专家商量，这是达尔文一贯的工作作风，他的著作经常援引各个专家、权威在各种问题上的意见。他专心致志地研究所搜集的大量事实，用合理的理论来解释这些事实。在对研究对象进行考察时，他既是地质学家，又是地貌学家，还是动物学家，一句话，他是一个广义上的博物学家。就这样，他一步一步地使读者相信他的观点，尽管有种种难懂、含糊和矛盾之处，但最终还是为人们所接受。

育种实验

达尔文除了搜集家养情况下动植物变异的资料外，还亲自动手做繁育动物的试验。他选择了鸽子，因为鸽子繁殖很快，也不会占用很多地方。养鸽子在英国还非常流行，经常会开展览会，因此达尔文能够和许多养鸽人进行交流，并且还能迅速地获得数据。

之后的很长时间里，达尔文对养鸽子入了迷。他参加了伦敦的两个养鸽俱乐部，弄到了一切可以弄到的品种。达尔文这样做可不是为了欣赏鸽子美丽的羽毛，更不是去观赏它们的样子，而是为了计算和比较各个品种鸽子的尾巴和翅膀的羽毛、椎骨，测量它们的头颅、嘴巴、肋骨、胸骨，对羽毛、颜色及蛋的样子也一一作了记录。

这么多不同品种的鸽子是怎么来的呢？达尔文在分析了不同品种鸽子的细微差别后，认为它们都源于野生的原鸽。他是这么分析的：如果这么多家鸽都各自起源于各自野生品种的话，它们的始祖就太多了，事实上，野生状态的鸽子除原鸽以外总共只有两三个品种。为了验证这些鸽子到底是起源于哪个品种，达尔文进行了杂交试验。他先把一只白鸽和一只黑鸽进行杂交，发现它们的后代有黑色的、有褐色的、还有杂色的。然后，他又把这几只进行杂交，最后终于得到一只白腰蓝色的鸽子，它腰部是白色的，翅膀上有两道黑纹，尾部羽毛有黑色末梢，而这些正是原鸽的性状。达尔文又研究了其他的家养动物，他发现许多家养品种也是由少数几个野生品种变化来的。可是它们是怎么变来的呢？又是通过多少代的育种实现的呢？

带着这个问题，达尔文向饲养猎犬的人请教："您是怎样得到品种好的狗的呢？"饲养人回答得很简单："小狗刚出生时在质量上会有差别，有好的也有差的，好的留下来，差的宰掉，每次狗宝宝生育后代都是这样选择，自然就有好品种的猎犬了。"

达尔文发现，不仅猎犬是这样培养，细毛羊品种也是如此，各种质量好的植物也是如此，通过反复选择，最终得到人们满意的品种。这样，达尔文明确了家养动物新品种的形成是同人的选择有关的。达尔文还发现，在育种过程中进行的人工选择大多都是无意识的，他引述过这样一个例子，农场主勃克莱和勃吉斯所养的羊群都是由贝克威尔的纯系羊繁殖下来的，品种也一样。50年后，两个农场主的羊群不但变得同贝克威尔的纯系羊不同，而且它们之间也不相同了，勃克莱和勃吉斯无意识的选择造成了两个很不相同的变种。

从家养动物和植物的育种中，达尔文认识到了人工选择的原理，在通向物种起源的道路上又迈进了一大步。那么问题来了，这些优良性状是怎么来的呢？为了解决这个问题，达尔文研究了家鸭和野鸭。达尔文先是称量了家鸭和野鸭骨骼的重量，经过比较，他发现家鸭翅膀上骨骼的重量同全身骨骼重量的比例，远远小于野鸭翅骨重量同全身骨骼重量的比例，而家鸭足部骨骼重量同全身骨骼重量的比例，则远大于野鸭的足骨重量同全身重量之比。这显然是由于家鸭被驯养的结果，不需要飞行，因而翅骨退化；飞行得少，走路的时间自然多了，这时候足骨就要经常支撑身体行走，因而就发达了。野鸭的情况正好与此相反。

达尔文的《一个博物学家的日记》里也有类似的记录：潘帕斯草原上一些野牛和野羊，它们的乳房都小，而家养的牛和羊由于经常被挤奶，乳房特别大。许许多多的事实让达尔文得出这样的看法："毋庸置疑，我们的家养动物，由于它们身上的器官经常被使用，尺寸就逐渐增加，而不使用就会使它们缩小。同时，这种变化是有遗传的，其实认为物种是由上帝创造的那些人也是承认动物和植物在家养状态下可以培育出新品种的，只不过他们认为这些新品种是上帝早就为后来人安排好了的。"尽管达尔文得出这种说法是基本正确的，但是自己的人工选择试验还不能完全解决物种起源问题。

初露峥嵘

这时候的达尔文已经在地质学方面崭露头角，加入了地质学会和生物学会。地质学会也希望他能担任学会的秘书工作，并邀请达尔文担任学会的秘书。但在很长的时间内达尔文一直对此婉言谢绝，因为他认为自己在英国地质方面缺乏必要的知识，秘书的工作又需要花费太多时间，这又会影响他在地质学著作方面的写作。地质学会没有轻易放弃邀请，接下来的一段日子里，达尔文收到了学会接连不断的邀请信。盛情难却的达尔文于 1838 年 2 月 16 日接受了学会的秘书工作。

在答应做秘书之前，达尔文就已经收到了《一个博物学家的日记》的校样，这让他感到十分高兴。虽然其中的个别错别字让他烦恼，但光滑的纸张和清晰的版面加上招人喜欢的装帧还是给他留下了美好的印象。有好几个晚上，他都默默地、甚至惊讶地凝视着他从印刷厂得到的这本样稿。

在 1837 年冬～1838 年间，达尔文首先考虑的还是他在"贝格尔"号旅行时所搜集的动物学和地质学方面的材料，同时还有他脑中反复出现的物种问题。达尔文从福克斯那里得知关于某些动物杂交的情况后写信给福克斯，希望有朝一日他能在物种和变种这一最复杂的科目上有所作为。

他在给朋友的一封信中写道："最近，我总是无奈地被诱惑，因为有太多的新观点不断地涌现在我心头，它们都同物种问题有关。"支撑这些观点的事实已经让达尔文的笔记记满了一本又一本。在这些笔记中，达尔文分析道："如果灭绝的和现存的物种种类之间有什么联系的话，那么这种联系就是繁殖。"经过对旅行中采集到的样本进行对比，达尔文确信美洲的贫齿动物就有这种联系，此外，澳洲的袋鼠也形成了这种联系。他在笔记中写道："连续的繁殖使得许多现代的动物和已经灭绝的动物形状相似，这是一条几乎已被证明了的规律……如果不改变，它们就会绝灭；如果一种物种成功产生出其他的物种，它们的族群就不会彻底灭亡……如果一种物种产生出其他的物种，也就是说如果它们发生变异的话，它们的族群就不会彻底灭亡，因为它们就像用种子进行繁殖的金莱茵特苹果一样而继续存在。"

对于进化的论证，地质方面的事实也为达尔文提供了相应的有力证据。达尔文提出：为什么在特定的地方只会出现某种特定的动植物，如羚羊在非洲而袋鼠却在澳洲？这种类型的背后一定有原因。当然，这不是因为万物是由两个创造者造成的，而是因为"羚羊的共同祖先在非洲，而袋鼠的祖先在大洋洲"，是它们始祖的居住地不同导致的。这不得不使他提出关于现代的贫齿动物和灭绝的贫齿动物之间的种属问题。达尔文在笔记中写道："我认为，南美洲的大懒兽即现在已经绝灭的犰狳的先辈们，可能是所有犰狳的祖先。但是，灭绝的种类是否总要留下后代呢？"达尔文在笔记中接着指出："物种的繁殖就如个体的繁殖一样，如果个体不能繁殖，它就没有后代，物种的情况也是如此……远古的马在一个地方留下了后代，这就是现在还生存着的南美洲斑马，而在北美洲它却已经灭绝了，没有留下后代。"这就很自然地提出了这样的问题：物种的灭绝取决于什么呢？他把新的想法记了下来："至于说到物种的灭绝，鸵鸟的变种可能适应性很差，因而必将绝灭。反过来说，像加拉帕戈斯群岛上的反舌鹟，如果它处在有利的条件下也许会大量地繁殖起来。这一切都依据于这样一个原则：在狭小环境内的繁殖和变化所产生的后代，是否适应外在环境的变化和发展，即物种的绝灭是它是否适应环境的结果。物种的生存取决于它是否能适应不断变化的客观规律，如果能够适应，它就生存，反之就会灭绝。"

人来源于动物这一说法，并没有使达尔文、莱尔及其他同时代的许多博物学家产生厌恶感。达尔文在用"进化论"说明所有生物的历史发展时，同物理学和天文学方面的状况进行了对比，结论是他的理论不可能不受到外界的驳斥。

在这个时期，达尔文不断地向自己提出进化原因的问题，而且对这一问题他已经有了十分肯定的答案，他不必再怀疑了。只是为了弄清进化的原因，他必须研究生物的适应性及其性质、构成和本能，如果他的理论取得了胜利，那将会有更加广阔的前景。他写道："我的理论将对古今生物学产生重要影响，它将导致对本能、遗传以及整个形而上学的重新研究，它甚至还将导致对杂交、再生以及变化原因的详细考察，以便了解我们是从哪里起源的，又向何处发展，什么情况有助于杂交，什么情况妨碍杂交，等等。"

1838 年上半年的达尔文很繁忙，尽管达尔文身体状况不是很好，但是他还是对自己旅行期间所从事的动物学和地质学做了详细的总结。由于身体不舒服，所以达尔文决定在剑桥住几天，同时正好会会他的那些朋友。晚上他住在亨斯洛那里，那里时常聚满了人。达尔文在这里认识了教阿拉伯语和犹太语的李教授，并拜访了地质学家塞治威克。

达尔文在剑桥这段时期的休养对他的健康是十分有帮助的。康复之后他就迫不及待地要到苏格兰游览一番。达尔文从格拉斯哥出发，在英威涅斯山谷住了 8 天，研究了类似罗埃河谷的地质学上所称的"阶地"。那里的天气非常好，从浓雾弥漫的伦敦来到这里，达尔文置身于苏格兰的大自然中感到特别愉快，绚丽的晚霞更是让他着迷。在给莱尔的信中达尔文说，他从来都没有像来到罗埃河谷的时候那样感到如此愉悦过。游览回来时，达尔文再次路过施鲁斯伯里和梅尔，在那里他度过了 7 月的下半月，还去怀特岛拜访了福克斯。他在日记中说，自己在施鲁斯伯里"很懒"，除了开始写一本关于"物种起源"的理论书稿，其余生活还算清闲。同年夏天，在罗埃河谷旅行之后的达尔文回到了伦敦，妹妹凯瑟琳来看望过他。深秋季节，他在地质学会作了一个《关于腐殖土在蚯蚓作用下的形成》的报告。

在此之后，达尔文写了一篇关于"阶地"的论文，发表在伦敦皇家学会的《会报》上——然而他在这篇文章中得出的结论是错误的，后来达尔文一直为这件事感到羞愧，这篇文章后来成了他在得出结论时用排他法的一个教训。在他之前的科学家如劳格、迪克和马卡洛克都认为，罗埃河谷的阶地是一些湖泊的沉积物，是由一些山岩和冲击层构成堤坝后形成的。达尔文的论文驳斥了"湖泊理论"，他认为岩石不能截住水流，唯一可以解释的是海水的运动。后来达尔文用冰川块构成的堤坝来说明这些阶地形成的原因。达尔文辩解的理由是：在 17 世纪 40 年代，整个冰川的地质活动还很少，至于在苏格兰所遇到的那些漂石，根据莱尔的解释，它们是在漂浮的冰块上被大海带到这里来的，"巨漂砾"这一名称就这样产生了。

1838 年下半年，达尔文开始了关于"珊瑚礁"一书的写作。他仿效莱尔的做法，把每天的工作分成两部分，给自己制订了严格的作息时间：先连着工作两小时，工作完毕后出去散散步或者办点事，舒缓一下精神，劳逸结合。回来后继续埋头工作，然后去莱尔曾带他去过的"雅典神殿"俱乐部吃午饭，与那里的会员开心地畅谈他们所感兴趣的事。

1838 年 10 月，达尔文阅读了托马斯·马尔萨斯的《人口论》，在此过程中他接受了生存斗争的理论，也受到马尔萨斯理论的滋养。看完《人口论》之后，达尔文感到大为吃惊，因为他明白了：在某些情况下，有利的变异力求被保存下来，而不利的变异却被消灭，其结果可能就是新物种的产生。就像他在自传中所说的那样："在这里我终于得到了一个可以帮助我工作的理论。"而所有这些理论目前还只是暂时保存在达尔文的头脑中，他当时并没有打算把这个理论用文字表述出来。达尔文在谈论关于鸵鸟的灭绝和保存时，关于"适者生存"的理论在此时已即将得出——或许，没有马尔萨斯的帮助，达尔文自己也会得出这个理论来。

这就是达尔文这位伟大的科学家成长过程中的重要几步，归结起来就是：以最好的方式完成乘"贝格尔"号旅行时所获得的博物学成果；把运回的搜集品在专家之间分类整理；出版航行中认真记下的《一个博物学家的日记》；把自己在地质工作中所得出的结论介绍给专家们；开始搜集和记录与物种起源问题相关的事实。

甜蜜爱侣

尽管达尔文环球航行归来后工作方面的进展都很顺利，但是在伦敦的孤单生活仍使他感到非常苦恼。达尔文也渴望过安宁、舒适的生活，随着年岁的增长，他越来越希望有一个属于自己的家，成家也成为他不得不考虑的问题。

达尔文的女儿亨里埃塔·利奇菲尔德给母亲写的传记中保存

了达尔文考虑关于要不要结婚的一段趣事。这段趣事是达尔文女儿在一张纸片上发现的，纸片上的笔迹仓促且随意，内容是关于是否应该结婚的问题，更确切地说这是达尔文内心进行的一场自我辩论。在纸片上，达尔文详细地列出了两方面的信息：一方面是有利的；另一方面是不利的，看上去很有趣。

达尔文是这样权衡利弊的。首先，他罗列出结婚的有利方面："孩子（如果上帝赐予的话）、永久的同伴（老年时的伴侣）、诱人的音乐和令人迷醉的同女人的闲聊。"在有利的方面的后面，达尔文又详细地列出不利方面，它们是："如果因孩子多而迫使自己去挣钱糊口的话，那就会花去很多时间，有了家庭就难以摆脱各种社交。"于是经过权衡，他得出结论说："上帝呀！要是像一只无性别的工蜂那样，只知道劳动，而一无所获地度过一生，那简直是不堪想象的。不，不应当这样！我是多么地憧憬这样的情景：一位殷勤温柔的妻子坐在沙发上，一个美好的家庭，还有许多书籍，可能还有音乐。结婚，结婚，结婚！这就是要求证明的结论。"他幻想中的一切都是那么的美好，最终"结婚"就成了达尔文要求证明的结论。达尔文把自己的想法告诉了父亲，并说自己要向表姐埃玛求婚。父亲完全支持儿子的想法，并建议达尔文到埃玛面前亲口告诉她这个想法。达尔文的这种对个人幸福的憧憬在1838年年底实现了，当时达尔文29岁。

1838年11月9日，达尔文经过一番打扮后来到表姐家。像往常一样，韦奇伍德一家对达尔文的到来表示很欢迎。这时候埃玛正在书房里读书，听说达尔文来了，她禁不住赶紧从书房里走了出来。当看到达尔文今天的打扮不同以往又有点局促的样子，埃玛似乎预感到了什么，不由自主也变得腼腆起来。

舅舅也似乎预感到了什么，他对达尔文说："我和你以前谈过蚯蚓改进土壤的事，为了试验，我在花园开辟了一块试验田地，让埃玛带你去看看吧！"舅舅说的蚯蚓改进土壤的事，是达尔文儿时来这的事了，他们讨论过蚯蚓在形成腐殖质土壤中的作用。舅舅不知道的是，在他的启示下，达尔文后来对这个问题做了专门的考察并写成论文《论壤土的形成》，还在《地质学会会报》上发表了。

埃玛把达尔文带到花园的一角，指着几根小树枝围着的一块地说："这就是爸爸说的试验地。"地上的土壤松松的，和别的地方显然不同，这一下子就引起了达尔文的兴趣。他拿起身边的树枝，蹲在那块地边上翻起土来。"埃玛，你看，有蚯蚓的地方就有很多细小的土颗粒，显然是蚯蚓改变了原来的土结构。"埃玛看着达尔文专心的样子，不忍心打断他，便附和说："是呀，这块地和旁边的一块地真是不同呢。"

达尔文用树枝扒出一条胖胖的蚯蚓，正要用手去抓它，埃玛紧张失声地喊了起来："查理，不要去碰它，当心它咬你。"达尔文缩回手，看着埃玛关心自己的紧张神情，周身涌起了一股幸福的暖流，赶忙安慰埃玛说："蚯蚓是软件动物，不会咬人的。""不咬人也不要碰它，看它软绵绵的样子，特别吓人呢。"埃玛甚至有点责怪达尔文了："你看你，这么漂亮的衣服都沾上泥了，咱们不在这里弄蚯蚓了，我们到那边看爸爸从中国引进的菊花吧！"

"好！"达尔文很快从地上站起来，跟着埃玛朝菊花走去。"爸爸说，中国的瓷器上有很多都画的是菊花，你看，这花朵真大，它的颜色也很特别。要是再红一点、再鲜艳一点，像玫瑰那样，就更好了。"

"可惜现在不是玫瑰花开的季节，要不，我一定摘一支最红、最大的给你。"听到达尔文要给自己这么美丽的玫瑰花，埃玛的眼光一下子转向达尔文，这时候，两个人的眼神一下子交会在一起了，爱情的火花从两个年轻人的心底迸发了出来。在他们眼神交会的那一瞬间，双方都感到一股幸福的暖意涌上心头。埃玛深情地望了达尔文一眼，就羞涩地低下了头，弄起手上的手帕来。"埃玛，我爱你，想请求你做我的终身伴侣，你愿意吗？"达尔文终于说出了这句在他心里已经重复了千百遍的话。尽管他说这句话时不像他平时说话那么连贯，甚至声音还有些颤抖，但埃玛听起来却是那样的动听、那样的悦耳。因为，这句话她已经等了好久。埃玛没有抬起头看达尔文，但她感到他正用期待的目光看着自己，这让她激动得发抖，以至于不知道说什么好，只是朝着达尔文使劲地点了几下头，就转身跑开了。

正在客厅谈话的父母看到女儿的样子，一下子便知道了刚才发生了什么。他们相视一笑，故意地问了一句："查理呢？""他还在花园里，我去房间了。"说着，埃玛便急急忙忙地上了楼。达尔文跟上来，走到舅舅和舅妈面前。"舅舅，我向埃玛求婚了，好像她已经默许了，您同意吗？"达尔文一本正经地说。

"为什么说'好像'呢？""我请求她做我的终身伴侣，她只是朝我点头，一句话也不说就跑回来了。""傻孩子，难道你还不明白埃玛对你的心意吗？你快去告诉你爸爸，让他明天来这里为你们俩举行订婚仪式。"此刻，达尔文的心里已经像吃了蜜一样甜。

达尔文对美好生活的憧憬终于在这一年得到了实现，这一年，他 29 岁。11 月 11 日本来是个平凡的日子，对达尔文来讲却成了他生命中最不平凡的一天，也是他生命中最值得记忆的一天。因为就在这一天，埃玛·韦奇伍德同意了他的求婚。喜从天降，面对这美好的事情，无论是父亲和姐妹们，还是住在梅尔的乔赛亚舅舅都满意这桩婚事。他们两家的关系本来就够密切的了——埃玛的哥哥不久前同达尔文的姐姐卡罗琳结了婚，现在他们更密切了。达尔文同埃玛哥哥和卡罗琳相处得非常友好，也常常与莱尔夫妇分享自己的幸福。

这个时期达尔文的生活是幸福的，也是甜蜜的，很多可以找到的信件都可以证明这一点。达尔文在给埃玛的一封信中这样写道：

"任何人、任何时候也没有像我现在这样幸福，或者说像你那样善良。我能使你真正地相信，在离开梅尔很久以后，我还认为我没能畅快地表达我是多么感激你。这一点我是常常想到的；我发誓要使自己成为一个非常好的人，以便多少能够配得上你。我主要担心的是，在像梅尔那样众多而友好的伙伴中度过了你的全部生活以后，你会认为，我们安静的夜晚将使你感到枯燥乏味。我亲爱的埃玛，我怀着极其温顺而感激的心情亲吻你的双手，这种心情充满了我的幸福之怀，我最大的愿望就是成为更好的人以配得上你。"

埃玛对达尔文的感情也同样的真诚，埃玛在给姨母西斯蒙迪夫人的信中表达了自己对达尔文的情感：

"当您向我询问查理·达尔文的为人时，我认为，他好的地方我连一半也没有告诉给您，因为我担心您会有所怀疑……他上星期四又同姨母范妮回来了，并在星期日向我求婚，这完全出乎我的意料，因为我想，我们将保持像过去那些年彼此所具有的友谊，而不是像在此事之后将发生的情况。我太难为情了，整天都充满了幸福感，因为家里客人很多，除了父亲、伊丽莎白、卡罗琳外，我们谁也没有告诉。亲爱的爸爸——我希望您能看到他快乐的眼泪，因为爸爸对查尔斯一向评价很高……晚上我到了他们的房间，我们坐了很久，一直谈到很晚；我感到饿了，于是汉斯利到厨房去拿乳酪，找到一块小白面包、两块牛油和一把小刀，还给我们做了一盘精美的小菜。我从前就知道，他（达尔文）是一个襟怀极其坦荡的人，每句话都表现他的真正思想。他是一个令人非常喜爱的人，他对自己的父亲和兄弟姐妹们非常有礼貌，他的性格非常温和，我感到高兴的是，他是一个积极肯干的人。查理很喜欢梅尔这个地方：我相信，只要可能，他随时都准备到农村去。查理不喝酒，这一点我并不在乎，我认为这一点倒是令人高兴的。对我命运中这个真正的转折我本不想告诉您，但是我迟早总得让您知道。休息一阵之后，我本已动身去做礼拜，但我发现，我变成了一个白痴，于是又半路返回。"

这期间达尔文的注意力稍微偏离了学术研究，他变得更加忙碌了。每天早晨他都要写关于南美洲鸟类的生物学著作，他还得一个人单独或同哥哥伊拉兹莫斯一起逛伦敦的大街，看看有没有合适的出租的房子，以便他在同埃玛结婚后能有个温馨的家，这似乎成了达尔文心头最要紧的事情。莱尔夫妇对达尔文也特别关心，想尽快帮他解决这个问题。

埃玛这时候来到伦敦，帮助未婚夫寻找房子，最后他们在上高尔街道选中了一套很漂亮的房子，这座老房子之所以吸引了这对年轻人，主要是因为它有一个小花园，整体感觉平和而自然。之后，达尔文和埃玛把东西搬到了那里。

1839 年 1 月 29 日，这对年轻人在梅尔举行了人生中幸福的婚礼，之后他们就去了伦敦生活。婚后最初的一段时间里，达尔文夫妇把很多时间用于接待来访客人、到最亲近的人和熟人那里赴宴及回访他们的熟人上面去了，他人的拜访使达尔文比妻子更加激动。达尔文同埃玛结成伉俪后，夫妻之间互敬互爱，埃玛为丈夫的事业献出了自己的一切，他们过着非常安静的、深居简出的生活，可达尔文的健康情况越来越坏了，因此他不得不回到梅尔和施鲁斯伯里长期休息。

疾病缠身

有一天，埃玛叫达尔文共进午餐，她敲了几下门，开始无人答应，后来才听见一个微弱的声音从房里传来："门没有锁，请进来。"埃玛进去一看，只见达尔文斜躺在沙发上，面色非常苍白，一脸痛苦的样子。她赶紧走到达尔文的身边，问道："查理，你这是怎么了？"

达尔文无力地抬起右手托起前额，回答道："头晕心慌，真想吐。""你躺着别动，我去给你煮杯咖啡，或许会好点。"埃玛说着便去了厨房。

不一会儿，埃玛端来了刚煮好的咖啡。达尔文喝了几口，难受的滋味似乎减轻了一些。可没想到的是，过了一会儿竟然天旋地转起来，房间里所有的东西都在他眼前转动，仿佛地震一般。他闭上眼睛，但这种感觉并没有好转，他只好平躺在沙发上，用手指按前额和两眼间的鼻梁。看着他这种痛苦的样子，埃玛只好叫来了贺兰医生。医生看了下达尔文的眼底，用听诊器在达尔文的前胸和后背听了听，又把住达尔文的脉搏默默数了一会儿："您的心跳太快，每分钟超过 85 次，头晕可能是您用脑太紧张，心脏供血不足引起的，您是不是最近工作太劳累了？"

"这段时间我要赶写一本书，前两天我就感觉到头晕和心悸了，不过没有今天这么严重。"达尔文所说的这本书是《一个博物学家的日记》。"达尔文先生，您不能这样工作了，您的病与过度劳累有关。我给您开一些增进心脏功能、减轻头痛的药，您要按时把它吃完，但是光吃药还不能解决您的问题，您要暂时放下工作，好好休养一番。""谢谢您，贺兰医生，我会按照您的要求去做的。"

这是达尔文环球考察回来第一次生这么大的病。从这个时候开始，达尔文的记事本上多了一项内容，就是关于他生病的记载。而环球考察以前，达尔文从来没有生过大病。从儿时起，他就喜爱运动，并且以跑得快而自豪。进入中学后，达尔文更是经常进行多种多样的活动，爬山、游泳、打猎、骑马，无所不干，无所不能，那时候他的身体是健壮的。但是 5 年艰辛的环球考察生活，风餐露宿、蚊虫叮咬，损害了达尔文的健康。

在达尔文 1835 年 3 月 26 日的旅行日记中，记有这样一件事："夜晚，我经历了一场袭击，袭击者的名字叫作勃猎蝽。当我正要睡着时突然感觉到有一个小虫子在往我身上爬，它很柔软，一英寸左右，没有翅膀，这个家伙的名字就叫勃猎蝽，它是爬上来吸我的血的。吸血前，它的身子是扁扁的，吸过血之后就变得膨胀起来，身子变成了圆圆的样子。我在智利的伊基克北部和秘鲁都发现了它们。在智利，我捉到一只干瘪的勃猎蝽，放到桌子上，这时候很多人都围了过来。即使面对着这么多人，当我把手指头伸出来时，这个大胆而可恶的家伙还是敢吸血。在不到10分钟内，我们眼看着这个家伙的身体变得胖起来。被勃猎蝽吸血的手指没有一点疼痛的感觉，而这家伙吃饱一次之后可以4个月不吸血。"勃猎蝽是南美洲锥虫病的传播者，而锥虫病是南美洲的一种地方病，染上这种病就会感觉身体疲倦，四肢乏力，后期还会影响到心脏。达尔文的这场大病，很可能就与这次经历有关。

1839年年底，达尔文家喜添贵子。这个小生命的诞生给了他无限的欣喜，他对儿子的爱和观察后来反映在他写的《论感觉的表现》这本书中。父亲爱孩子的情感是如此地强烈，以致连他本人都觉得有点意外。但是，事情也有不幸的一面，达尔文婚后同埃玛一共生了10个孩子。其中，长女安妮·伊丽莎白、次女玛丽·埃莉诺和最小的儿子查理·弗林均年幼夭折。虽然其他的7个孩子有幸长大，但都患有这样或那样的疾病。达尔文的二儿子乔治、三儿子弗朗西斯、五儿子霍勒斯后来都成了著名的科学家，但兄弟三人和终生未嫁的四女儿伊丽莎白均患有不同程度的精神病。乔治特别喜欢谈论别人的病痛；弗朗西斯被达尔文称为"忧郁的小伙子"；霍勒斯总说自己有病；伊丽莎白生性多疑，有时用装病来引起父母的同情。其他3个孩子：长子威廉、三女儿亨利埃塔和四儿子伦纳德虽然没有明显的精神病症状，但他们婚后都没有留下后代。

定居唐恩

达尔文夫妇都是在庄园里长大的，从小到大，他们的生活总是离不开大自然的怀抱，长久以来的成长经历也使得他们更喜欢在靠近大自然的地方生活。在伦敦每天单调的生活早就让他们感到厌倦。这时候，达尔文的健康状况也越来越坏，而埃玛又怀孕了，这是他们的第三个宝宝，两间房间也已经让这个四口之家拥挤不堪。

"查理，我们要尽快找房子，威廉的小床和安妮的摇篮已经把卧室塞得满满的，小宝宝生下来可怎么住呀？"这天晚上，等孩子们都睡着了，躺在床上的埃玛对正在收拾桌上书稿的达尔文说。

"是呀，这两天我也在考虑房子的事情，你说是在伦敦找房子，还是到乡下去呢？"

"到乡下当然好。那里多清净啊，空气又新鲜，哪像伦敦这地方，整天都是人来人往、吵吵嚷嚷的，这对你的健康不好，连我都讨厌这个地方。"一谈起住处，埃玛就把自己对伦敦的不满发泄出来了，但她很快意识到伦敦有丈夫的事业，忙改口问道，"搬到乡下去，大概会影响你的事业吧？"

"我也讨厌住在伦敦，现在我已经越来越不适应伦敦喧嚣的环境了。回到你喜欢的梅尔庄园可能不行，那里离伦敦太远了，和科学界的朋友联系起来太难，我的身体也受不了长时间的路途奔波。我们能不能在伦敦附近的农村买下一处地方呢？"

"好！"埃玛马上同意了达尔文的这个想法，看来这是最佳选择了。这样既能避开城市的喧嚣，住在他们喜爱的农村，又便于达尔文进行科学活动。

在他们商量具体在伦敦周围哪里买地的时候，达尔文的朋友何谢尔前来拜访了，他是一个天文学家。当埃玛端来咖啡并给客人放在一个很小的茶几上的时候，她感到非常难为情，"何谢尔先生，您坐着没有不舒服吧？""还行，还行。"何谢尔客气地说。

"我们正在找房子，正准备搬到乡下去呢。"达尔文对朋友说出了他们刚做出的决定。

"在郊区的乡村住是最好不过的了，我的庄园在贝克拉姆，离伦敦不远，欢迎你们去我那里看看景色！如果你们想在那边找住处的话，我可以帮你们打听。"

"真是太感谢您了，"达尔文说着，将头转向了埃玛，"我们什么时候去拜访何谢尔的庄园？"

"这要看何谢尔先生什么时间方便。"

"什么时间都可以，随时欢迎你们过去。"何谢尔真诚地说道。

"今天是周六，我们定在下周三怎么样呢？"埃玛这样说，既是征求达尔文的意见，又是询问何谢尔。何谢尔很爽快地答应了："好，下周三我在庄园里恭候你们。"

这天的早晨，达尔文一家乘坐马车向何谢尔的庄园驶去。离开伦敦市区后，他们的感觉好极了：视野是如此的开阔，空气是那样的清新，同时又夹杂着泥土的芬芳。车厢里的气氛欢乐极了，孩子们更是高兴，眼前的景象既让他们感到新鲜，也让他们感到着迷。

"查理，你看，孩子们也像我们一样，热爱乡村的生活。"埃玛激动地说道。

"是呀，我们绝不能再回到伦敦去了，一定要在乡村找到一个地方，从伦敦搬出来。"达尔文和埃玛一路上都在讨论怎么在乡村安排生活，对未来的生活有着无尽的憧憬，他们就这样不知不觉地来到了何谢尔家。

何谢尔的庄园真是个好地方，整个村庄被茂密的树林层层包围，清澈的小溪在村前缓缓流过，鸟儿在这里自由地歌唱，似乎在向达尔文一家诉说这里的美好；蜜蜂在盛开的油菜花地里快乐地舞蹈，不知疲劳。马车在庄园门前停下时，何谢尔已经站在门口等候了。

"何谢尔先生，您的庄园太美丽了，真像我父亲家在梅尔的庄园。"埃玛一下车就激动地说着她的感受，"要是我们能找到像您这样的庄园就太好了。""我从你们那儿回来后，询问过几个地方。你们先在我这儿休息，等参观完我的庄园，我带你们到那些地方去看看。"

"住在伦敦是不可能有像您这样的庄园的，埃玛和我都决定不再继续在伦敦住下去了，我们一定会选择合适的地方搬出来。"达尔文把他们的决心又向何谢尔说了一次。

达尔文一家在何谢尔的庄园住了3天，这3天里他们除了参观何谢尔的庄园，还亲自去看了他推荐的庄园，可惜这些庄园都没有让他们太满意，不是太破旧就是地理位置不好，只有一处令他们满意，可价格又太高，他们支付不起，这次来何谢尔的庄园，达尔文和埃玛都没有看到合意的地方。

两个月后，达尔文又收到何谢尔的一封信。信里说在唐恩有一栋房子和几十亩土地要出租，请他去看看是否中意。达尔文这些天来正在为房子的事情犯愁，埃玛马上就要生宝宝了，要是还不能在短期内找到房子可就真麻烦了。看完何谢尔的信后，达尔文马上动身去唐恩。

唐恩在伦敦的东南方，伦敦至唐恩约有3万米的车路。在唐恩镇南部约800米的地方，有一幢方形的三层砖砌建筑，房子的主人是达隆马特牧师，就是他要出租自己的房子和田产。这幢三层楼房是6世纪时的建筑，因为年久失修，已经没有了往日的风貌。粉刷的石灰多经脱落，一些屋瓦悬空欲坠。房屋的后面有一个花园，四周既没有篱笆也没有围墙，已经完全是一片开阔的草地，里面长满了杂草，一片荒芜的景象。达尔文查看完所有的地方，心里并不是非常满意，如果真正搬来住必须得大加整治，但是，达尔文喜欢上这里的一个极其特殊的好处，就是清净。它不但远离伦敦的喧嚣，连唐恩镇上的喧嚣都听不到，只能隐约听见村里小教堂的钟声，这是达尔文最喜欢的地方，达尔文最终买下了这座建筑。1842 年 9 月，他们住了进去。后来，他们又在庄园周边买了一片荒地，用颜料把屋外通通粉刷了一遍。为了让自己的家园更加舒适，达尔文在其中开辟了一个花园和一个菜园，园子周边围上篱笆。他甚至还在房屋的第三层修了一个阳台，种了一些他喜欢的匍匐植物。

经过一段时间的修整，唐恩的新家不只让达尔文夫妇感到舒适，也让他们赏心悦目了。站在三楼的阳台向下看，近处是花园，远处是森林，中间是大片的耕地，达尔文和埃玛的嘴角都露出了甜蜜的笑容。从这时起，达尔文在这里度过了他的后半生。这种平静的生活让他留恋，他不想过多地外出，除非要去看望亲戚或者是参加伦敦的会议。即使需要外出，他也总是忙完手里的事情就匆匆返回唐恩的家。他太喜欢自己现在居住的地方了，正是因为这样安静的生活条件，让达尔文能够全身心地写出他的科学著作。

达尔文的生活是特别有规律的，他在 1846 年 10 月给罗伊的信中这样写道："我的生活过得像钟表一样有规则，我愿意这样有规律地生活下去，当我的生命告终之时，它终究就会一动不动了。"

儿子弗朗西斯·达尔文在《回忆我爸爸的日常生活》一书里写道："他起得很早，早饭以前他总是习惯于出去遛弯，直到去世之前他都保有这个习惯。小时候的我总是喜欢随他一起早早外出，在路上，爸爸总是告诉我一些我注意不到的事物，这一切都让我感到新奇。7点45分，他会自己吃早餐，之后开始工作，一般工作到9点。9点半，他回到客厅浏览信件，如果某天信件很少，那是他最高兴的时刻，因为他将有时间读自己喜爱的小说。在这之后他再次回到书房，继续工作到12点。这时候爸爸总是非常得意地说：'你们看，我一天的工作又被做完了。'接下来他就要到室外去了，不管晴天还是下雨，爸爸总要出去散步，并顺道看看他心爱的温室的情况，你们知道，那里有他正在试验的植物。

"午饭后，爸爸喜欢躺在沙发上看会儿他喜爱的报纸，之后就是他的回信时间。做完这些工作以后就到了他休息的时间，他躺在沙发上，点上自己喜欢的香烟，听着妈妈给他读喜欢的小说。爸爸只有在休息的时候才会抽烟，他总是告诉我们说他这样是为了给自己提神儿。让我们哭笑不得的是，他总是在这个时候睡着，每每醒来之后又会为自己没听到几段妈妈读的小说而感到遗憾。当然，即使爸爸睡着了，妈妈也不会停下来，她小声来读，生怕停下来会打扰爸爸的睡眠。

"爸爸做任何事情都是非常准时的。4点半时他会准时回来，工作到5点半。剩下的时间，爸爸会坐在那里，静静地抽烟、休息，也会和我们闲谈。晚上7点半，他吃一点简单的晚饭，之后就是和妈妈一起的时间。他会和妈妈先下上两盘棋，当他胜过妈妈的时候总能看出来他是多么的兴奋，而当他输了的时候，又总是装出一副妈妈是因为运气好才赢的样子，并孩子般地对自己没有那样的运气感到失望和悲叹。爸爸喜欢音乐，下完棋之后他总是乐意听妈妈给他弹几首他喜爱多年的曲子。他甚至把他喜爱的曲子列到一张纸上，放在他的枕边。

"10 点半的时候，爸爸就回到卧室，准备睡觉，这个时候的他已经感到非常疲倦了。通常他是睡不好的，经常躺在床上几个小时难以睡着，这让他感到痛苦不堪。但又能怎样呢？毕竟爸爸的身体已经虚弱那么多年。"弗朗西斯总结性地说："爸爸的生活是极其规律的，对他来说，任何一件打破规律的事情都会让他感到痛苦和困难。"

可以说，正是达尔文这种有规律的生活方式，帮助他和病魔进行了几十年的抗争，为他赢得了宝贵的创作和研究时间，让他最终得以完成举世瞩目的进化学说。

岛屿探寻

达尔文爱孩子，也爱他的事业。在此期间他继续整理自己的地质论文，尤其是关于"珊瑚礁"和"南美洲的巨漂砾和冰川"的报告。在没有摆脱搜集资料和思考理论这一阶段之前，达尔文一直从事关于物种和变种的研究工作。1841 年 1 月，他写信给经验丰富的养禽专家、怀特岛的表哥福克斯说："您把各种动物通过杂交所产生后代的记述寄给我，我感到特别开心。"

1841 年年初，达尔文的《珊瑚礁的构造和分布》终于问世了。这部著作非常有趣，其中说到了达尔文所使用的不同于其他所有著作的方法和特点。第一是高度的概括性：他寻求并且找到了最能充分说明被考察现象的内在规律；第二是内容的广泛性：他掌握了研究对象的所有细节；第三，他并没有吹嘘他在总结时所遇到的各种困难，不但如此，他好像预先就在寻找这些困难，为的是去克服它们，对它们加以专门解释，从而预防人们可能向他提出各种反驳的意见；第四，他能从各个方面观察他所研究的对象，在对这些东西进行考察时，他既是地质学家和地貌学家，又是动物学家，总之他是一个广义上的博物学家。由于达尔文在"贝格尔"号考察的行动中所获得的资料是非常有限的，对于某些解释的地方是比较模糊不清的，但是广大的读者还是对达尔文在此次航行中能够克服各种艰难险阻的精神表示敬佩，对于达尔文的思想，读者是相信并且是比较接受的。

在《珊瑚礁的构造和分布》的第一章里，达尔文记述了他考察的环形岛、珊瑚岛。对于这些岛屿的起源问题，达尔文曾经有过一些没有根据且很不正确的假设。他描写了他亲自研究过的环形岛基地，描写了暗礁外缘的珊瑚以及围成礁湖的珊瑚式藻类地带、礁湖本身、下沉到礁湖底层的沉积物，以及靠吃淤泥和珊瑚生存的动物，描写了暗礁和小岛屿的变化情况。他特别强调地指出，所有这些为数极多而又分布极广的岛屿露出海面并不高，而如果从礁石表面算起的话，海洋通常是很深的，这样形成环岛形的基地就需要有很大的陡坡。

在该书的第二章里，达尔文还谈到了堡礁，宽阔的水道和礁湖把它们和陆地分离开来。他以围绕一个岛屿或一个群岛堡礁的若干例子表明，堡礁的形状和结构非常近似环礁的形状和结构。为了比较详细地介绍堡礁的形状和结构，也为了让读者阅读起来更加轻松，达尔文还运用了一些平面图来进一步解释。

第三章里主要谈的是岸礁，它们距陆地比堡礁近得多，而且它们与海岸之间并没有深水地区。

第四章里达尔文详细地叙述了珊瑚礁的成长，他在这里论述了珊瑚礁生长的有利条件，譬如珊瑚礁生长的速度以及形成暗礁的珊瑚虫生活的深度。对他所有的论断来说，最重要的一点是，这些珊瑚虫在低于低限的深海中不能茁壮成长。

第五章在这本书中起着重要的意义。达尔文批判了过去关于环礁在火山喷口或在由沉积物水下浅滩上形成大群岛的假设，最后形成了他自己的学说。他认为堡礁是由岩礁形成的，而环礁是由堡礁形成的。这种形成一方面是通过陆地缓慢下沉，另一方面是通过暗礁的珊瑚增高来进行的，而这种增高过程就是让珊瑚在阳光、氧气和水的运动都极其有利的条件下生活的。为了阐释自己的思想，达尔文运用了简略而又直观的示意图来说明了这一点。

在最后一章里，达尔文对珊瑚结构类型的分布情况做了详细的说明。他在地图上用不同的颜色表示这一分布情况：深蓝色表示环礁的分布情况，浅蓝色表示堡礁的分布情况，而红色表示岸礁的分布情况。达尔文根据自己的理论用蓝色表示他假设的下沉部分，红色表示身高部分或定态部分，可以一目了然地看清。

之后的两三年里，为了集中精力写好关于物种起源的书，达尔文阅读了很多新出版的生物学著作，并与胡克一同探讨华拉斯登的《马德拉群岛的昆虫》中的论点，对昆虫的无翼现象发表了自己独特的见解。

生存斗争

人工选择实际上是人们把自己喜欢的品种留下来，让它进一步繁衍后代，不需要的品种就被淘汰掉。人类正是通过这样的选择来培育新品种的。那么在自然界中有没有这样类似的过程呢？如果有的话，是怎么进行的呢？在写完第一本关于物种变异的笔记之后，这些问题就时刻萦绕在达尔文的脑海中。终于，问题在1838 年 10 月的一天有了转机。那天达尔文偶尔读到了马尔萨斯的《人口论》，这本书让他突然感到豁然开朗，自己苦苦思索的问题似乎隐隐约约地找到答案了。

"在我开始系统研究物种问题的 15 个月之后，偶尔一次我阅读马尔萨斯的《人口论》来消遣，没想到这本书给我这么大的启发。由于我长期不断地观察动物和植物的习性，当时已经具备了很好的条件去体会生存斗争，所以这本书立刻让我明白，在一定的环境条件下，物种经过变异，有利的将被保留下来，不利的变异就会被消灭，其结果大概就是新物种的形成。我终于得到了一个据以工作的原理！我实在是太高兴了，"达尔文茅塞顿开，他简直不敢相信，"我甚至觉得，这些话好像是专给我写的，这让我兴奋不已。"

在美丽的大自然中，许多植物都能结出成千上万的种子来。灌木能结 3.2 万颗种子，一株滨藜草一年能够产生种子 10 万颗。春天柳絮飘飞，散落的种子何止千万，要是这些种子都能成活，那将是什么景象？植物如此，动物也是一样。鱼妈妈每次诞下的鱼子数以万计，就连生殖周期最慢的大象——达尔文计算过一对大象在 750 年里能有 1900 万头后代。如果每种生物的后代都能成活的话，那么任何一种生物的后代都已足够将地球塞满。可事实上，地球并没有出现过这种情形。即使在恐龙时代，也不是某一种恐龙独霸地球，而是整个恐龙家族，并且没多久它们就都灭绝了。

达尔文做过一个这样的试验：他在一块 0.9 米长、0.6 米宽的土地上种了 400 粒种子，这些种子长出了 357 棵幼苗。达尔文任其自然地生长，不给它们喷洒任何农药，最后的结果是 295 棵苗子被昆虫和软体动物咬死了。因此他得出结论："站在大自然中，每个人都很愉快地看着周围的一切美丽的花朵、鸣叫的鸟儿，但我们都没有注意到的是，这些悠闲唱歌的鸟儿大部分都是吃昆虫和种子的，它们是经常地在消灭生命；我们更不会想到的是，这些鸟儿或者它们的蛋将会又是其他猛禽和野兽的食品。"

也就是说，自然界中的每一种生物都有自然、快乐和活泼的一面，同时它们还有十分残酷的一面。许多弱小的生物在它们的种子或卵还没有化为生命时，就被其他饥饿的动物消灭了。即使已经长大，它们也会遇上各种各样的敌人。它们要一直躲过各种各样的伤害才能活下来、繁殖后代，要是它们不能产下大量的种子和卵的话，这些物种早就绝灭了。

弱小的动物和植物的命运如此，那些强悍的食肉动物像狮子、老虎，它们会不会是例外呢？它们能不能够任意繁衍呢？也不能。先不说它们有没有天敌，就算它们已经独霸一方，这么多的大型动物肯定需要大量的食物来让它们果腹。而一旦食物缺乏，它们必然会自相残杀，或者被饿死，如此它们的生存也是受到威胁的。

除此之外，达尔文还认识到，物种还要同地理位置、气候等自然环境作斗争，植物在这方面表现得最为明显。

早在乘"贝格尔"号旅行时达尔文就注意到，在贫瘠的山丘上往往只能遇见矮小瘦弱的植物，而在巴西却分布着高大茁壮的森林；在圣赫勒拿岛上时，达尔文发现那里山顶上的树木都是弯曲的。为了搞明白为什么会这样，他特意做了调查，认真查看那里的风向，当站在岩崖上时，他感觉不到风吹，可是只要把手伸出山的边沿就会感到狂风大作。达尔文一下子明白，正是长年经受这种风吹，树木才弯曲成那个样子的。同样，动物也是受自然环境制约的，它们的分布一定跟随着特定气候的植物、特定的地理条件有关联。没有这些植物，它们就不能生存，达尔文说：

"一种动物能活下来多少只，气候往往起着重大作用，极寒冷、极干燥的季节是抑制数量过多的最主要因素。"

以鸟儿的数量为例，达尔文通过观察发现，在一个严寒的季节，唐恩村附近的鸟只有1/5度过了恶劣的严寒气候。除了同自然环境、同其他生物物种作斗争外，达尔文认为，还有物种内部的斗争同物种的个体影响着物种的数量。它们居住在同一地区，需要同样的食物，遭受同样的威胁，而每个个体都要维持自己的生存，取得最优越的生存条件，这样物种内部相互之间就会发生斗争，而且生物内部的斗争远比同其他动物的斗争更激烈。

达尔文把他对生存斗争的看法总结在这段话中，他说："一切生物都有快速增加的倾向，因此，生存斗争是必然会发生的现象。但是，各种生物在它的自然生活周期中产生的大多数卵子或者种子，往往在某一时期或某一季节遭遇灭亡。当产生的个体超过一定的数目，就会产生生存的斗争，这种斗争可能是和同种的其他个体的斗争，或者是和异种个体的斗争，也可能是和自然物理环境的斗争。"

第四章　神意还是选择

博物学与自然神学

根据上帝创世说，物种自从被创造以来，在形态和数量上就没再发生过任何变化，上帝创世时有多少物种，现在依然就有多少，甚至连灭绝也是难以想象的事。"创世说"还认为，上帝在创造每一个物种的同时，还赋予它们独特的生存技能或智慧。比如，雏鸟在蛋中成熟了，它们自然就会破壳而出；刚出生不久的小羊羔很快就会站立行走，等等。这样的例子信手拈来，不胜枚举。总之，每一种物种都有自己的生存技能，生物学家将这种能力叫作"适应性状"。北极熊在茫茫雪原里，不易被发现；仙人掌的叶子退化成刺，大大减少了叶片的蒸腾作用，有利于在干旱的沙漠中保持水分。这些例子都说明了生物适应环境的性状。不过在 19 世纪以前的生物学家们看来，这些性状都是出自于"上帝的仁慈安排"。

在西方，有一门古老的学科，叫"博物学"，它的研究对象就是地球表面的种种存在物，包括岩石、山川，还有栖息于其中的生物体。自从基督教在中世纪的西方得以传播后，这门学科的主导思想便是：从这些存在物的构造中去领悟上帝创世的"智慧"。比如，17世纪有一位博物学家约翰·雷曾说过这样一句名言："哪怕在一只虱子身上，也凝聚着上帝的智慧。"虱子的躯体小到刚好能用肉眼辨别体型结构；它那细若游丝的足上还长着倒刺，难怪它能牢牢抓住人的头发。而用那些笃信上帝的博物学者的话来说，这就是上帝赋予虱子的生存技能。从这个思想源头出发，博物学就成了见证上帝"智慧"的有用知识和工具。于是，博物学在西方很早就得到发展，而且顺理成章地成为自然神学的重要组成部分。

所谓自然神学，是指从自然界的存在出发来论证上帝的智慧。比如，昼夜的划分，或许就是上帝的一种合理安排，正所谓日出而作，日落而息。显然，自然神学的出发点就是上帝创世说。博物学与自然神学挂钩，使得博物学家有了研究和发展的精神依托和动力，这一点非常重要。要知道，人们学会分辨五谷，是为了农业；神农尝尽百草，是为了治病。这些都是出于实用的目的和生存的压力。然而，单纯的博物学却与直接的生存无关，它力求详尽描述生物的习性、构造，并在此基础上理出一个分类体系，其目的却并不是为了实用，而是以神学为取向。

于是，一大批神学家以博物学为研究乐趣，并觉得以此可以荣耀上帝。即便是专职的博物学家，如生物分类学的创始人林奈，也曾自豪地认为，自己正在做的是"亚当未完成的事业"。意思是说，上帝创造了物种，但还没来得及对其进行命名和分类，而这正是博物学家的神圣使命所在。林奈认为，重要的是分类学应该体现上帝的创世计划，这就是博物学分类的依据，它不是以某种实用为标准（例如中国古代的本草学以植物的药性作为分类依据），而是以生物体本体的结构、习性为依据，力求表达它们之间自然存在的关系。比如，根据这样的分类标准，猿猴与人在结构、习性上就颇有相似之处，于是，林奈便以灵长类来命名猿猴与人。当然，林奈只是把这两种动物如此归类，而绝不是想要表达人与猿猴有亲缘关系这层意思。但这样的分类结果，确实意味深长，耐人寻味。

在神创论的笼罩下，当时的博物学触目所及，从物种的多样性到生物体精致的适应性状，博物学家所能解读出的始终是上帝的智慧在大显身手。他们认为，是上帝给予小鹿以善跑的能力，给予狮子以强悍的本性，给予老鼠以钻洞的技巧，给予狐狸以狡诈的面目，等等。博物学家对这类细节的刻画常常是入木三分。然而，他们对其中机制的说明，却是千篇一律的简单，那就是"神意的设计"。在神学大树荫庇下的博物学家们看来，这是一幅井然有序、各就其位的宇宙图景，上帝早已为世界设计了蓝图，博物学家们所要做的就是不断地证明上帝的无所不能，其间当然谈不上进化，也扯不上人与猴子的关系。

除了宗教之外，哲学也是早期人类理解宇宙的一种方式。这种哲学在两千多年前的古希腊尤为发达，这就是自然哲学，代表人物有毕达哥拉斯、柏拉图和亚里士多德等。古希腊自然哲学理解宇宙的核心思想是：和谐。和谐表现为各个组成部分的安排、比例、搭配均恰到好处、各司其职，以至于无须任何改善的必要。和谐的另一面就是完美，唯其完美，故容不下改善。所以古希腊自然哲学的这种宇宙观同样是静态的，如亚里士多德曾提出一种"存在之链"的观点，认为世界万物都排列在一种上升式的阶梯中：最底下是岩石、矿物之类无生命的物质，依次而上是地衣、苔藓和植物；经过珊瑚及其他低等动物后，便是高等动物；在高等动物中，经过哺乳类之后便是灵长类和人类。虽然这种"存在之链"是有方向的，即由低等向高等依次而上，但镶嵌在其中的每一物种的等级是不变的。所以，这种理论也无所谓进化。

一幅不变的、稳定的宇宙图景带给人们的也许是一种安定感，因为变幻莫测常常会让人感到无所适从。于是，人们不由自主地抗拒变化，甚至视变化为幻觉，毕竟过眼烟云和匆匆流水会令人徒生伤悲。

然而，万物处于变化之中又是一个不争的事实。最单纯的变化，如斗转星移、四季交替、昼夜轮回、潮起潮落等，属于一类极有规则的循环变化，它们昭示着天体、地球处于一种永恒的变化轨迹之中，从古代到近代的科学已对其做出了精确的描述和预测。还有一类复杂的、不规则的变化，如任意吹刮的风、突如其来的地震、猛然爆发的传染病，甚至包括难以预料的经济盛衰周期，等等。这类现象更多是受随机因素的控制，以至于其轨迹扑朔迷离，难以追踪。至今科学对此类现象的描述和预言依然显得力不从心。

除此之外，还有一类变化则表现出一定的连续性和方向性，因而被称作"进化"。仍以亚里士多德的"存在之链"为例，假设这条链处于动态流动之中，就好比大型商场里正在运转的自动扶梯，这岂不是一种有方向性的变化吗？由此观照，低等的生物体渐渐就能上升为高等生命，这就是生物进化的原义。这种有方向的变化事例在生活中也可谓是俯拾皆是：种子破土而出，萌出幼芽，直至长成参天大树；受精卵先是分裂，随后分化出胚层，再形成器官，直至幼体成形，等等。这些都是有方向的变化，这种变化总是循着简单到复杂的途径，最终达到成熟和完美。这种有方向的变化同时也意味着变化方向的不可逆转。

上述三种类型的变化模式折射出人类的不同心态。有规则的循环变化带给人一种安全和可靠的感觉。如果"花儿谢了明年还会一样地开"，那我们又何必为花开花落而黯然神伤呢？虽然"无可奈何花落去"，但毕竟"似曾相识燕归来"，这样的变化让人们对生活的轨迹充满了期盼。"当你为错过太阳而痛不欲生时，你还将错过星辰。""冬天到了，春天还会远吗？"泰戈尔和雪莱的著名诗句都表达了一个基本的事实——天行有常。

然而，天有不测风云，那些不规则的变化更容易让人联想到不幸的事实：人有旦夕祸福。所谓"人生无常"的感叹，正是人们不愿正视并力求避免的变化，只因为它诡异莫测，令安全感和可靠性变得可疑。尤其是从心理学上来说，人更容易记住曾遭遇过的不幸，而容易忘却偶得的好运。于是，宗教应运而生了。尽管宗教少不了创世神话并用以描述宇宙图景，但宗教的功能从来不在于像科学那样正确的理解和把握宇宙图景，说明和解释自然现象，而在于编织出一幅虚幻想象中的图景，用以抚慰甚至威慑人心。于是，大旱过后的甘霖成为上天的恩赐，而洪水雷电之类则成了上帝发怒的道具。人们在这样的说教中求得了心理上的平衡，从而对无常的人生滋生了某种信心。若是要求宗教如科学那样说明和解释自然现象，那宗教就失去了魔力。

至于第三类变化——进化，更是寄托了人类祈求明天会更好的乐观信念，"进化"预示了一种朝着完美方向迈进的变化，还有比这更激动人心的变化吗？不过，"进化"这个词的来历可不是这样的，它最初是一个胚胎学名词，后来被广泛地使用在许多场合，才成为一个常用词，其含义也发生了一些变化。根据《牛津英语词典》，"进化"是指"发展的过程是从萌芽到成熟或完整的阶段"。因此，进化与进步紧密相关，它指的是一种带来改良的变化和演变。汉语中的"进化"一词其实也点明了这种关联性，即"导向进步的变化"。

不过，在与自然神学挂钩的博物学中，并没有"进化"的立锥之地，因为根据"上帝创世说"，万物被创造出来以后就不会再发生任何变化，所以宇宙的本质是静态的，当然就无所谓什么进化了。而达尔文在自己的著作中也竭力避免使用"进化"一词，因为他也不愿把物种的演变视为一个从低级向高级的进化过程。在生物学中，最早的进化理论其实出自于拉马克。

拉 马 克

拉马克是十八九世纪之交的法国生物学家，他年轻时学过神学和医学，当过军人，后来在法国著名的思想家卢梭的影响下开始专注于生物学研究。拉马克于 1778 年完成了《法国植物志》，后来又从事动物学研究，于 1801 年完成了《无脊椎动物的系统》一书，成为无脊椎动物学的创始人。1802 年，拉马克首先提出了"生物学"一词，1809 年出版《动物哲学》一书，提出了极其重要的"用进废退"和"获得性遗传"概念，系统阐述了自己的学说。要读懂拉马克，首先得弄清他所处的时代氛围，在他所生活的时代，法国正经受着一场前所未有的启蒙运动的洗礼，从根本上来说这场运动所大肆宣扬的，就是"平等"。

18 世纪以前，欧洲社会长期盛行等级制度，贵族与平民的界限难以逾越。法国启蒙运动时期挥舞的"平等"这面大旗，在很大程度上摧毁了法国的贵族制，在法国大革命期间，国王、王后都被送上了断头台，从那以后，国王和贵族渐渐成为历史记忆，即便在今天，法国也只有总统和议会，而不像英国那样保留皇室的传统。在法国的启蒙思想家看来，社会等级制度仅是一种外在的束缚，其实人内心深处都有一种往上爬升的天然冲动，拿破仑有一句名言："不想当元帅的士兵不是一个好士兵。"从中可以真切感受到启蒙运动带给法国的平等理念是何等深入人心。这种祈求平等的理念甚至以一种"生物进化论"的形式出现，这就是在当时的法国大有市场的各种进化理论。这些理论的共同点在于突出一个主题：生物有一种天然的从低级向高级演化的趋势，现在低等而不起眼的生物，也许将来就会迈入高等生物之列。这种生物进化论与其说是对物种起源的描述，不如说是对法国启蒙运动中平等理念的旁证。而天才的博物学家拉马克，就成长于这样一个风起云涌的时代中。

拉马克扎实的学术功底为他从整体上把握生物界，进而研究"进化理论"铺垫了厚实的基础。"生物学"这一名词正是从拉马克开始被使用的。在拉马克1809年出版的重要著作《动物哲学》中，他的进化理论在这部书中得到了系统的表述。也许令今天的读者感到疑惑的是，一本关于生物进化的著作怎么会冠之以"哲学"的名义呢？事实上，当时的自然科学家都愿意向哲学靠拢，因为对自然界统一规律的把握本来就是哲学研究的重要使命——所以牛顿也曾将他的著作命名为《自然哲学的数学原理》。

拉马克进化论的基本思想是：生物天生有一种往上进化的欲望或能力，这种能力由造物主所赋予；在这个过程中，由于面临不同的生存环境，生物体必须具备不同的适应性状才能生存下来。比如，同是鸟类，水中的游禽就必须具备蹼状足才更利于划水，因此不同于陆地行走的鸡的爪子。拉马克还认为，由于地理环境的多样化，生物的种类也就随之多种多样，这种适应性状是由后天生活习性得到的，这就是著名的"用进废退"和"获得性遗传"理论。长颈鹿那超长的脖子，就是解释这个理论的一个经典例子。

原产于非洲的长颈鹿，其祖先的脖子并不见得很长，但出于生存的需要，它们不得不尽可能地伸长脖子，以够得着较高树上的叶子，这样才会有更丰裕而稳定的食物来源。正是经过这样的努力，那些较长脖子的长颈鹿个体得以生存下来。更重要的是，这种后天"努力"获得的性状还能遗传给后代。日积月累，长颈鹿后代的脖子就长得足够长了，也就成了今天我们看到的这副模样，这就是所谓的"获得性遗传"。而那些不被使用的器官则会逐渐退化，拉马克举的一个例子是：生活在地下的鼹鼠。因为日久不见光线，所以不必使用眼睛来观察，结果眼睛就退化了。还有类似的例子是生活在人体消化道里的蛔虫，它们的视觉系统也高度退化，这是因为它们长期生活在一个暗无天日的环境里，这些器官毫无用处，因而渐趋萎缩了。

尽管"用进废退"和"获得性遗传"差不多已经成为拉马克进化理论的主标签，但事实上拉马克自己更强调的是他的理论的另外一部分：生物天生具有一种往上进化的冲动，而这正是生物进化的动力所在。这种观点正是法国启蒙运动给予拉马克的深刻信念，可见科学理论也受一定文化背景的影响。不过拉马克认为这种动力是由造物主所赋予的。这说明拉马克仍然是个有神论者，因为造物主就是"神"的同义词。只是拉马克心目中的"神"是操纵自然规律的神，它与人的祸福、善恶无关，也与聆听信徒的祷告无关，它不同于基督教教义中的神。在后者中，神不仅能倾听信徒的祷告，还能干预信徒的命运。所以自然神论中的"神"是一种非人格化的神，法国的启蒙思想家大多信奉这种意义上的神，不少科学家如爱因斯坦也信奉自然神论。比如，爱因斯坦的名言"上帝决不以掷骰子的方式创造世界"表达的就是这种自然神论的信念。

拉马克的理论自诞生以来就颇有召唤力，因为它符合并满足了人们的某种心理需求。首先，拉马克的理论直观易懂，符合常识；其次，这种理论还满足了人内心深处对进步的追求。只要我们努力，某方面的能力就会大大强化，而且还能惠及下一代，谁不乐意对改善未来有美好的期望呢？但是拉马克的理论也带来一个问题，那就是：如果生命体都在努力往上攀爬进化，那为什么至今地球上依然有低等生命存在呢？对此，拉马克的回答是：低等生命随时随地都在自然发生，这就是"自然发生说"。根据拉马克的说法，生命的起源就是多源的。可以想象，如今地球上最高等的生物如人类，就是最早起源的生命，这样其才有足够的时间攀爬到自然阶梯的顶端，而处于底端的低等生命或许才发生不久。由此可以推断，人类的昨天是猿猴，猿猴的明天或许就是人类……但从生物谱系上来看，人类与猿猴绝没有直接的亲缘关系，而只是一种逻辑上的关系。

当然，拉马克的进化理论中还有许多其他的疑问，此处不再详细澄清，因为他并不是本书的主角，而只是我们走进达尔文的进化论之前必须了解的一段开场白。同样是生物进化论，在达尔文那里却完全是另一种说法。在达尔文的理论中，"进化"一词被竭力避免使用，因为达尔文不愿意把物种的演变视为一个从低级向高级进化的过程，另一个显著的不同之处是，在达尔文的表述中，猴子是人的表亲，人就是由猴子变来的，这千真万确！

进化理论

1842 年 5 月和 6 月，达尔文分别到过梅尔和施鲁斯伯里，并在那里小住了几天。正如他后来在回忆时所说的："在那段美好的日子里，关于物种起源完整理论的概要终于成稿。"概要的手稿完成后被达尔文藏在唐恩庄园一个楼梯下的壁橱里，这个壁橱没有装其他东西，达尔文把他不想销毁的东西都放在那里。手稿放在那里一直没被人发现，直到达尔文死后 14 年，他的继承人拆毁庄园想重建时才发现它。手稿看起来非常有趣，儿子弗朗西斯·达尔文在纪念父亲诞生 100 周年时替父亲加上了详细的注释，并出版了它。要做到这一点是非常不容易的，因为概要是达尔文仓促写成的，很多地方被涂涂抹抹，再加上用铅笔写成，经过久远的年代后有些文字已经分辨不清了。概要行文简约，因此很难读懂。但在概要的一开头，达尔文就用几行字非常清楚和准确地表达了关于变异的思想。

弗朗西斯·达尔文在说明他对概要的总印象时说："值得指出的是，在 1842 年，即在《物种起源》正式发表的 17 年前，我父亲就已经拟出他未来著作的概要了。"实际上，只要把概要同《物种起源》一作比较，现在的人们就会不由得对概要的完整性感到惊奇，因为《物种起源》所有的章节、基本思想和想法，都已经被包括在概要中了。

我们可以想象，在梅尔或施鲁斯伯里从事地质论文写作工作的达尔文是种什么状态。也许无论在哪里，达尔文都会感觉像在家里一样。而无论在哪里，人们都习惯了他这个"忙人"，妻子埃玛这样写道："近来，他完全在忙于撰写许多文章来总结他环球旅行的调查。当然,我们任何人都不会去妨碍他的工作。"从使自己感到不舒服的、烟雾弥漫的伦敦来到农村后,达尔文在梅尔、施鲁斯伯里从事地质论文写作工作,在这里他感到空气是新鲜的,本应休息一下,但他已习惯于工作,在农村的他只是改变工作的题目罢了。可能是因为撰写地质论文的细致工作使他有些疲倦,他需要把这一工作暂且搁置,此时的他非常喜欢思考和修改关于物种的笔记。他一直深信物种是变化的,一些物种可以变异成另一些物种,但他也知道这种意见可能会遭到强烈地反对,目前还存在一些问题没有解决。这就决定了他要做的就是对所有这些困难进行分析,以使读者深信不疑。他要写出一本书来,写一本公正诚实的书,以便在书中表达自己的信念,同时也要提出自己所有的疑问。不过,我们可以预想到的是,那些一贯相信上帝创世、物种不变的众多博物学家如果看到这样的书,他们甚至不会读完就把它当作一种幻想而扔掉。为了更吸引读者、为了能够让更多的博物学家接受自己的观点,达尔文决定选择从侧面进行旁证。

这种做法是明智的,任何一个稍微懂畜牧业和植物栽培的人都知道,人类正在有力地改变着动、植物,并且已经培育出大量的新品种。因此,达尔文提出了自己的问题:为什么人能够改变动、植物,而动、植物不能够被自然界所改变呢?在条件上,人们在培育出新品种时所使用的手段,实际上就是自然界在创造新的生物品种时所用的手段。

达尔文推测,如果用这样的形式去阐述进化思想,读者也许就不会抛弃这种书,甚至也许会对自然界中的各种形态进化产生一定的兴趣。然后举出赞成和反对"各种物种都起源于共同的祖先"这一学说的证据,如此,他们也许会逐步接受自己的观点,反对先前所说的"各种物种都是上帝所造"的说法。这种想法最终也成为达尔文概要的主要提纲，具体如下：

1. 改变家养生物的各种原理。
2. 把这些原理用于野生动物的可能性。
3. 赞成和反对这一论断的证据。

他认为这样列提纲是好的，并且逐一思考了畜牧家和植物栽培学家著作中的大量事实，他甚至还想起各种杂交的情况：猎人挑选最好的狗进行杂交、饲养马的人挑选最好的赛马做种马……在许多发芽的植物当中，即使它们是出自同一果壳的种子，植物栽培学家也会把最符合他意愿的优良植物留作种子，选择、选种，人类就是用这一手段来培育新的品种、变种或变族的。因此，杂交是要挑选出畜牧者希望发展的最好种畜，这对于培育出新品种是十分有利的，而并不是杂交本身有什么意义。为了选择，必须从什么东西中进行挑选，使优良的动、植物能传宗接代，而使劣质的动、植物后代尽可能被淘汰。

达尔文想起了不久前读过的米勒的书，书上说：在同一时间生下来的孪生子女，他们在母体内显然是生活在同样的环境中，受到同样的影响，然而他们彼此间的差别在诞生时就已产生了。同是一窝崽的动物，在色彩和品质方面也会有差别，尽管它们的生活条件看起来完全一样。同样，用同一个果壳里的种子种在同样的土壤里，在同样的条件下却会长出彼此不同的植物。正是利用这差别，植物栽培学家们才从中选择了优良品种，并在下一代中继续培育。

实际上，人们在早期生活中已经开始运用"变异是伴随着繁殖的过程而进行的"这一规律了，只是人类并没有发现而已。为什么人们用不同种类的动物做种畜，而不用不同种类的植物做种子呢？因为人们希望它们的后代会表现出优良的特点来，因为它们具有遗传性。在这点上，达尔文是这么写的："所有这些变化，以及其他各种各样的变化，尽管有的进行得非常缓慢，但都明显地表现出要成为遗传性的愿望。如果这种情况不发生，这些变化就会成为单一的变种，如果发生这种情况，这种物种就会逐渐形成种族。

达尔文写下生物发生变化的原因：

1. 在外界环境影响下的变化，比如，温度和湿度。
2. 环境的变化，使器官引起的变化。
3. 不直接靠外部环境，而与繁殖过程有关的变化。

与繁殖过程有关的变化并不是很早就表现出来，这与形成过程本身及其相关性因素有关；大量的同繁殖有关的各种器官的变异通常表现出来的程度并不大，达尔文把这一点也写在草稿上，但是当想起畸形的情况，他又补充说："其中有一些在很大程度上表现出来。""除了保持得到加强的新质量外，这些物种还要防止与没有新属性的种类进行杂交。如果杂交是偶然形成，那么这种杂交物一定会失去其优秀的特征。"所有这些都是在他头脑中产生的怀疑，达尔文在概要中也都提到了这些疑虑。

达尔文在概要中写道："如果人能进行选择，那么新的种族很快就会形成；最近一些年，人工选择在有系统地进行。即使在古代，选择实际上也常进行，只是这种选择是不自觉的。通过这样的选择，人们可以得到赛马、载重马；通过这种选择，人们可以得到油多的猪，也可以得到肉多的猪，等等。此外，可以得到一种枝叶茂盛的植物，也可以培育果实累累的植物，等等；同一种植物在不同的培育方法下，可以满足人在不同季节的需要。"这是达尔文第一次深入地讨论有关进化的遗传方面的细节。

除了保持得到的已被加强的新品质外，还要防止与不具有这种属性的类型进行杂交的影响。如果杂交是偶然的或自由的，杂交物一定会失去其优秀的特征。在概要中，达尔文提到了以上所有的怀疑。达尔文还提出了人类影响生物的两种方法：第一种是外部条件的直接影响，如营养的多少对动物大小的影响；第二种是间接的，如肥猪的出现是由于市场需要，人通过选择小的变种，培育出动物油脂采购商所需的特种猪。当然，人工培育也是有不足的，由于人类不管这些物种是否适应生存，而只选择对人有益的物种，却从来不对物种的变异进行判断，因此暴露了人工选择的不足之处。达尔文用了两页的篇幅概括指出了"改变家养生物的各种原因"，这就是人类进行的选择，即他后来称之为"人工选择"的这种机制，即选择生物中某些对人类有利的变异，并使其得到积累和加强。达尔文认为，大多数栽培和饲养品种与野生品种之间的差别不能单纯用生物的变异来解释，应该用人工选择来解释。他将"人工选择"分为有意识的选择和无意识的选择两种：有意识的选择是预先确定目标，然后有计划地进行培育，这种方法能在较短的时间获得较好的效果；无意识的选择是在原先没有培育目标的情况下无意中起了选择的作用，选择过程比较缓慢。

同生殖有关的变异为选择提供了可能性，原因是从事选择的人把选择出的优势生物特征固定并积累起来。达尔文后来尝试把这些原理用于自然界中的野生类型，也就是试图说明自然界中也存在变异。当然，环境的巨大变化也应该会对生物产生很大的影响，是环境的直接影响并不能解释生物之间彼此能合理适应的现象。要是有一种具有超自然洞察力的东西，它能了解动、植物相互关系间的一切细微差别，选择出所有偶然出现的对生物有益的变化的话，那么，这种合理的、适应性的发展就是可以理解的——当然这种超自然的东西不是造物主，而是自然的原因。虽然当时达尔文还认为变异在自然界中比在家养状态中要少，但后来搜集的材料改变了他的想法，达尔文后来才明白自然界中的变异并不少，受环境的直接影响，自然界中的巨大变化在生物中也应该表现出来。

此时达尔文预见到他将遇到反对意见，他在概要中证明，不育的情况并非总是物种的特征。通过研究，达尔文发现不育的情况在种族杂交时也会遇到，物种杂交时却往往有生育力，而且还存在各种程度的不育情况。换句话说，这里存在着各种过渡阶段。虽然在平常的生活中，人类的选择和自然界的选择之间看起来是毫无关联的，但是达尔文知道，他将面对两种主要的反对意见：差别的大小和家养的变种中存在着各种过渡阶段。他对于人类器官的发展和动物的适应性也感到迷惑不解，是什么因素使得这些事物由简单发展到复杂的呢？

达尔文花了很多精力对本能化发展这一问题进行了研究，对这个问题他已经搜集了数量惊人的材料，其中包括他在自然界中的大量观察和畜牧学家实践中的大量实例。所有这些材料都是要弄清楚本能的起源，达尔文要告诉人们的，不是本能是如何起源的，而是要向人们揭示本能从简单到复杂逐渐发展的过程。他认为，复杂的本能是由两个因素形成的：一是由天生变化形成；二是由习惯形成。之后，达尔文对人工选择和自然选择的比较做了总结。针对最近几年来人们在培育品种方面所取得的成绩，达尔文做出了结论：人可以无束缚、无止境地对品种进行改变。物种在自然界的环境压迫下"适者生存"，只有那些适应性强的种类才能继续生存下来，因此，在比人要聪明得多的自然界的选择下，那些最有适应性的种族根据它们对外界自然，以及对周围其他生物的要求，会成为另一些物种。

针对物种起源问题，根据先前拟订的提纲，紧接着，达尔文开始论证有关进化的地理依据。他指出，地质时期的生物淘汰与生物的起源相似，因此地球上一切生物的起源与发展都是必须的。同时他还指出，一些物种没有发展过程而突然出现，只是因为地质年鉴不完全而造成的。

此时达尔文依然孜孜不倦地写地质方面的论文，其中包括大陆的升降问题。他把自己的考察和有关这些考察过程的想法，同地质年鉴不完全的思想做了比较。他在概要中说明，这种地质年鉴不完全是在海底升高的情况下，大陆空间的增加加剧了物种形成，但大量的侵蚀又使遗迹无法保留；陆地的下沉虽然对保持沉积层有好处，但同时又会使陆地面积缩小和消失，最后使这些陆地上的生物灭绝。他在概要中得到这样的结论：地质学就是告诉人们在历史的某个阶段、某个地方的某一类生物发展的一个侧面。同人类的死亡一样，物种的产生和灭绝也都是自然界发展的必然规律。

达尔文接着谈了有关进化的地理依据，他指出生活在不同地理区域的哺乳动物群之间是有差别的，产生这一差别的原因是障碍物的产生。为了说明这一点，他提出了自然选择和障碍物的作用的说法。达尔文在专门谈分类的一章中指出：所有的分类学家总是尽可能使其自然化，他们并未确定这个自然体系是什么，但很快就会感知到如何向人们解释"种属关系"或"相近性"这些术语。适应的特征更容易发生变异，而且不能利用这些特征来形成种属。达尔文认为，"物种之间的种属关系"证明了它们都起源于同一个祖先。同时，他举了一个前肢构造的总平面图的例子和某些胚胎的事实，并指出变异一般出现在物种的胚胎期发展阶段。最后他还解释，如果物种从祖先那里遗传的器官长时间不使用，这些器官就会发育不完全或退化。在结尾的一章里，达尔文还试图用具体例子表明进化论的观点比创造理论优越，这些新的理论推动了生物学的发展，同时也提出了许多有待人们去发现的新问题。

经过长期的思考、分析、学习和研究之后，达尔文于 1842 年写出了长达 35 页的进化论初稿概要，介绍了生物进化论的基本观点。达尔文不仅在 1842 年已经初步建立起了上述自然选择的进化理论，其基本特点也完全提了出来。如果把概要各章中指出的例子补充到上面，那么可以感到在当时这个理论已经是建立在大量事实材料基础之上的。但当时达尔文没有同任何人谈过自己"异端的"进化思想，他觉得还不成熟，认为自己并没有找到能够让人感到信服的材料来论证这些观点，因此他的思想很难得到人们的认可，他没有急于发表他的学说，进化论的初稿概要写完后就放在抽屉里。达尔文当时只是以一位初露锋芒的地质学家的身份出现在科学界，因此并没有受到很多人的关注，他需要用大量事实充实自己理论的每一个论点，证明每一个论点都是正确的，只有在彻底克服各种困难之后，达尔文才会把书公之于世。他需要不断增加新的证据，用丰富的事实论证自己的理论，并把理论进一步系统化。

知音胡克

1837 年，达尔文开始记写第一本关于"物种问题"的笔记，1839 年，这一物种理论和自然选择思想日渐明晰。1842 年 6 月，达尔文第一次较为完整地写出了他的物种理论。

又过了两年，达尔文把之前草草写完的 35 页概要扩充为 230 页，并将其正式标名为《物种理论概要》。在写这个概要期间，达尔文的身体状况特别不好。他写完稿子后就写下了一封遗嘱式的信，担心自己会发生不测，以免自己八年的心血研究成果付诸东流。

达尔文在考虑遗稿的编者人选时，对埃玛说："至于编者，最好是莱尔先生，如果他愿意承担的话……编者必须是一个地质学家兼博物学家，伦敦的福布斯教授是最好编者的第二人选；亨斯洛教授是一个平易近人的人；胡克博士也很好。如果上述四人中没有一个人愿意承担，我就请你就编者一事，同莱尔或其他任何合适的人商量。"

达尔文写这封信时显然没有同他所提到的四位候选人商量过，达尔文当时只有 35 岁，这样的年龄就同人谈论什么遗嘱，未免会让人觉得好笑。实际上，这时候的莱尔对生物进化想法还是持批评态度的，如果这时候让他编辑达尔文的"进化学说"，他本人也不一定乐意去做，即使去做也不一定能做得很好；福布斯教授同达尔文并不是很接近，只是在达尔文移居唐恩后常去拜访，达尔文选中福布斯，是因为他既是地质学专家又是动物地理学专家，头脑灵活、精明能干；至于亨斯洛，虽然他是达尔文的良师益友，但亨斯洛的思想比较守旧，他也不会是"生物进化理论"的热心支持者。

达尔文当时并没有想到，他真正的知音是一位年轻的植物地理学家胡克。之所以当时没有把他作为编者的首位人选，在于达尔文认为胡克还太年轻，没有莱尔、亨斯洛的权威地位，况且他也不是地质学家。

胡克生于 1817 年，比达尔文小 8 岁，他是在乘船进行南极考察之前开始读达尔文的书的，胡克一开始看就被《一个博物学家的日记》吸引住了。他深深地佩服达尔文敏锐的观察力和丰富的博物学知识，书中许多动人的描述甚至使他觉得仿佛亲历了一次"贝格尔"号的旅行。

有幸的是，胡克在一次偶然的情况下会见了他景仰的达尔文先生。对于这次会见，胡克在后来的回忆中说："我第一次会见达尔文先生，是在 1839 年伦敦的特拉法加的街心小公园。我同一位军官一起到那儿，这位军官七年前曾在'贝格尔'舰上和达尔文先生在短时间内共过事，他把我介绍给达尔文先生。"

这次简短的会见给胡克留下了非常深刻的印象，他说："达尔文先生是一个体高肩宽的人，有点驼背，谈话时有令人愉快而活泼的面部表情，眉毛像鬃一样，声音低沉而柔和。"

胡克是一个不善交际的人，在这次短促的会见中，他只是告诉达尔文自己即将去南极探险考察。达尔文十分关心胡克的南极探险活动，阅读了胡克寄回来的信件。1843 年，在胡克刚回国不久后，达尔文就给他写了下面这封信：

"尊敬的胡克先生：

我曾希望更早点荣幸地和你会面，并祝贺你从那长途而光荣的航行平安归来。只是我不常到伦敦去，要是你没有理由参加地质学会会议的话，我们得要相当长的时间才能相见。

我急于知道你将怎样处理你的全部材料，我从你的一些信件中收获了很多东西，以至于成为你最忠诚的读者，如果没有机会读到更多东西的话，我会感到遗憾的……在读你的信的同时，我相信你或许也在比较沿途所看到的生物……"

达尔文接着在信中谈到了他在加拉帕戈斯群岛搜集到的植物：

"我会把自己在加拉帕戈斯群岛搜集到的植物寄给你，它们是我费了很大力气才采集到的……我多么希望你能将那些植物和你自己收集到的标本进行比较。"

胡克接到达尔文的信非常高兴，很快就去到唐恩拜访达尔文，达尔文和埃玛热情地接待了这位青年朋友。达尔文当时领着胡克参观自己正在建设的庄园，陪他到刚开辟的沙径上散步。

"达尔文先生，您这个庄园再建设两年，一定会很美。这次我去南极探险，沿途经过的地方虽然很漂亮，但总没有回英国看到的美。您有这种感觉吗？"胡克谈了他新近回国的感受，想从有过同样探险旅行经历的达尔文那里得到印证。

"是的，八年前我环球考察回来时的感觉也跟你现在一样，看什么都是美的，对家乡的任何东西都感到特别亲切，遇到什么事都觉得快乐。"达尔文说出了和胡克相同的感觉。"我随'贝格尔'号考察了五年，你去了几年？"达尔文问。

"不到四年。您的那本《一个博物学家的日记》写得真好，我可真写不出您那么好的考察日记来。"

"你太谦虚了。我那本《一个博物学家的日记》有的地方啰嗦了一点，有的观点还需要修改。出版商已同我签约出第二版，现在正准备修改。"达尔文谈到前些时候出版商找他签约和修改《一个博物学家的日记》的事。

"您打算修改什么观点？"

"有关上帝创造物种的观点。不过只是把前面书上的提法做一些改变，并不加以论述。有关这一观点的论述，我正在准备材料，打算写一本关于物种问题的书。"达尔文第一次向这位青年朋友谈了自己否定上帝创造物种的看法。

"您为什么不赞成上帝创造物种的观点？如果不是上帝创造物种，那么物种是怎么来的呢？"胡克问道。

"我在环球考察中得到了充分的证据，证明了生物并不是上帝所造。许多看似很不相同的物种，它们可能是从同一祖先起源的。"达尔文把他对物种起源的基本看法说了出来，"物种起源，是一个很大、很难的问题，莱尔先生说它是'秘密中的秘密'。我认为，这个问题可以从家养状态下的植物和动物中找出一些解决的门路来。"

"您是不是说，人工饲养的动物和栽培的植物可以培育出新品种来，想从这里探出揭开物种起源的路数？"胡克的脑子很灵活，一下子就跟上了达尔文的思路。"是的！"胡克这么快就能和自己想到一起，让达尔文感到特别高兴，"你看，我们英国有许多优良的牲畜品种，像怀特猪、细毛羊；又有很多优良的水果品种，比如，金莱茵特苹果，这都是从以前的品种中培育出来的新品种。因此物种是可以改变的，不然怎么会有家养的新品种呢？我仔细研究过饲养家和园艺家们是怎么培育新品种的，他们主要靠的是选种——把优良的品种选择出来单独繁殖，经过许多代的选种、繁殖，优良的新品种就出现了，我把这个过程叫'人工选择'。"

达尔文的这番话让胡克感到既熟悉又新鲜。"您谈的是在家养情况下，通过人工选种可以有新种出现，可是野生的情况里没有人去选种，那怎么有新种出现呢？"胡克向达尔文提出了新问题。

"这个问题我也思考过很久。回国后我一直在想，自然状态下会不会出现像家养情况下的选择呢？马尔萨斯先生的《人口论》给了我全新的思考，它让我突然发现了能够继续工作的原理，这就是生存斗争和自然选择。"达尔文向胡克仔细介绍了他解决问题的思路。

胡克开始跟不上达尔文的思路了，"达尔文先生，您能不能给我解释一下，什么是自然选择？""好，你知道……"达尔文把之前他所有的想法和试验过程完全告诉了胡克，经过一番解释，达尔文停下来问胡克，"你觉得我刚才说的是否有道理？"胡克没有马上做出回答，停了一会儿他才说："听上去是有道理的，不过，生物现象是千奇百怪的，它们都能用生存斗争和自然选择解释吗？"

"你提的这个问题也是我现在正在思考的，只是目前需要大量的事实。我要用大量的事实来证实我的看法、完善我的看法。我写信给你提出的问题，也是想弄清物种的地理分布。比较了它们的分布，就能看出地理环境条件对生物生存的影响。你在这方面是专家，我希望得到你的帮助。"达尔文说出了之前写信给胡克的真实用意。

"谢谢您这样看重我。您今天的话使我大开眼界，以前我也听说过生物进化学说，但总是不能信服，您刚才说的让我感觉就不一样了。当然，您的话还要能够解释各种各样生物现象的事实才行。我非常愿意跟您学习，只要您需要，我搜集到的所有材料都可以提供给您。"胡克坦诚地对达尔文说。胡克的坦诚让达尔文深受感动，他感到和这位年轻人的距离一下子消失了，自己的物种理论终于有了知音。

后来的历史事实正如达尔文感觉的那样，胡克成了达尔文进化论最热心的支持者和最坚决的捍卫者。他是第一个阅读达尔文进化论的人，他不仅为达尔文 1844 年《物种理论概要》的手稿提供了大量材料，而且提出了许多难题和建议，使达尔文的进化理论更加完善；在达尔文理论遭到攻击的时候，胡克和赫胥黎一起，为捍卫达尔文的学说积极进行坚决斗争，他们卓有成效的回击使达尔文的学说得到科学界的普遍认同和广泛传播。

这次访问以后，达尔文同胡克的交往越来越密切了。他们之间的书信往来不断，相互交换各自研究的心得，讨论对某些问题的看法，经常表达出对对方最亲切的关怀。每次遇到不同的看法时，他们都会坦诚地表明自己的观点，进行各不相让而又十分友好的争辩。

胡克住在伦敦，在皇家植物园工作。达尔文去伦敦拜访胡克的次数比较少，胡克则经常到唐恩庄园，有时还把他的研究工作带到唐恩来做，在达尔文这里住上一个星期甚至半个月。在达尔文的后半生里，胡克成为他最亲密的朋友之一。达尔文对胡克的评价非常高："在我人生的晚期，我和胡克来往很密切，此后他成了我终生的好朋友。他是一位最活泼可爱的伙伴，而且心地善良。他是非常诚实的人，智力敏锐，并且具有强大的概括力。他是我看到的最不知疲倦的一个人，为了工作，他可以坐在显微镜下一整天，到了晚间照旧精神抖擞而活泼……我简直不知道还有什么人比胡克更可爱的了。"

在写完《物种理论概要》以后，达尔文依然感到有了基本的理论还不够，还缺乏充分的事实。紧接着，他就把大部分精力投入到搜集事实的工作中。1844 年 7 月，达尔文写信告诉胡克："为了寻找有关变异的事实，我正在阅读自然史方面的材料……"11 月，他又写信给胡克继续讨论物种的变异问题。

达尔文千方百计地搜集各种各样的事实，他在写给福克斯的一封信中说："我现在的工作目标是检查一下我所能掌握的博物学上的事实，比如，地理分布、古生物学分类、杂种性质家养的动、植物等，看看它们是如何支持或是反对我的观点的。不管结果是否有利，我都将尽力举出两方面的论点和事实。"达尔文就是以这种踏踏实实的科学态度进行研究工作的。

到 1856 年，当达尔文在莱尔和胡克的一再建议下，开始正式动笔撰写《物种起源》时，搜集数据的笔记本已有厚厚的一大堆了。他对福克斯说："经过 19 年的搜集工作，我的笔记太过繁多，要把它们看一遍并加以分类，至少需要一年的时间。"

自然选择

在自然界中，很多动物和植物乍一看上去没什么关系，可事实上它们总是被一张无形的网关联着。在英国，人们发现了这样一个奇怪的现象，猫多的地方，三叶草就长得好。猫和三叶草怎么会有关系呢？这到底又是怎么回事呢？为了查明这种"怪事"，达尔文特地做了实验。他在自己的园子里种了 200 棵红三叶草和 40 棵白三叶草，把其中的一半用细网罩住，另外一半敞开。到了开花的时候，不论是罩着的还是没罩着的，都开出了鲜艳的红花或白花。但是，罩着的100棵红色三叶草和20棵白色三叶草，只开花不结果，到最后一粒种子都没有结；而敞露的红色三叶草结了2700粒种子，白色三叶草结了2290粒种子。

为什么罩着的三叶草只开花不结果呢？原来三叶草是靠昆虫授粉的，罩着的三叶草在它们开花时因为昆虫进不去就不能完成授粉。那三叶草靠什么昆虫为它们授粉呢？达尔文认真观察，一连几小时地盯着飞到三叶草附近的昆虫。他发现，苍蝇、蝴蝶都不在三叶草的花上停留，蜜蜂虽然在白色三叶草的花上采蜜，但它很少光顾红色三叶草，偶尔有一两只在上面停一下，很快也就飞走了，只有土蜂会飞来给红色三叶草传粉。土蜂比蜜蜂个大，它停在红三叶草上，用自己的体重压开侧面的花瓣吸取花蜜，花粉就在此时沾满了它的全身。当它再到另一朵花时就把花粉授给花蕊了。

土蜂多，三叶草就会长得茂盛，但是土蜂的窝经常要被田鼠毁坏，英国2/3的土蜂窝是被田鼠毁灭的，而田鼠的多少又和猫的数目有关，猫多了，田鼠自然变少。达尔文养着鸽子，害怕养猫会扰乱鸽子的生活，就没有养过猫。因为这样，红色三叶草收的种子就很少，100棵收了2700粒，平均每棵只收29粒；而另外20棵白色三叶草却收了2290粒种子，平均每棵结籽114.5粒，这显然是与没有猫有关。没有猫，田鼠就多，土蜂也就少了，给红色三叶草授粉的土蜂少了，它结的籽自然不会多。原来，三叶草同猫通过土蜂、田鼠联系在一起，它们之间有着复杂的依存关系。

土蜂因为个儿大嘴长，胖胖的身子能够压开红色三叶草的花瓣，靠长嘴吸到花心的蜜。蜜蜂则由于个儿小嘴短，不能吸到红三叶草的花蜜。如果自然界中除了红三叶草没有其他的花蜜可采，蜜蜂的生存就会受到严重威胁。在这种情况下，蜜蜂中那些个儿稍大、嘴稍长的个体存活的可能性就大些，因为它们可以吸到红三叶草的花蜜，这样，蜜蜂生活的自然环境就把那些个儿大嘴长的个体选择并保留下来，一代代繁衍，就出现了大嘴长的土蜂新种。

自然界的生活条件就像一只看不见的手，对生物的个体进行选择，符合要求的被保留下来，而不符合要求的被淘汰掉。达尔文说："由于生存斗争，凡是变异的现象，不管如何微小，不论什么原因，只要对某一种或某些个体有利，这种变异往往就会发生，就可以使这些个体更好地生存，而这此变异本身也可以遗传给它们的后代，让它们也有较好的生存机会。这种微小而有利的变异得到保存的原理，我称之为'自然选择'。"比起人工选择来，自然选择是时刻都在进行的，也更"铁面无私"。在大自然中，只有那些和环境相适应的个体才能有更多的生存机会。

菜白蝶的绿色毛虫，是一种以青菜叶为食物的昆虫。它们趴在绿色的叶面上享受美食。如果不瞪大眼睛，它们是很难被发现的，因为它们那绿色的身子起了保护作用。绿色毛虫怎么会有同叶面一样的绿色呢？达尔文认为，绿色毛虫的祖先，起初并不一定具有保护色，而是自然选择的结果。在它们繁殖的许多后代中，那些同绿叶颜色相近的个体才更可能躲过鸟类的伤害。这样，大自然就选择那些与绿叶颜色相近的毛虫，使它们能够生存并繁殖后代。就这样，不知经过了多少代的选择，绿色毛虫才有了我们现在看到的颜色。自然选择就像一位"能工巧匠"，它可以创造各种奇妙的生物现象。

1844 年，达尔文把这篇初稿拿出来重新修改，写成了第二稿。写好以后达尔文依旧觉得不成熟，没有到公开发表的时候，因此这时达尔文只是拿去请他的好朋友们看了一下，征求他们的意见。

在达尔文埋头大量搜集关于物种变异和自然选择事实的时候，远在马来群岛的青年博物学家华莱士也在进行着同一个问题的研究。1855 年 9 月，《博物学杂志》发表了华莱士的一篇论文——《制约新物种出现的规律》。莱尔看到了这篇文章，明显感觉到，文章的作者同他的老朋友达尔文是在同一个方向上做同一类问题的研究。他开始担心华莱士会在达尔文之前发表物种问题的系统理论，因此莱尔立刻敦促达尔文，让他抓紧时间把自己多年搜集的数据写成论文，发表出来，以免失去优先权。

听了莱尔的劝告，达尔文的心情很复杂，他说："你叫我把我的观点写成一个摘要，对于这一劝告我不知道应该怎样想，我将予以考虑，但这样做是有违我的初衷的。事实上，要写一个相当好的概要是绝对不可能的，因为每一个方面都需要一大串事实证明。如果写的话，也只能选择其中的一个方面，指出其中的几个要点。我很痛恨为争得（科学）优先权而从事写作的这种想法，但如果有人先于我的学说，我也一定会感到烦恼。无论如何，我对你给予的同情表示衷心的感谢。"

达尔文把自己的矛盾心情也告诉了胡克，并请求胡克帮他拿主意："我非常需要你的意见和真诚的安慰。关于我的《物种起源》一书，我已同莱尔做过一次亲切的交谈，他极力劝我发表一些东西……如果我要发表任何东西，那一定是一本很薄的小册子，概略地条陈一下我的观点和我所遇到的难点；但为一本未出版的书做一个摘要，同时又举不出确切的引证来，这实际上是非常不明智的事。只是莱尔似乎认为我可以这样做……你怎样想呢？我现在的处境极为艰难，非常感谢你的指教。"胡克回信表示同意莱尔的建议，也希望达尔文提早发表摘要。

1856 年年初，莱尔又建议达尔文尽可能完整地阐述自己的进化论观点，劝他无论如何要把第三稿写出来。有了朋友的支持，达尔文终于做出了决定，开始写作书的概要，但这并不是后来人尽皆知的《物种起源》。莱尔建议他在准备这部内容丰富的书时应该立刻发表他的观点和概要，以便抢先取得理论上的优先权。可是达尔文认为他的学说是由许多论点组成的，每个论点都需要用事实来证明，如果忽视这些证明而仅发表观点，那是不可思议的。

最后，经过一番痛苦的思想斗争，写作证明理论优先权所需的概要的意图"流产"了，达尔文还是决定按原计划走，即使要花费很多时间，他也要写出一部详细的、论据充分的物种巨著。于是达尔文时断时续地开始写作《物种起源》的第三稿。

惊人的巧合

1858 年的一天，埃玛给达尔文念了封从马来西亚寄来的信。达尔文的朋友华莱士通过长期考察及总结，也形成了"生存竞争，适者生存"的进化思想，即生物进化论。华莱士在信中要求达尔文对他的论文做出评价，并请达尔文帮他发表论文，这使达尔文深感震惊。读信之后达尔文心潮起伏，他的心情是很复杂的：在最近两年，达尔文已经写完了《物种起源》的十章，基本上完成了全书的一半。华莱士开始着手研究物种起源的时间比自己晚得多，如今却先于自己把关于进化论的论文写出来了。

早在 1857 年 4 月，华莱士就从马来群岛给达尔文发来过信，信中询问达尔文对自己文章的意见。当时达尔文很快给华莱士回了信，并明确告诉他："我们的想法是非常接近的，且在某种程度上已达到相同的结论。关于《博物学杂志》上的那篇论文，我几乎同意每个字所包含的真理。"达尔文还在信中谈到了自己的研究："关于物种变种之间是怎样发生差异这问题，自从我打开第一个笔记簿以来，到今年夏天为止已有 20 年了！现在我正在准备出版我的著作，只是这个题目太大了，但我想，两年时间内它应该会出版的。"

1858 年 1 月 4 日，华莱士十分惊喜地读到了达尔文的回信。他对自己的朋友说："我非常高兴收到了达尔文的来信，他对我那篇论文的每个字几乎都表示同意，如此，我就可继续将自己的想法写下去，或者也可以得出另一个结论。但在任何情况下，他的事实都将供我使用，我也可以对这些事实进行研究。"

华莱士出生在一个小镇，距达尔文的故乡不是太远。因为家里贫穷，从 14 岁起他就开始为自己的生计奔波了，他做过土地测量员，还迷上了博物学，并开始制作植物标本，并和学校里一位有同样兴趣的青年教师一起搜集甲虫。带着这个兴趣，他阅读了大量这方面的书籍，比如莱尔的《地质学原理》和洪堡的《南美旅行记》，而达尔文的《一个博物学家的日记》是华莱士最喜爱的一本书。

1848 年华莱士搭乘一艘帆船到达巴西，开始了从亚马逊河口到奥内格罗河的旅行和考察。他们把搜集到的昆虫鸟类制成标本，卖给在英国专营标本销售的经纪人，以此换得继续旅行的经费。这次旅行历时 3 年，运回了大量在亚马孙河采集的植物、昆虫、鸟类的标本。有一天，他的脑海里忽然闪过一念：未开化人群的人口数目之所以保持大体不变，是因为战争、疾病、饥荒、灾难等因素，这些因素既作用于未开化的人群，也作用于动、植物界，并使它们的个体数目也大体保持不变，他的脑海中突然闪现出这个概念——"适者生存"。

"当晚，我就打了个草稿，接连两个晚上，写成一篇论文，在下个航班寄给了达尔文先生。"这就是达尔文之前收到的那封信、那封在途中漂泊了半年之久的信。华莱士本来对达尔文就十分崇敬，在1857年的通信以后他甚至把达尔文作为信赖的朋友和师长了，他把论文寄给达尔文，因为达尔文也在研究物种起源问题，但他不知道的是，此时的达尔文已经形成了明确的自然选择观念，而且他们是各自独立地得到同一思想的。

6月29日，达尔文派人把自己的和华莱士报告的全部材料转交给了胡克。达尔文同时给莱尔写了一封信。信中说："据我看，这篇东西很值得一读……我从未看到过比这件事更惊人的巧合，甚至他用的术语和我某一章节的标题一模一样……当然，我要立即写信给他，建议他把草稿寄给任何刊物发表。虽然，我的科学首创将被粉碎……希望你会赞同华莱士的草稿。"

不难看出，一方面，达尔文充分肯定华莱士的论文，竭力建议他发表，表现出了一个科学家诚实于科学事业的高尚品德；另一方面，他又为自己感到懊恼，因为自己没有听莱尔的劝告，没有尽快把自然选择的理论发表出来，结果让华莱士真的"跑在自己的前面"，自己辛辛苦苦、殚精竭虑20多年创立的学说眼看就要这样假手他人了。

林奈学会要求提出的可能证明自己科学优先权的最低限度的概要有两处：一是1844年"概要"中《自然选择》这一章；二是1857年7月5日达尔文致爱沙·葛雷的信，这封信对于表明达尔文的观点从1844年到1857年依然未变这一事实是非常必要的。达尔文在自传中回忆：1842年，他在唐恩忽然发现了现代生物分类的原则，他认为祖先与所有生物随着自己特征起变化的倾向有所不同，证明这一原则的基础，在于自然界中兴旺发达的生物变异后代在自然界中占据了尽可能多的资源，这说明现代分类的原则是极其重要的。

所有上面提到的达尔文致爱沙·葛雷的信和华莱士的论文《论变种的倾向》，都使达尔文的朋友感到十分惊奇，因为他们认为达尔文本来很早就可以把概要交给学会的。莱尔收到达尔文的信和华莱士的论文后赶忙找到胡克，商量怎么办。胡克看了华莱士的论文后说："这真是太巧了！这篇论文的内容和使用的术语，和我十几年前看过的达尔文的《物种理论概要》几乎是一样的！要不是因为看到查理这封信，我真会以为这篇论文是他自己写的呢。"

莱尔用埋怨的口吻对胡克说："这个查理，总是要追求完美，搜集了那么多材料还不写出东西来。我劝他也不听，这下可倒好，被华莱士抢先了。你看怎么办才好呢？"

胡克想了一会儿，说："要是让华莱士的论文先单独发表，那就对查理太不公平了。查理写成我看到的《物种理论概要》时，华莱士可能还是一个什么都不懂的大孩子，一定要公平地对待查理长期苦心的研究。"

"你的意思是说，先不发表华莱士的论文？这不符合查理的意思，也不太好吧？"

"不！我不是说不发表华莱士的论文。"胡克纠正道，"我是说，让华莱士的论文和查理的研究成果同时发表。"莱尔立即表示赞同胡克的意见："对！你这个办法好。赶紧告诉查理，让他把自己的理论写一个不超过30页的精粹摘要，同华莱士的论文一起发表。"

"我记得去年的时候，美国哈佛大学博物学教授阿萨·格雷给我写信，谈到查理给他写的一封关于进化论的信，不知道查理存留底稿没有。要是有底稿，将它发表就可以完全表明，查理的生存斗争和自然选择思想不是在看到华莱士的论文后才有的。"

"这太好了！我马上写信给查理，把我们的建议告诉他。必要的话，我们到唐恩走一趟！"两人就这样商定了。莱尔立即给达尔文写了封信，6月25日，信被寄到达尔文的住处。这些天，达尔文一直在为这件事烦躁不安。看了莱尔的信后他特别感动，莱尔和胡克对自己真是太关心了，想得太周全了。他马上给莱尔写了一封回信，说："如果你不发来这封信，我也一定会依照这种想法去做。"在信中，他对莱尔解释道："华莱士那篇草稿的全部内容在我的草稿中都有，而且我写得更充分。约在一年以前，我把我的观点写成概要，寄给了阿萨·格雷，这份概要目前我还保留着一份。因此，我可以老实地说，我并没有抄袭华莱士的任何东西。现在我很想把我观点的概要用十几页的篇幅予以发表，我觉得这样做是正当的。在给我的信中，华莱士没有谈到发表的事，我把他的信附去……我要把给阿萨·格雷的信的副本寄给华莱士，以便说明我没有偷袭他的学说。"最后，达尔文还有点自责地对莱尔说："请宽恕我，亲爱的朋友，这是我受到不安的情感影响而写的一封浅薄的信。"是的，这时的达尔文的确是有点不安了。

6月29日上午，仆人又送来了胡克的信。这时，达尔文的儿子小查理刚刚去世，埃玛和他都沉浸在深深的悲痛之中。埃玛知道达尔文最近还在为华莱士的论文焦躁不安，她猜想胡克来信可能与这事有关，就赶忙催他到书房去看信。达尔文看完胡克的信立刻给他回复了一纸短函，让送信来的仆人带回去。短函的内容是这样的："我已接到你的信。我现在还不能想到这个问题，但很快我会想到它的。我看到你和莱尔每人给我的恩惠，比我希望你们合起来给我的还要多，你实在是一个仁慈的人。"晚上，达尔文静下来想了想后，又给胡克写了一封信。他说："我又看了你的信，知道你立刻要发表那些论文，我现在感到十分失望，什么事也不想做，只寄去华莱士的草稿和我写给阿萨·格雷那封信的摘要。你太慷慨了，牺牲了这样多的时间和善意，这实在是极其慷慨和仁慈的。"

事情很清楚，达尔文和华莱士谁都没有抄袭谁，他们是各自独立地发现了科学的生物进化理论，达尔文维护自己多年的成果也是完全正当的。莱尔和胡克决定同时公布他们的研究成果，这是对历史最公正的裁判。6月30日，莱尔和胡克把华莱士的论文和达尔文的材料交给了林奈学会的秘书宾尼节纪，同时上交的还有他们两人联名写的一封信。信是这样写的："这两位先生在互相不知道的情况下，创立了同样一个非常巧妙的学说，它可以解释我们大陆上物种的出现与保存，他俩都有权被认为是这方面有独创见解的思想家。"

1858年7月1日，林奈学会召开了全体会员的紧急会议，会议内容是选举协会副主席，以接替逝世的植物学家罗伯特·布朗。达尔文没有出席7月1日的林奈学会会议，华莱士这一事件及小查理的去世把他弄得情绪低落，何况此时他的身体非常不好。达尔文和华莱士的论文由学会书记按照惯例宣读，出席会议的只有莱尔和胡克，他们强调报告提出的问题具有十分重大的意义。

7月1日晚上，在伦敦林奈学会的报告厅里，莱尔和胡克宣读了达尔文和华莱士的论文。在宣读论文之前，莱尔说了下面的话："下面我将宣读华莱士先生的论文《论变种无限地离开其原始模式的倾向》。华莱士先生今天没有到场，他是 1854 年去马来群岛考察的，现在还在那里工作。我认为，这篇论文有许多新的内容，因此愿意给大家宣读。需要做一点说明的是，华莱士先生研究的问题，也是我的老朋友达尔文先生研究的问题。他们相隔万里，独自研究，但是得到了几乎相同的理论。达尔文先生因为刚失去了心爱的小儿子，他的健康状况也不佳，这些因素都不允许他来向我们报告他的论文。达尔文先生的论文由胡克博士代为宣读。"

莱尔宣读完华莱士的论文后，胡克也简单讲了几句，介绍达尔文的相关情况："据我所知，达尔文先生是从 1837 年就开始研究物种问题的，1844 年，写出了这份《物种理论概要》。"胡克拿出达尔文寄给他的原稿，展示给大家看："我在十几年前就读过了达尔文先生的这份原稿，我下面要读的这篇论文就是这份原稿的摘要。我这里还有达尔文先生的另一篇论文，这是他去年给美国哈佛大学阿萨·格雷教授的一封信，在这封信中，达尔文先生也阐述了自己关于物种起源的基本观点。刚才莱尔教授说，华莱士先生和达尔文先生是各自独立地得到相同理论的，我上面介绍的情况可以作为证明。"

达尔文和华莱士的理论把在场的人都吸引住了。莱尔、胡克宣读论文的时候大厅里鸦雀无声，人们都带着惊异的神色望着他们。后来胡克写信给达尔文的儿子弗朗西斯描述当时的情景说："所有人的兴趣都被激起来了！这个题目真是太新奇了，使得旧派的人都没想好如何挑战它。在会议后，人们用压低了的声音谈论着这个题目。莱尔的赞许加上我的助威，我们顺利地镇住了在场的学会会员们。"

7月1日林奈学会会议的全部记录、莱尔和胡克给学会的信、以及达尔文和华莱士的整个报告都在8月份的学会杂志上发表了。进化学说的发表在当时并没有引起很大的反响，或许是像胡克说的，因为旧派人物还没有想好如何反驳，不敢贸然挑起辩论。但无论如何，这件事促进了达尔文和华莱士的友谊。达尔文对华莱士不畏困苦、不怕挫折、执着追求的精神十分钦佩，他给华莱士写信说："如果有着可钦佩的热情和精力的人应该得到成功的话，那么你就是最应该得到成功的人。"

华莱士也从发表在《林奈学会会报》上的文章了解到了达尔文的真实人格和他的思想，对达尔文也更加敬重了。他坦诚地承认："当我还是一个毛毛躁躁的少年的时候，达尔文已经是个耐心的、下苦功的研究者了，他勤勤恳恳地搜集证据来证明他发现的真理，真是让我敬佩！"他又说道："我觉得，达尔文先生具有很多人没有的优良品质，搜集事实时那种不倦的耐心、做出结论的那种惊人的能力、那些精确而丰富的生理学知识；他的机智、他的灵巧，还有那无可媲美的文章——清楚、精确而又令人信服的语言。这一切品质，使达尔文先生成为一个十全十美的人，而且也许是最有能力从事这项巨大工程的人。"

尽管华莱士的论文一旦发表，将会让达尔文获得头功的机会大打折扣，但达尔文是一位品德高尚、胸怀宽广的科学家，他并没有提前发表自己的文章，而是选择了和华莱士一起发表。之后华莱士读了达尔文的《物种起源》后，深为达尔文那深刻的见解和慎重、谦逊的精神所感动，在《物种起源》出版以后，华莱士心悦诚服地为之叫好，他认为达尔文的观点确实比自己高明得多，他提议把"生物进化论"定名为"达尔文主义"，而他则以自己是一个"达尔文主义者"感到自豪。尊达尔文为"进化学说的创始人",并且说:"自然选择的物种起源理论的建立,完全是达尔文的功劳。"他还认为:"达尔文不仅可以和牛顿并列媲美,而且,他的成果将被看成是 19 世纪自然科学界最大的成就之一。"

科学史上,不同科学家各自独立研究、做出相同发现的情况是不少的。但是像达尔文和华莱士那样,相互尊重、充分肯定对方的劳动和研究成果,并且还成为志同道合的朋友,在科学史上还是绝无仅有的。牛顿和莱布尼兹各自用不同的方法发明了微积分,但是他们为争夺发明的优先权相互攻击,长期争执不下;与之相反,达尔文和华莱士谦逊的美德则成为科学史上广为传颂的美谈。

《物种起源》

早在 1858 年 9 月英国科学协会开幕式的利兹会议上,动物学家理查德·奥温就在大会上分析了"物种创造或形成"的问题。在叙述了达尔文和华莱士的观点之后,奥温试图将创造力和预先规定的生物形成原理相结合。生物应该一个接一个繁衍下去,因此创造出来的东西不断地弥补已灭绝的东西。奥温认为,达尔文和华莱士只是把他的"原理"推广到用变种代替典型生物的层次上了。

正如斯·尔·索博利所指出的,奥温在他的发言里想误导人们的两个对应观点:部分拥护者认为物种起源是通过创造活动;另一部分认为物种起源是进化的"自然"进程。奥温的这次发言对达尔文的事业起到了促进作用,因为他的发言是在代表大会的广大听众中讲的,英国最著名的学者和技术专家都出席了大会。这次会议后,人们都期待着达尔文《物种起源》著作的发表。

但摘要的写作进展非常缓慢。到 1859 年 3 月，达尔文才写好关于地理分布的一章，并把它寄给胡克审阅。3 月 16 日，达尔文完成了《摘要》的最后一章。在此期间，莱尔询问出版者是否愿意出版达尔文的书，达尔文在 3 月底听到了这一消息，也看到他的书日益处于出版的有利地位，于是非常高兴地接受了在穆瑞那里出版的想法。他还向莱尔提了很多问题，并请他提出关于本书出版的建议。

对于书名，大家引起了争议。达尔文建议的书名是《关于通过自然选择的物种和变种的起源一书的摘要》，但穆瑞坚持将书名定为《摘要》；莱尔反对"自然选择"这个术语，但达尔文坚持己见。他认为这些术语是畜牧中常用的，对于表明家养动物和野生动物的选择或者育种原则的共同性是很合适的，它只限于说明"在生存斗争中保存那些得天独厚的品种"这一术语。

小儿子查理的去世、家中各种不安、华莱士论文事件的折腾、林奈学会报告引起的反应，接二连三的事情让达尔文本就虚弱的身体变得更差了。埃玛预感到，如果继续待在唐恩，达尔文的健康状况还会恶化下去，她决定让达尔文换个环境，到表哥福克斯住的怀特岛去休养一段时间，希望让他减轻些痛苦。

1859 年 7 月，达尔文一家到了怀特岛的海滨疗养区。在这里，达尔文度过了一段时间的闲散生活。清晨在埃玛的陪同下到海边看看日出；上午同孩子们一起做游戏，给他们讲自己曾经在海上生活的故事；傍晚一家人去海边看美丽的晚霞，绚丽的霞光引出了孩子们各种天真的幻想，听着孩子们的谈话，达尔文仿佛又回到了自己的童年。当不能搜集资料而拖延写作时，达尔文便回来准备写关于物种这部巨著的摘要，从 7 月 20 日到 8 月 12 日，他每天工作几小时，但是他很快就感觉到摘要比他估计的要长得多。他可以把说明某些论点的根据限制在最低限度内，但为了不贬低自己的思想，他也不能完全抛弃这些证据不用。仅关于自然选择的第一章在手稿中就占了44页。

在林奈学会，胡克建议把《物种起源》一书分成许多单独报告，达尔文欣然同意，而且他想要立即发表其中的《在家养下的变异》部分，否则他会感到遗憾，因为这一部分已同其他部分十分紧密地联系在一起了。到12月底，达尔文已完成了300页《物种起源》书的手稿，计划还要写150~200页。

摘要在1859年4月初开始排版，7月末达尔文收到了胡克寄来的即将发表的书稿校样。他皱着眉头读着，达尔文对手里的书稿不甚满意，自己多年研究的成果仅以这样的形式来发表，让他有些失望。"应该重新再写一个摘要。"达尔文自言自语道，事实上他当天就开始了摘要的写作，后来穆瑞说他"几乎是全部重新写了一遍"，达尔文在新摘要中努力使文体清楚易懂，事实准确。接下来的日子里，达尔文每天都集中写上几个小时，对他现在这样的病体来说这显然已经是超负荷工作了。达尔文忘我地工作着，到了8月12日，整个摘要终于完成，一家人也回到唐恩。达尔文把这份摘要的校样寄给莱尔和胡克检查，期待他们会在事实和论据上改正一些错误。1859年10月1日，达尔文写完了《物种起源》清校稿的最后一页，从开始写作到完成，这本书共花了13个月零10天的时间。这时达尔文的健康状况也越来越不好，于是他到约克郡的艾克雷水疗机构休养去了。休养的头三个星期，不太习惯的闲散生活使他重新拥有了体力，这促使他继续为胡克审阅《澳洲植物志》的《绪论》。

在于1859年11月24日出版的划时代巨著《依据自然选择的物种起源》（以下简称为《物种起源》）中，达尔文根据20多年来积累的资料，以自然选择学说为中心，从遗传、变异、人工选择、生存斗争和适应等方面论证了物种的起源。该书强调了自然选择在生物进化中所起的重要作用，给"神创论"以沉重的打击。《物种起源》是关于生物进化理论的重要著作，是生物学研究史上的新的里程碑。

《物种起源》正式在伦敦的各个书店发售当天，让人惊奇的情况出现了，大大小小的书店都变得热闹非凡。柜台前总是围满了购买此书的人，有年轻的大学生、有远道而来的畜牧园艺师、有戴着高高礼帽的绅士、还有穿着黑色道袍的牧师。"给我一本《物种起源》。""我要两本。"人们争相说着。

不到半天的时间，伦敦所有书店里的这本书就已经卖得所剩无几了，而求购的人还源源不断。一天时间内，1250本新印刷的书全部卖完了，很多晚来的读者没有买到，只能失望地离开。一本讲科学的书一天内居然销售了1250本，并且还有人要购买，这在当时英国同类书籍的发行中可算是一个奇迹了。

为什么这本书第一版能如此成功地销售一空呢？原来在林奈学会会议进行期间，大博物学家达尔文正在准备写一部优秀的物种起源方面图书的消息引起了人们越来越大的兴趣，奥温在利兹会议上的发言也为这本书的出版做了宣传。

达尔文一生的科学成就非常多，许多著作和论文的内容涵盖了地质学、动物学、植物学、人类学等领域。按数量来说，这些成就看上去真是已经很多了，但仅仅这些成就并不能使他成为科学史上名扬千古的伟人，达尔文之所以能够与哥白尼、牛顿齐名，在科学史上创一个新的时代，根本上是因为他对物种起源的研究，创立了科学的生物进化学说。《物种起源》是达尔文酝酿了20余年、殚精竭虑的著作，这本书的出版在科学史上树起了一座新的里程碑，给生命科学乃至一切有关演化科学的研究升起了一盏明亮的指航灯。

轩然大波

《物种起源》一上市就被抢购一空，表明人们对这本书的内容是非常感兴趣的，但这并不等于说大家都愿意接受达尔文的生物进化理论。因为在当时的英国，所有受过教育的人都是有宗教信仰的，他们相信《圣经》中的上帝创世说、相信世界万物都是万能的上帝创造的。

《物种起源》的出版犹如一枚重磅炸弹投在了平静的水面上，顿时在英国掀起了狂涛巨浪。人们读过这本书之后反应异常强烈。虔诚的基督徒甚至对达尔文包括其著作，开始了恶毒的攻击和咒骂，信仰上帝的学者们竭力"论证"达尔文学说的荒谬。当然，也有少数大无畏的思想家，为达尔文的著作欢呼雀跃，呼号呐喊。在这少数的思想家中，赫胥黎是最杰出的一个。

赫胥黎出生在一个不太富裕的教师家庭，小时候学过医，现在是伦敦矿业学校教授，也是一位博物学家。赫胥黎是在皇家学会和达尔文相识的，两个人在一次学会活动中交流学术思想，相谈甚欢，很快便成为至交好友。赫胥黎思维敏捷，口齿伶俐，具有高超的雄辩能力，是一位卓越的演说家。他文风泼辣，语言犀利，善于抓住论敌的要害给予致命的还击，是一位强有力的论辩斗士。读完达尔文寄给他的《物种起源》以后，赫胥黎满怀感激地写信给达尔文："这么多年以来，我所看到的博物学著作，没有一个给过我这样深刻的印象，我最衷心地向你表示感谢，因为你给了我大量的新观点……我支持你的观点，哪怕因此而面临火刑。"

赫胥黎早已预感到围绕《物种起源》会有一场激烈的斗争，因此他对达尔文说："如果我没有猜错，你将会遭遇很多人的诽谤和辱骂，希望你不要为此而感到任何的厌恶和烦扰。你要相信，《物种起源》已经博得了一切有思想的人们的无比感激。至于那些要狂吠的恶狗，你的这些朋友们会和你站在一起，最起码我已经时刻做好了战斗的准备。"

同一天，达尔文进化理论的第一个知音，胡克也来信赞扬《物种起源》说："这本书对奇异事实和新鲜现象的精密推理是多么丰富，真是一部伟大的著作，它将会非常地成功。"胡克还告诉达尔文，他正在莱尔家做客，"莱尔完全着了魔，并且正在心满意足地看着《物种起源》。"莱尔是达尔文最敬重的科学家，达尔文非常看重莱尔对《物种起源》的评价。得知莱尔"心满意足地看自己的《物种起源》"，达尔文感到特别高兴。事实上，虽然当时莱尔对《物种起源》一书做了适度的肯定，但他对达尔文进化学说的基本态度并没有根本转变。

一场辩论大战即将开始，第一个站出来挑战达尔文的竟然是他的大学老师塞治威克教授，达尔文的第一次地质考察就是在他的带领下进行的。塞治威克生性保守，不愿接受新的学术思想。现在，自己的学生竟然提出了"生物进化论"，并发表了《物种起源》，这让他难以忍受。因为这同他信奉的"上帝创世说"水火不容，达尔文的生物进化理论在他眼里俨然已经是异端邪说。1859年12月底，达尔文收到了塞治威克的信，在信中他说："我认为你的书大部分是完全错误的，这使我感到了极大的痛苦，《物种起源》的出版简直是个恶作剧，它令人难以忍受……"

塞治威克不仅激烈地反对达尔文的理论，试图论证世界本来就是上帝创造的，而且还在杂志上发表文章，宣称"为了表示我对达尔文理论的憎恨，我决不停止我的批评"，表明他要同达尔文的进化学说斗争到底的决心。在此之后，反对达尔文的声势逐渐强烈起来，包括激烈反对达尔文理论的藻类学家亨利·哈维。

基督教里虔诚的信徒也开始对《物种起源》大肆进行攻击了，他们出版《雅典神坛》杂志，专门用来反对达尔文的进化学说。他们在杂志里对达尔文的理论进行恶毒地咒骂，说达尔文是神学和科学最凶恶的敌人，要同进化论展开坚决地斗争。大主教威尔伯弗斯讽刺说："在所有的著作中，《物种起源》是最不合逻辑的。"他还率领自己的信徒在英国各地巡回演讲，大谈进化论的"荒谬"，严厉斥责达尔文的理论是"亵渎神灵的异端邪说"，他们把达尔文辱骂成是亵渎《圣经》、十恶不赦的魔鬼。

一时间，《物种起源》成了英国公众关注的焦点，各种报纸、杂志纷纷刊登对《物种起源》的评论文章。这些文章中的大多数都是维护传统思想、否定达尔文理论的。这些人不是不理解，就是有意歪曲达尔文的思想，评论者们随心所欲地在《物种起源》中寻章摘句，曲解作者的意思。有的还对达尔文进行侮辱、谩骂，甚至是恶毒的人身攻击。

这些暴风雨般的敌对意见如一股砍伐之势，似乎是要把达尔文的"生物进化理论"彻底消灭。忽然有一天，读者众多的《泰晤士报》上刊登了一篇未署名的文章，发出了捍卫真理的强音，震慑住了这群狂吠的家伙。文章一开始就据理辩驳，证明达尔文的理论是依据事实得来的。紧接着，他又高度赞扬了达尔文的理论："这是一个极其巧妙的假说，它能够解释生物在时空分布方面许多的奇怪现象……我们敢于怀疑正统观念，这种怀疑是高度热爱真理的表现，它不屈于于不合理的信仰。"最后，针对此人的攻击，文章挨个进行反驳。

达尔文读到这篇文章后，感到十分高兴和惊喜，立即写信给赫胥黎询问这篇好文章的作者是谁。"作者能是谁呢？文中对我的赞扬使我十分感动。"达尔文称赞"作者是位在文学上很有修养的人……他很细心地读了我的书，看来他也是一位渊博的博物学家。他的文笔和思想都非常清晰有力，更难得的是，在他的文章中洋溢着最使人感到愉快的才智。其中有些句子竟然使我拍案叫绝"。

达尔文甚至猜到了文章的作者就是赫胥黎，"在英国只有一个人能写这篇论文，这就是你。"但他终究没能确定。最后，达尔文带着胜利的喜悦心情说："那些反对我的老古董们一定会以为世界的末日就要到了。好吧，不论这个人是谁，他对这一事业已做了伟大的贡献。"并叮嘱"如果你认识这一作者，千万告诉我他是谁"。

达尔文没有猜错，文章的作者正是赫胥黎。在当时英国围剿《物种起源》的叫骂声中，赫胥黎的文章有着振聋发聩的威力。但是，宗教保守势力和神创论的卫道士们绝不会因为这篇文章而偃旗息鼓。《物种起源》掀起的轩然大波还只是刚刚拉开序幕，更加激烈的短兵相接正在酝酿着。

牛津论战

1860 年 6 月，英国科学协会在牛津召开代表大会，《物种起源》毫无疑问地成了中心话题。会内会外到处充满了"达尔文""自然选择"这些词，一些从未和达尔文谋面的人都相互打听着哪位是达尔文先生。他们不知道，达尔文由于健康的原因，并没有来参加会议。

连达尔文也没料到，就在这次会议上竟有人要对他和他的著作发起反攻。主教威尔伯弗斯一伙人做了精心准备，他们打定主意，一定要在这次会议上把生物进化思想"彻底消灭"。

在 6 月 28 日的分组讨论会上，牛津大学的植物学教授多布尼发表了专门反对达尔文的论文。文章坚持上帝创造是植物性征的终极原因，反对达尔文以自然原因解释物种起源的理论。多布尼的这篇文章并没有多少货真价实的内容，却获得了很多人的喝彩，这让坐在前排的赫胥黎感到奇怪。他回头一看，原来参加这组讨论会的人里面除了部分博物学家外，还有许多一般听众。这些人受到教会的蛊惑，认为达尔文的著作伤害了他们的信仰，以至于凡是反对达尔文理论的人发言，他们都鼓掌叫好。

"赫胥黎先生，您能否就多布尼教授的报告谈谈您的看法？"会议主席点名邀请赫胥黎发言。赫胥黎有礼貌地从座位上站起来，说："主席先生，我现在不想发言。在我们的会场里有许多一般听众。我认为在一般听众中间，如果感情冲动，就会妨碍对真理的讨论，因此不应该在他们面前公开进行这一类讨论。我向大会提交了我的论文，在学会会员们讨论我的论文时，我会发表我的看法的。"讲完这段话，赫胥黎刚要坐下来，就听到后排有人讲话了。

"刚才赫胥黎先生说，他给大会提交了人类和动物关系的论文，我就来对这个问题谈一点意见。"说话人是欧文教授。赫胥黎马上意识到，对手要发起进攻了。

"欧文先生，您请讲吧。"大会主席说。欧文走上前面的讲台，干咳了两下后，开始讲话了："女士们先生们，最近一段时间来，达尔文先生风光得很，大家都在谈论他的那本《物种起源》。这本书要我们不再相信神的创造力量，说我们大家看到的各种各样的动物、植物都是从一种简单的原生生物变化来的，还说我们人类是由无尾猿变来的。我今天愿意用哲学家的见解来谈谈这个问题。达尔文这样说，有什么真正的事实根据呢？没有！我研究过多年的比较解剖学。如果人是从无尾猿变来的，那大猩猩的解剖结构就应该同人更接近，而不是同有尾的猕猴更接近，事实是怎样的呢？大猩猩的大脑同人脑的差别比同猕猴的脑的差别大得多。大猩猩的脑明显地接近猕猴的脑，怎么能说人是从大猩猩变来的呢？事实已表明，达尔文先生的理论是不可靠的！"欧文讲完后，得到了不少人的掌声。

"主席先生，我要对欧文先生刚才讲的，发表一点小小的看法。"赫胥黎说。

"请上来讲吧。"主席回答说。

"我就站在这里向欧文教授提一个问题。"欧文正要从讲台上下来，又停住了。

"您问吧。"

"您根据什么，说大猩猩的脑同人脑的差别要比同猕猴脑的差别大呢？"

"这是事实。"

"欧文先生您说是事实就是事实吗？最近我也对人脑、大猩猩的脑、猕猴的脑做过比较。我是学医的，对人脑的大小、形状、重量非常清楚，大猩猩的脑同人脑的接近远远超过了猕猴，我有比较实验的数据，我所了解的事实是，大猩猩的脑更接近人脑，而不是猕猴的脑。我不知道欧文先生的事实是怎么来的，以您所谓的'事实'就断言达尔文先生的理论是荒谬的，这岂不是太轻率了？读过《物种起源》的人都知道，达尔文先生的每一个结论都是以大量事实为根据的。"

欧文万万没有想到赫胥黎最近正在研究人猿同祖的问题，而他自己并没有做过这方面的比较，不免心虚起来，但他还是强撑着，"我认为事实就是这样，而您，赫胥黎先生，认为的事实是那样，那我们就没有什么好说的了。"

赫胥黎立刻追问说："难道事实是由我们认为的吗？谁认为是事实就能算作事实吗？这不就太随便了吗？"

赫胥黎连续的发问使欧文陷入了尴尬的境地，会议主席只好出来解围："对事实的认定可以以后讨论，二位可以把你们的材料公布出来，让大家来评判。"

参加会议的一般听众开始是那样激动、狂热地喝彩，现在沉寂下来了，有的还开始感到自己受了蒙骗。赫胥黎赢得了第一个回合的胜利。

第二天是星期五，大会休会。赫胥黎陪妻子在商店购物，打算明天和妻子一起去看望她的姐姐，不再参加会议了。他们刚出商店，就迎面碰上了一位叫钱伯斯的先生。"赫胥黎先生您昨天对欧文的反击真是妙极了。看欧文站在讲台旁的狼狈样子，真是活该！"钱伯斯紧接着转了话题："您知道不知道，明天'油嘴萨姆'要在大会上发表演说，他扬言要充当剿灭进化理论的'头号辩手'。"钱伯斯说的"油嘴萨姆"是能言善辩的主教威尔伯弗斯的绰号。

"我一点也不知道，明天我要陪同妻子去看她的姐姐。"赫胥黎说道。

"怎么！您明天不参加会议了？"钱伯斯惊讶地问。

"是的。"赫胥黎平静地回答。

钱伯斯着急了："您怎么能在这个时候不出席会议呢？对手

要向我们发起进攻了，您却临阵脱逃！"

"既然您把话说得这么严重，看来，我要重新考虑了。"赫胥黎转过头，征求妻子的意见："亲爱的，我们的行程是否可以推迟两天？"妻子没有说话，点了点头表示同意。赫胥黎掉过头，加重语气对钱伯斯说："好！我不临阵脱逃，明天一定出席会议，尽我的一份力量，看'油嘴萨姆'能耍些什么花招！"

第二天，所有小组集体开大会。这一天正好是星期六，参加会议的人特别多，被邀请的正式代表不到200人，而在代表们进入会议厅以前，一般听众就把位置坐得满满的，还有不少人站在过道里，有的还被挤到门外。这些听众中有年轻的大学生，有牛津城里的市民，有主教威尔伯弗斯的信徒，还有穿着黑道袍的教士。座位已经被听众占满了，以至于代表们都没有坐的地方了。无奈，会议组织者临时决定改变会场，将会议改在图书馆大厅进行，因为这里能容下1000人活动。人们涌向图书馆大厅，前排座位为代表们留着——到场的听众实在是太多了，这么大的会议厅还是没能坐得下，靠墙的过道上还是站着不少人。

赫胥黎本来是要和胡克坐在一起的，但被拥挤的人群冲开了，他坐在本雅明·布罗迪的旁边。今天的会议主席是达尔文敬爱的老师——德高望重的亨斯洛教授。此刻，亨斯洛的心情非常矛盾，《物种起源》这本书中否定上帝创造物种，这个观点和他多年的看法不同；但书中的观点又处处以事实为据，甚至很多事实是达尔文在环球考察时就告诉过他的。他了解达尔文，对于一些人不顾事实地攻击达尔文，他十分不满，尽管并不同意达尔文的基本观点，他还是为达尔文进行了激烈的争辩。今天让他做会议主席，不论对赫胥黎代表的进化论派还是对威尔伯弗斯代表的反对派都是公正的。

当亨斯洛宣布会议开始后，嘈杂的大厅很快安静下来，"今天到会的人很多，准备发言的先生肯定不少。在正式开会讨论以前，我先宣布一条规定，不论对哪一方的观点，不管是赞成还是反对，都应该有确实的根据。没有根据的、随心所欲的讲话，我们都不欢迎，希望大家在发言时遵守这个规定。下面会议开始，大家可以发言了。"

"贝格尔"舰的老船长、如今的海军中将菲茨罗伊从座位上站了起来，亨斯洛一眼就认出了这位多年不见的朋友。"菲茨罗伊先生，您打算发言吗？"

"是的。"

"请到讲台上来。"

"达尔文先生曾经跟随我率领的'贝格尔'号做过考察工作，"菲茨罗伊开始了他的发言，"我们在一起共事了五年。那时候我感到他是一位勤勉的博物学家，当然，那时他还没有那些蔑视造物主的观点。现在，达尔文先生背叛了他自己，背叛了他的朋友，竟然编造一个物种起源的理论来诋毁万能的主！我要对《物种起源》这本书进行强烈的谴责，对达尔文先生提出强烈的抗议！抗议他写出这样一本邪恶的书！"这位性情粗暴的海军中将不停地挥舞着拳头、唾沫横飞地喊着抗议，似乎要把他近两年来的郁闷全都发泄出来。穿着黑道袍的教士们和那些信徒开始喊叫起来："讲得好，讲得好！"

赫胥黎看着菲茨罗伊的表演不禁暗自发笑，一个堂堂海军中将怎么变成这样了，一些大学生也对菲茨罗伊的低俗行为唏嘘不已。

"大家安静！安静！"亨斯洛不得不出面干涉了，他转过身来对菲茨罗伊说，"您还有什么新的意见要说？如果没有，请回到座位上去。谁再发言，请遵守我在会前宣布的规定，否则我要强制执行了。"接着又有几个只是表示愤怒和抗议的发言者被亨斯洛制止并请下了讲台。

这时候，威尔伯弗斯走到讲台前，对亨斯洛说："主席先生，我要求发言。""请吧。"

许多人都认识这位主教，在威尔伯弗斯走上讲台的时候，那些追随主教的信徒竟鼓起掌来。威尔伯弗斯以擅长演说著称的，他善于用花言巧语蛊惑人心，煽动人们的感情。现在，他要对达尔文的进化学说发起攻击了。

"女士们，先生们，今天我在这里发言，就是要对达尔文先生的粗鄙认识进行挑战！这种粗鄙愚蠢的认识竟然要我们不去信仰万能的上帝，胡说什么各种动物和植物都是自己变化来的，这是对基督的挑战！是彻头彻尾的渎神行为！上帝的子民们，我们能容忍达尔文先生的挑衅吗？不能！绝对不能！今天，我要对达尔文先生渎神的物种起源理论痛加驳斥！"主教大人真不愧为论辩高手，几句话就赢得了追随者们的阵阵掌声。接着，他又列举了一通所谓的"事实"，然后继续责问达尔文的理论："达尔文先生要我们相信所有的动物和植物——每一头四足兽、每一条爬虫、每一尾鱼、每一棵大树和小草、每一朵美丽的花等，都是由第一个原生细胞传衍下来的。试问，哪一个特殊的原生细胞配得上这非凡的荣誉呢？难道说，我们生活中这么多的动物和植物都是由一个细胞变来的吗？达尔文先生也太会变戏法了！达尔文先生宣传这种荒谬的理论，就是不让我们相信存在着神的意志，要我们背叛正统的宗教，我们能相信达尔文先生的这一套吗？我们的信仰是上帝赏赐给我们的，我们怎么能抛弃上帝的赏赐，去相信达尔文的胡言乱语呢？"主教振振有词的一连串发问，把他的那些信徒们鼓动得直拍手叫好。

威尔伯弗斯质问了一通以后，开始挖苦达尔文了："朋友们，从达尔文先生的书里只能得出两种结论：要么是人类缺少一个不朽的灵魂；要么相反，每个动物和每种植物都有灵魂。如果是后者的话：女士们，先生们，你们今天晚上回家后，谁也别吃鲜嫩可口的牛肉了！有灵魂的牛是不会让你们宰了它们烧着吃的。"主教的俏皮话引起了一些人的笑声。此刻的威尔伯弗斯得意极了，他的巧言令色确实迷惑了不少听众。他以为自己已经轻易地击溃了达尔文的"进化论"，殊不知，他的话里早已经露出了无知的破绽。

主教先生得意地走下讲台，走到坐在第三排的赫胥黎那里，说："赫胥黎先生，在我说出我的结论时，您一定想暴跳起来，把我的身体撕得粉碎。您是一心一意追随达尔文先生的，对我们人类起源于无尾猿的歪理坚信不疑。那么，我要请问您，您是因为您的祖父、还是祖母同无尾猿取得了亲缘关系而来的呢？"

威尔伯弗斯这一侮辱性的提问令全场哗然，赫胥黎反而镇静自若，对身旁的布罗迪爵士低声说："主教先生的狐狸尾巴终于让我抓住了，看我怎么来摆平他！"老爵士不解地望着赫胥黎，以为他被侮辱得不知所措了。

这时，站在过道里的大学生中有人高喊："请赫胥黎先生讲话！"赫胥黎依旧坐着未动。这时候，大学生们齐声呼喊起"赫胥黎！赫胥黎！"赫胥黎感到会场的气氛终于热烈起来，大众的目光也已集中到自己身上，是进行反击的时候了。

他不慌不忙地向讲台走去。"主席阁下，应大家的要求，我讲几句。"他礼貌地向亨斯洛点点头，然后转身面对大家，"诸位先生和女士，刚才威尔伯弗斯主教在这里做了一场奇妙无比的演说。我很早就听说，威尔伯弗斯主教很会演说，今天算是见识了，真是大开眼界！我说主教先生的演说奇妙无比，是因为主教先生有如此惊人的本领，竟然把他毫无所知的东西说得那样娓娓动听。主教先生向我提出的问题，不管是侮辱还是嘲笑，我都不会介意。在这里，我关心的只是对科学有利的事业。我们在这里开会，要探讨的也是怎样发展我们的科学事业，清除阻碍科学发展的障碍。主教先生的演说充分表明，他所关心的不是科学，不是博物学的发展，而是他心爱的上帝。我们这里不是讲经布道的场所，而主教先生的演说是在传道，他的话与科学没有任何关系，因为主教先生讲的都是一些无知的外行话。稍有博物学知识的人都知道，在石炭纪时代不存在显花植物，那个时候的植物是没有花和果的，而主教先生在反对达尔文先生的理论时却大谈石炭纪时代的花和果，连起码的科学常识也没有！更可笑的是，主教先生质问达尔文：'谁证实过关于短腿羊的说法？'其实，美洲短腿羊早就有了，在美洲牧场里到处都可以见到，现在我们英国也引进了不少，可以说是人尽皆知的事实，而主教先生却闻所未闻，真够孤陋寡闻的了！够了，我不再列举主教先生的无知了！我要说的是，这样一个对科学无知的人，怎么能够有资格参加我们这个讨论科学发展的会议呢？"赫胥黎这句问话刚一落音，大厅里就响起了热烈的掌声，大学生们鼓得尤其起劲。

威尔伯弗斯在自己的位置上如坐针毡，愤怒又无可奈何地望着讲台上的赫胥黎。

赫胥黎举起双手对大家表示感谢，同时也让大家安静下来。他继续讲："威尔伯弗斯先生谴责《物种起源》宣扬了一种粗鄙愚蠢的理论，他不知道，这一理论花了达尔文先生整整 22 年的时间，是经过搜集数据、查阅文献、反复实验之后才得到的。在这个过程中，光记录事实材料的笔记本就用掉了几十本。达尔文理论是建立在大量事实之上的，他的每一个观点都是有根据的，绝不像某些人那样信口雌黄、胡说八道。读过《物种起源》的人都知道，这里到处都可以见到确凿的事实，而它们还只是达尔文先生举出的极少的一部分。《物种起源》宣扬的是事实，没有丝毫的粗鄙和愚蠢，它所讲的是科学和文明。"在驳斥了主教对《物种起源》的攻击后，赫胥黎把话题转到人类起源，"关于人类起源于无尾猿的问题，当然不应该像主教先生那样做粗浅简单的理解。我们所认为的，是说人类在多少年以前，和无尾猿有共同的祖先，人和猿是从共同的祖先起源的。对于人类和无尾猿的关系，我们是作为一个科学问题来研究的。可是，主教先生完全不以科学的态度向我提出问题，而是煽动听众的宗教情感对我发难。既然是这样，我就只好给主教先生上一次科学课了。"

"一个人没有任何理由为他的祖先是无尾猿感到羞耻，因为任何正直高尚的人都会承认科学事实。我认为，感到羞耻的倒是这样一种人：他无视事实，信口胡说，善于狡辩，用各种词汇掩饰自己的无知；他不安于自己职业范围里的事业，硬要插手到科学中来，而自己对此又一窍不通。这样，他就只能用花言巧语和诡辩胡搅蛮缠，转移听众的注意力，企图煽动和利用信徒的宗教感情，最终来压倒对方，这种人才是最该感到羞耻的。"

赫胥黎以平静的语气，有力地回答了主教的侮辱性问题，博得了绝大多数听众的好感。他的话音刚落下，全场就响起了雷鸣般的掌声和叫好声。威尔伯弗斯搬起石头砸了自己的脚。赫胥黎发言后，会场的气氛一下子变了，年轻的大学生们个个异常高兴，而穿着黑道袍的教士们像泄了气的气球，全无开始时的神气。原先准备讨伐达尔文的人也都一个个收起了"矛和剑"，龟缩回去．再也不敢要求发言了。

这时有人递给会议主席一张字条，请胡克博士发言。胡克被亨斯洛邀请上了讲台，他只做了简短的演讲。他指出了威尔伯弗斯对达尔文著作的曲解，并说这位主教根本就没有读《物种起源》，最起码没有读懂，又讲述了自然选择能很好地解释他所研究的植物现象，他不能不接受这个科学理论。大家对胡克的发言也报以热烈的掌声。

后来的发言几乎成了一边倒，大家都支持达尔文的观点。威尔伯弗斯主教偷偷地溜出了会场，他挑起的这场妄图扼杀进化理论的论战以可耻的失败告终了。

牛津论战有力地回击了敌人的挑衅和进攻，浇灭了他们的嚣张气焰，捍卫和宣传了科学的进化理论，争取和教育了许多正直的学者和群众。但是，反进化论的思潮并未因此而偃旗息鼓，转变人们思想中的传统观念还是长期而艰巨的工作。

争取莱尔

牛津会议一结束，胡克就把胜利的喜讯告诉了达尔文。达尔文在写给胡克、赫胥黎的回信中说："你们战胜主教的情形令我高兴极了，你们的成功和大胆的精神令我惊讶不已……我完全相信，我们的事业最后一定会获得胜利。"

达尔文对自己的理论充满了必胜的信心，但他还是为莱尔担忧。因为莱尔对自己的一些基本观点还不能完全认可，莱尔是一位正直且在学术界有极高威望的科学家，达尔文非常看重莱尔的态度，把他看作是"自然科学中最高的大法官"，莱尔的态度能否根本转变，是达尔文理论在英国能否取得最后胜利的关键，达尔文、胡克和赫胥黎对莱尔做了许多说服工作。达尔文在频繁写给莱尔的信中，既虚心地考虑莱尔的每一个意见，又耐心地回答莱尔提出的种种问题，友好而又态度鲜明地反驳了莱尔的错误观点。他多么希望莱尔能够尽快地转变过来啊！

莱尔是一位对待科学问题态度十分严肃的学者，他绝不会因朋友之情而违心地支持自己还未想通的观点。在读了达尔文的《物种起源》之后，他写信给达尔文说："就我而论，当然非常相信你的论述有事实根据……但是，在你的看法完全让我信服之前，我是不会做出任何让步的。"

达尔文一直坦诚地做出解释，这无疑对莱尔产生了重大影响，虽然他在批判拉马克时明确表示反对生物进化观点，但也没有公开否定达尔文的理论。可是莱尔也不能够像赫胥黎、胡克那样公开支持和宣传达尔文的"生物进化学说"，莱尔要通过自己的研究，才能完全接受《物种起源》的观点。

功夫不负有心人。在达尔文、胡克等人的长期帮助下，莱尔经过长期思考，重新考虑自己以前的观点，终于发现生物进化同自己倡导的地质进化是完全一致的。在再版《人类的远古性》一书时，莱尔公开宣布：自己是一个达尔文理论的支持者，否定物种神造的说法，拥护自然选择的生物进化学说！

莱尔不愧为一个伟大的科学家，他勇于坚持真理，敢于修正自己的错误，在70多岁高龄时还能放弃自己多年信奉的观点。正如达尔文所说："我怀疑科学史上是否有过类似的事情，莱尔先生真是让我肃然起敬。"赫胥黎则高度赞扬莱尔，是"一个为大众所信赖的英雄，他勇于坚持真理而不固执己见的精神，使他赢得了无限的荣誉"。莱尔的彻底转变，极大地震动和影响了英国的科学界，也是达尔文的进化学说取得伟大胜利的标志。

　　1864 年，英国皇家学会经过一番争论，最后决定把当年的科普利奖章授予达尔文，被皇家学会授予科普利奖章是英国科学家最高的荣耀。1864 年 11 月 30 日是正式授奖的日子，这天达尔文因病没有出席会议，皇家学会主席萨拜因在授奖仪式上说："今年之所以把科普利奖授予尊敬的达尔文先生，是由于他进行了大量的观察，把这些观察写进了《物种起源》一书。此外，他还写了许多优秀的地质学、动物学和植物学的著作。"

　　达尔文获得了英国科学界的最高荣誉，朋友们纷纷来信表示祝贺，在很短的时间内他就收到了 45 封信。他给赫胥黎写信说："获得这么高的荣誉对我来说确实是一件高兴的事，但真正的奖章是你和其他几位朋友的信，而不是那块圆形的小金牌。"对于这份美好的荣誉，达尔文更多的是感激他的这些朋友。

　　《物种起源》的影响力很快传遍了欧洲大陆，传到大洋彼岸的美国。在德国，最先关注《物种起源》的是一些作家。起初，大多数科学家对达尔文新奇的观点采取抵制的态度，有人说这种理论是"白日做梦"；有人还断言"10 年后谁也不会记得它了"。但是情况很快就有了改变，德文版《物种起源》的出版很快让大众读者们了解到了达尔文的学说，很多有名气的科学家也开始写文章，公开支持达尔文的观点。

　　同德国的情形完全不同，在俄国，达尔文的学说一开始就受到了欢迎。《物种起源》发行不到两个月，《物种起源》和达尔文的观点就被在课堂上讲授，很多教授还在报刊上发表文章，表扬达尔文的学说。

　　就这样，达尔文的《物种起源》不断地传播开来。虽然有冷漠、有抵制，但真理始终没有被打倒，任何人都不能阻挡真理前进的脚步。

第五章　达尔文的理论

进化论概述

《物种起源》究竟是一本什么样的书？它为什么会在出版之初引起读者如此的关注？在整个社会上造成如此大的震动？在科学史上产生如此深远的影响？让我们一起来浏览一下《物种起源》这本书本身的概貌，以求得对这个影响超越了生物学范畴的理论有一个大概的认识。

《物种起源》一书包括导言和十五个章节。达尔文在第一章中讨论了动物在家养情况下的变异，说明大量的遗传变异是可能的，而且在积累连续的微小变异方面，人类具有很大的选择的力量。第二章讨论的是物种在自然状况下的变异。在第三章中，达尔文指出，全世界所有生物之间都存在生存斗争，这是它们依照几何级数高度增殖的不可避免的结果。达尔文还将马尔萨斯关于人口的理论引用到整个动物界和植物界，认为生存斗争无所不在；任何生物所发生的变异，无论多么微小，只要以任何方式有利于自身，就会有较好的生存机会，这样便被自然选择了，而且被选择下来的变种都会有繁殖新类型的倾向。接着，他在下一章中详细讨论了自然选择怎样致使改进较少的生物大量灭绝的情况，从而造成所谓的"性状分歧"（divergence of character）。在第五章中，达尔文讨论了复杂的变异法则。在接下来的五章里，他又分别对自己这一理论学说中最重大的难点进行了讨论，包括：简单生物或简单器官怎么能够变化成高度发展的生物或构造精密的器官；对于自然选择学说的种种异议；动物本能的问题，即它们的精神能力；杂交现象，即物种之间杂交的不育性和变种之间杂交的能育性；生物地址记录的不完全。在第十一章中，达尔文考察了生物在时间上的地质演替。再说随后的两章中，达尔文列举了大量事实来说明生物在地理上的分布。在第十四章中，他论述了生物的分类或相互之前的亲缘关系。最后，达尔文用了整整一章的篇幅，对全书做了一个扼要的复述，并用简短的文字强调了自己的研究结论。

　　如果仅仅从《物种起源》这个书名及各个章节的内容来看，似乎一目了然。它讨论的是生物界的物种从何而来这一问题，属于博物学的研究领域，是一本生物学的专著。但实际上，达尔文在书中所讨论的范围非常广泛，其中的核心，正是被称为"神秘中之神秘的问题"——物种究竟是怎样起源的？而且，达尔文在该书的导言中，开宗明义地否认了上帝创世说。这就是《物种起源》及达尔文在当时的历史背景下，成为舆论焦点的原因。

　　《物种起源》的出版，标志着达尔文进化理论的诞生。尽管这个科学学说引起了各种争论、批评或追捧，但越来越多的人接受了它所宣扬的理论，特别是进化论在得到遗传学等来自其他方面的支持以后，显示了强大的生命力。

从 1859 年起，《物种起源》一版再版，传遍了全世界，至今有几十种文字的版本。但是，由于各种各样的原因，达尔文的进化论常常被人们所误读，许多人对进化论所泛泛而谈的，只是它在生物学上的意义，或者是它破灭神创论的一面。其实，达尔文从构思进化论思想开始，一直到探索和总结出这个重要的理论，借鉴了许多生物学范畴以外的理论、知识和现象。由此，达尔文的进化论已不仅仅是生物学或博物学的专著，它的影响也扩散到哲学、政治和经济等各个领域。

进化论与经济学

从进化论使神创论破灭这个角度来看，《物种起源》对人们思想的影响很容易理解。可是，进化论与经济学，乍一看该是风马牛不相及的两个范畴，它们之间能有什么纠葛呢？事实上，达尔文悟出进化论的核心概念——自然选择，其灵感恰恰来自于经济学的启示。

达尔文生活在 19 世纪的英国，当时有两大思潮：一是发达的市场经济，以及随之产生的古典经济学理论；一是自然神学的大行其道。这两大思潮看起来彼此独立，并且影响着不同的领域，但却对达尔文进化论思想的形成具有非常重要的意义。

先说经济学这头儿。提起经济学，很多人会认为它枯燥乏味，一大堆公式让人望而生畏。其实，经济学就是以人们的日常生活为研究对象的，只要论述得当，可谓魅力无穷。英国是近代以来市场经济起步最早且相对成熟的国家，古典自由主义经济学理论的鼻祖就是英国的思想家亚当·斯密（Adam Smith）。亚当·斯密分析市场经济时，紧抓一个核心概念，那就是一个井然有序的市场体系是自发形成的，而不是靠政府的调控人为建立的。该如何来体会这层意思？就从我们周围的现象说起。去超市逛一圈，就会发现货架上的商品琳琅满目，几乎是应有尽有。细细想来，这背后不知有多少厂家各自忙于生产不同的东西。再看看我们这个社会，就是由各行各业所组成，而我们每个人，只要自食其力，就必定是不同行业中的一员。那么，这无数个行业如何才能环环相扣、造就一个有序运转的网络体系呢？方式有两种：一种是靠政府的调配。指定多少人、什么人去从事什么行业，并且还要决定生产什么样的产品，以及产品的数量。这其实就是计划经济；另一种是放手让市场自己来调控。比如，这阵子市场上手机卖得红火，有人就会觉察到其中的商机，于是，纷纷加入手机制造或是销售行业。随着手机的大量上市，以致供大于需，这时市场就会渐趋疲软，不少厂家只能退出，另谋出路。因为再做下去就无利可图，反而有可能亏本，而能坚持到底的厂家往往就是质量等各方面都过硬的企业。这时，手机市场达到供需平衡。推而广之，整个市场的有序运转就是这样建立起来的，其间不涉及政府的人为调控或主动干预。

仔细分析这个过程，可以发现，市场运作常常是以个人利益为出发点的，正是每个人的"利益"或是"兴趣"，决定了他在市场中的作为。在英语中，"利益"和"兴趣"是同一个词：interest，这绝非偶然，其中含有深刻的意义。尊重个人的兴趣，发挥个人的特长，才能带来真正的利益。爱因斯坦曾在自传中提到，他曾经为自己应该选择数学还是物理学作为专业研究方向而感到困惑，但他后来发现，自己能够凭直觉看出物理学的问题何在，但对数学却缺乏这样的直觉，于是他明确了自己的优势应该在物理学而非数学。

正确的自我评价是成才的第一步。而对于一个社会来说，如何尊重每个人的兴趣，并在此基础上调动其积极性，就是一个社会良性运转的标志。只有在"物尽其用，人尽其才"的状况下，社会的效率才能达到最大化。道理很简单，对于比尔·盖茨来说，玩弄计算机的程序本就是他的人生乐趣所在，但若是逼着对数学一窍不通的钱钟书去面对方程、几何、微积分，他要么发疯，要么郁闷而死。两者的角色千万不能互换，而社会则应该尽可能给予每个人以自主选择的权利。

循着这样的思路来分析，一个社会的正常运转其实是奠定在个人的"兴趣"或"利益"基础之上的，这就是个人主义的价值所在。当然，个人主义绝不等同于自私自利，自私自利的背后暗含为个人谋利而不惜牺牲集体、社会利益，而这里所说的个人主义仅指尊重个人的"兴趣"和"利益"；尊重个人的自主权，并认为一个有序社会就是由这种个人利益所推动的。所以，亚当·斯密还深刻地指出，我们有面包可吃，绝不是因为面包师的慈善，而是因为面包师对私利的追求。这话听起来似乎不够高尚，但却道出了人性和社会的本质。还须强调的是，在一个完善的市场经济体系中，必然有健全的法律来保证自私自利的行为不能得逞。

在一个完善的市场体系中，必然存在一个优胜劣汰的过程。还是以手机行业为例，当市场被看好，各路人马纷纷加入时，市场不久就会趋于饱和，这时能坚持到底的厂家必然是质量上乘、信誉良好的企业，反之，则只能被市场所淘汰，这一过程对实力欠佳的厂家来说确实是一种残酷的考验。若把市场比做大海，那么，企业家更多时候是在惊涛骇浪中寻找商机，而不是在风平浪静中平稳航行。风浪来自于竞争，只要市场一出现有利可图的迹象，出于人对私利的追求，竞争对手就会闻风而动，趋之若鹜。要在商海中稳操胜券，一般需占尽"天时、地利、人和"等要素，这当中自然少不了"运气"这一随机成分的存在。是的，运气是一个不可知也不可操作的因素，因而它常常引起人们的嫉妒。但事实上，运气打从我们一出生起，就已在我们的生活轨迹中留下了深深的烙印，至少，家庭和外貌就不是我们所能选择的，这只能是一种运气。承认生活中有运气的存在，并不是让我们消极地听天由命，而是学会审时度势，善于抓住属于自己的时机，同时懂得对命运抱有一份感恩之情。

在一个完善的市场体系中还必然存在一个优胜劣汰的过程。市场经济无情地淘汰了弱者，看似残忍，结果却是让整个社会都从中得利。因为一个完善的市场体系，能保证我们从市场上买回的商品必定是质优价廉的产品，假冒伪劣产品终将被市场淘汰。2005年春天闹得沸沸扬扬的"苏丹红"事件，一经舆论揭露，"肯德基"立刻发起前所未有的广告攻势，向消费者承诺它的诚意，以及整改措施，其背后的利益动机是一目了然的：它绝不能让最大的竞争对手"麦当劳"趁机渔翁得利，以至失去市场份额。

优胜劣汰的过程虽然是无情的，但对于失利者来说，绝不意味着无路可走，它完全可以另辟蹊径，走自己的路，这就是市场经济中分工的出现。班级里若是有大扫除之类的活动，班长其实已在运用分工原理了，他会指派某些同学擦窗、某些同学扫地，等等，而不会让一个人干所有的活。而传统社会恰恰就是这样做的，那时家家都种粮、纺纱、酿酒，我们称之为自给自足的经济体系，其实就是缺乏分工。现代化工厂里的流水线其实也是一种分工。顺便提及，家庭中"男主外，女主内"模式的出现，或许可算是人类社会中最早的分工形式。

在市场中，也许制造手机不是我的长项，但我可以另选生产手机饰件之类的产品。总之，市场中有三百六十行，就看我们是否能选对一条属于自己的路。甚至，分工所带来的市场可以是人为创造的。用鲁迅的话来说，这世上本没有路，走的人多了，就有了一条路。分工可以避免"千军万马过独木桥"的险境，更重要的是，分工带来效率的提高。亚当·斯密对此有过精湛的论述。在他看来，近代资本主义财富得以迅速积累的奥秘之一，就在于市场经济所带来的分工。

分工使得个人的某种技能精益求精，当然就带来了高效率。甚至有时候，一个产品的问世，绝不是因为已有了一个成熟的市场，恰恰相反，市场需求可以被人为制造。以复印机的问世为例，当初市场决无对复印机的需求，大家都觉得有复写纸够用了，就连IBM这样的大公司的文秘人员对此也毫不动心。复印机的发明者只得用此一招：他向各大公司不是"卖"而是"租"复印机，这招果然奏效，复印机市场就此打开，现在我们都难以想象生活中若少了复印机还如何办公。最初，在欧洲，打字机的发明也走过类似的路程。数千年来，人们已习惯了手写字迹，若是接到一封印刷字体写的信，人们一定会在心里责怪朋友不够尊重或礼貌。于是，打字机无法出现在私人的书桌上，而不得不走了一条迂回占领市场的路线：先是大量占据公司的商业用函市场，随后以其高效、易于辨认打入私人用品市场。从这些例子中我们可以看到，有时市场就是这样被人为制造出来的，人本身的天然需求是有限的，然而，在市场上，我们却能意外地发现原来还有这么多的需求本是我们没想到的，而一旦拥有，从此却难以放弃。这就是市场分工带来的好处。由此可以预言，今后市场的分工将越来越细、越来越专门化，从而有利于为各色人才提供成才之道。同时，要让自己成为"十八般武艺样样精通"的人才，也就越来越不现实了。

总之，经济学理论要告诉我们的是，一个有序运转的市场体系背后，受一双看不见的手的引导，这双看不见的手，就是个人对自己利益的追求，它们的合力即体现为社会整体利益的满足或是整体秩序的建立和维持。在这当中，政府的作用仅体现为，为每个人对自己利益的成功追求提供一个公正、公平的舞台，也就是一个法制社会的存在。

说完经济学，我们再来说自然神学。自然神学是基督教神学的一个分支，它的研究旨趣就在于用自然界的事物来论证上帝智慧的无所不在，其中博物学是它的一个重点关注内容。自从牛顿力学问世以来，科学对宗教已隐隐构成了一种挑战或威胁。既然万有引力能够说明大至天体、小至沙粒的运动，那上帝的威力是否就有所削减呢？幸好牛顿还给上帝留下了一个"第一推动"的角色，即宇宙中天体运行的最初启动需要上帝的帮忙，一旦运动开始，上帝大功告成，即可隐退，因为此时万有引力已足够维持运动的继续进行。

不过，在自然神学家看来，这样的上帝未免过于悠闲了些。于是，博物学更多地受到神学家的青睐，因为地球上每一个物种的创造、生命体中大量适应性状的形成，看来都离不开上帝的亲自操劳，博物学于是成为论证上帝智慧的最好工具，这就是博物学与自然神学的联盟。在 19 世纪的英国，自然神学颇为走俏。当时有位神学家佩利写的一本书《自然神学》流传甚广，达尔文在剑桥大学读神学时也读过这本书。佩利所阐述的自然神学，其基本思想就是"设计论"。佩利举了一个例子：假若在荒野上偶然拾到一只精美的手表，我们的脑子里一定会闪现疑问——它究竟是一个自然产物，还是一个人工制品呢？答案必定倾向于后者。因为，难以想象这样一个精致的物品会是出自于自然力量的随机形成，它只能出自于一个智慧生物的设计和制造。所以，自然界的情况也与此类似。想想我们的眼睛，那是一个多么精致的感光装置，能分辨五颜六色，还有调焦机制，远近、动静画面一目了然，还有泪腺能分泌泪水，将偶尔进入的灰尘冲洗出来……这样一个设计合理、结构有序的器官，它如何起源？当然，对于我们每一个个体来说，那是来自于父母的遗传；但对于整个人类种族来说，它必定有一个最初的起源。按照佩利的说法，它只能来自于造物主的设计，也就是基督教中的上帝。当然这种智慧是人所远远不能比拟的，这正应了17世纪一位神学家说过的话，"哪怕在一只虱子身上也凝聚着上帝的智慧"。

如此说来，自然神学的主导思想就是：自然界的有序存在，必然暗含一个智慧的设计者的存在。佩利认为，上帝不但设计了眼睛这样的精密器官，更以"无比的智慧"创造了生命体和它的种种性状。这一思想其实是对人类自身经验的一种类比：人工制品往往体现了某种功能。比如，手表用来计时，手机用来通话，等等。功能的背后必定反映设计者的意图。以此类推到自然界，叶片的功能与吸收光线有关，眼睛的功能与感受光线有关，等等。这种功能的背后必然也体现了设计者的意图，这就是上帝的存在。

即便对于大多数人来说，自然神学的解释往往也有一种难以抵抗的诱惑力，这是因为自然神学编织了一个关于创世的故事，其中有导演、有情节、有大团圆式的结局、还有剧情所暗示的意义。而人类天生就是说故事的能手，且会被故事所吸引，尤其在我们的儿童时代,想想那时的我们是多么起劲地缠着大人说故事给我们听。在创世的故事中,导演是上帝,生命的整个进化过程尽在上帝的掌控之中,其中每个情节的出现都是必然的,早有安排的,就像电影中的人物无不体现了导演的用心所在。最后的结局就是等待人类的出现,当然那是剧情的高潮。创世的故事中还充满了警示意义,如《圣经》中记载的诺亚经历的那次洪水,就是上帝的警告,在世人皆已堕落的情况下,上帝令诺亚造方舟得以逃脱,因为诺亚是当时地球上唯一的人。这就是说,自然神学还给了教徒们一种心灵的慰藉。

显然,自然神学与亚当·斯密的经济学理论正好代表两种不同的思维方式。同样面对一个有序的现象,在依附于自然神学的博物学中,适应性状的起源、物种的由来,以及它们之间的关系,最初都是由智慧者——上帝设计的;而在经济学中,有序的社会经济是由运转良好的市场体系来保证的。它们究竟是出自于有意设计还是自发形成的呢?显然,自然神学与经济学给出了完全不同的答案。问题是,经济学中的那套说法,即自发形成的市场体系,是否能挪用到对自然界的解释中?看起来,这是两个不同的领域,它们有相关性吗?达尔文的创见,或者说智慧,正在于他看到了这两大领域的相似之处,并且把经济学中的那套说法移植到了生物学中,从而瓦解了自然神学的设计论。

正如亚当·斯密的经济学理论所揭示的,一个有序体系的形成不见得需要出自人为的调控,而是完全可以自发形成,亦即受"那双看不见的手"操纵,这就是个体对自身利益的追求。在生物界,达尔文第一次提出,生物适应性状的形成不需要出自上帝的设计,它可以自发形成,形成的机制同样受"一双看不见的手"操纵,那就是自然选择。自然选择的前提是:生存斗争,以及个体差异的存在，这些都是盲目随机的因素，但正是这股无序的力量，其合力却汇聚成一种有序的体系。

这就是说，进化论的根系是扎根在经济学的土壤中的。从经济学的角度来透视进化论，我们将会发现，在很大程度上，我们其实还未真正读懂达尔文。

分工与特化：进化的盲枝

达尔文在研究中发现，同种个体间的生存竞争导致了性状的趋异。这虽然减轻了竞争压力、提高了生存效率，但却必须面对新的生存风险。这种趋异在经济学上就表现为分工，分工有利于减轻相同行业的竞争压力，并提高效率。但分工使整个经济体系趋于脆弱。为什么？因为在一个自给自足的经济体系中，家家都各自纺线织衣、种田养猪，对外界的依赖较少，虽然低效但却自足；但在一个分工明确的市场经济体系中，离开市场的个人将无法生存，因为他的产品必须拿到市场中去交换，他的命脉与市场的瞬息万变丝丝相扣，所以市场是一个高效却脆弱的体系。可见在经济学中，效率与风险并存，它们是一枚硬币的两面。

在生物学中，同样存在着这样不能两全其美的现象。当性状趋异达到足够的程度，而且中间性状灭绝以后，一个新的物种就会形成。但是，新物种要能在激烈的生存竞争舞台上站稳脚跟，就必须要有一种看家本领——特有的适应性状。比如，熊猫善食竹子、刺猬全身长刺、而猴子擅长在树上翻腾跳跃，等等。这些特别的适应性状在不同的物种身上表现得如此突出，以至于生物学家认为，那就是一种特化，它是分工的极端。

显然，特化带来了效率的提高，但同时也使物种的生存变得更为专一，换句话说，也就是脆弱。一旦环境有个风吹草动，它们常常无法做出应变。以熊猫与竹子的关系为例，当竹林茂盛时，由于很少有其他动物以竹子为食，所以熊猫饮食无忧，无须成天为食物的来源而东寻西觅，取食的效率自然很高。但是一旦竹子开花了，整个竹林都将枯萎，熊猫也将面临岌岌可危的命运，因为除了吃竹子，它没有其他的觅食之道。这就是特化的后果，它在提高效率的同时，却降低了灵活性。就像经济学上的分工虽然大大提高了效率，但却对整个市场经济体系更加依赖，离开市场的个人将无法生存。所以，在生物学家看来，进化的后果是特化，而特化又常常会将一个物种带入灭绝之境。可见，特化与风险是并存的。

以人类为例，人类在诞生的早期，体质上的各项机能均处于原始未特化状态，人既没有狮、虎的尖牙利齿，也没有鹿、兔的矫健敏捷，人的进化优势在于手足分工后带来的制造工具的能力，以及在此基础上智力的发达。这就是说，人类的进化更多的是走智力而不是体力这条路。智力虽然也有生物学基础，但它更是一种后天的习得能力，是一种拉马克式的进化，其机制是获得性遗传而非对随机因素的筛选，所以它的进化速度要大大快于自然选择机制下的进化速度。人类一旦走上由智力推动的文化进化这条路，人与动物的分道扬镳就此铸成。智力成为人的特化性状。

智力使人类走上一条相对脱离于体能进化的道路。动物通过改变自身去适应环境，而人类却是通过改变环境来使自然界适应自身。比如，北极熊通过厚厚的皮毛来适应北极的天寒地冻，而因纽特人却通过构筑冰屋来供暖。北极熊的皮毛由自然选择所造就，有赖于个体变异的随机出现；而因纽特人构筑冰屋的技能却是一旦出现，则可通过后来的习得模仿代代相传，并在积累中得到有意识的改进。

更为意味深长的是，当人获得改造自然的能力时，人与自然的关系就截然不同于动物与自然的关系了。动物被动地顺应自然。比如，猴子在森林里随着季节的轮换而采摘不同的果实；狼的数量随着草食动物数量的波动而改变，草食动物的数量又随着青草的枯荣而兴衰。就此而言，动物本身就是自然环境的一个组成部分。借用一首小诗来生动地形容：天空不留痕迹，鸟儿已经飞过。但对人类而言，人类特有的智力使得他们获得了改造自然的能力，于是，他们不再被动地顺应自然，而是主动挑战自然。他们驯化、栽培植物；他们无须让双手变成双翅，却能比所有的鸟儿都飞得更高更远；他们无须长出蹼状足，却能在水里游弋自如……人类以其无与伦比的智力，足迹踏遍地球的每一寸土地，甚至还走访了太阳系的其他星球。人类所到之处，无不留下烙印。当超音速飞机划过蓝天时，大气圈随之剧烈波动。若再用那首小诗来刻画人类，则需改成：天空痕迹斑斑，大地伤痕累累，人类来去匆匆。

人类智力的高度发达，还带来另一重阴影。例如，鸽子通常被视为和平的象征，因为它不具有凶狠的攻击能力。但动物行为学实验表明，若是将两只鸽子关在一个狭小的笼子内，它们会相互攻击，直至双方斗得头破血流。可是，如果把两只猛禽关在一起，它们反倒相安无事，也许是彼此都有的攻击能力反而使它们有所克制，不敢轻易动武。以此观照，人类显然不是凶猛的物种，赤手空拳的人在体力上毫无优势可言，但他们却善于制造工具，以此弥补在体力上的不足。工具可用来针对猛兽，也可针对同类。问题是，人像鸽子一样，本无攻击能力，现在通过智力却很快地拥有了这种能力，只是还没来得及进化出一种相应的抑制能力。于是，人就好像关在笼中的鸽子，利用手中的武器与同类相残。既然制造武器的能力有赖于智力所赐，那么，如何利用武器的能力也应该通过智力而获得，前一种智力表现为科学技术，后一种智力则表现为伦理道德。但令人遗憾的是，后一种智力的进步总是难以跟上前一种智力的神速发展，这也正是人类当下所面临的困境。

但是，进化理论告诉我们，特化的尽头往往就是进化的盲枝——绝灭。人类的优势性状是智力，沿着智力进步这条路不断推进，人类就此走上一条非常特化之路。那么，人类在智力上的特化是否会把我们引向一条绝路呢？这至少是一个值得人类自身深思和警觉的问题。

个体利益与集体利益

生存竞争是在个体之间展开的，尤其以同种个体之间的竞争最为激烈，这就是说，自然选择的对象是个体。以森林里的树木为例，每棵树都"努力"长得更高些，以便超过别的树，吸收到更多的阳光。于是，森林里的树都倾向于往高长，直至达到高度的极限，这中间白白耗费了多少资源！因为，如果每棵树彼此之间都能达成默契，不是你争我赶，而是步调一致，阳光的吸收利用不会减少，还能省下拼命疯长耗去的资源。举个类似的例子，如果很多人在餐馆吃饭，周围人声嘈杂，每个人都不得不提高嗓门说话，结果使背景噪声更强，导致大家都要扯着嗓子说话，直至每人的声音都达到最大化才能维持平衡。其实，我们完全可以有个事先约定，大家都以最低声说话，只要对方能听见。而在这种情况下，用力最少，效果却丝毫不差。可见，在自然界，平衡是通过个体间的竞争达到的；在人类，平衡可以通过集体的协商而达到。换句话说，前者是从个体利益出发，后者是从集体利益出发。这样的分析似乎给出一个启示：集体利益要优于个体利益。

从经济学理论来分析，若是从集体利益出发，这就是计划经济；若是从个体利益出发，就是市场经济。从理论上来说，若是存在一个高效英明的政府，它能将所有的信息都集中起来，知道当下每个人需要什么产品，还知道每个人擅长制造什么产品。换句话说，这个政府若是能够做到合理配置资源，最佳调度人力资源，它的效率必定要超出盲目的竞争。但问题在于，这样的政府仅是一个理想化的政府，实际上，收集所有的信息，不仅难以做到，且成本巨大。更不要说，政府拥有如此特权之后，还易滋生腐败。相反，市场经济则是从个人利益出发，利用人的自利之心，充分调动每个人的能动性，在市场上寻觅商机，发挥特长，责任自当，风险自负，赢利也自得，由此达到的效率反而要远远高于政府的统一指挥。这就是市场经济优于计划经济之处，也是个体利益值得重视的理由所在。

但是且慢，餐馆噪音例子又该怎么解释呢？这个例子其实说明，在一个范围狭小、功能单一的体系中，人为设计的好处才容易体现；但一个社会的运作远远不是这样的体系，其间涉及的因素庞杂得难以想象，以至于对政府功能的理想化要求只能是纸上谈兵，历史上种种乌托邦设想均由此而来。问题出在人是这样一个物种，由于其智力的高度发达，以致在某种程度上获得了一定的预见能力，于是，人是如此热衷于做规划、做预算，恨不得步步为营，料事如神。就个人来说是如此，就社会来说，又何尝不是如此呢？亚当·斯密的经济学理论给予我们最珍贵的启示就在于，一个有序体系的形成，恰恰是来自于无序力量的自发竞争。

马克思曾做过这样一个比喻：最蹩脚的建筑师与最好的蜜蜂之间的区别就在于，建筑师在实施工程之前，头脑中已经设计好了他的建筑结构。也许是对马克思的误读，这段话常被用来说明人类智力与动物本能的区别，智力似乎高于本能。但是，精致的蜂房却告诉我们，一个复杂的行为完全可能出自于若干简单的、无计划行为的叠加效应。对于每只蜜蜂来说，它只要做好自己能力范围之内的事，其群体达到的效率就会远远超出有意识的设计所能带来的功效！这与其说是奇迹，还不如说是规律。在这样的体系中，每个人只要能找到最适合自己的岗位，整个社会的效率就会达到最大化。可惜，这样的智慧常常被我们有意或无意地忽略，我们是太热衷于做计划了，以至于事倍功半的工程不计其数。

在人类历史上一个更为痛心的事实是，当强调所谓的集体利益远远高于个体利益时，结果却常常是酿成悲剧，正如前人所说，通往地狱的路是由对天堂的向往而铺就的。

达尔文的自然选择理论也循着这条线索展开。达尔文抛弃神创论，就在于他认为，自然选择这双看不见的手完全可以替代上帝的有意设计，正如同一个自发的市场无须政府干预一样。但生物界的情况是否完全等同于市场呢？看来并不尽然。就人类社会而言，一个具有无限能力的政府只能是一种理想化的存在；但就生物界的情况而言，一个全能的神的存在却是自然神学的必要前提。就此而言，将生物界的秩序归之于神意，看来合情合理。若是如此，达尔文冲破神创论必定还有另外的动力，该动力即来自于达尔文对"科学"的理解。

在物理学中，上帝除了承担"第一推动"之外，不再干预宇宙的运行，牛顿的万有引力足以解释天体的运动；但在生物学中，上帝却需亲手操劳于每一个物种的设计和每一个适应性状的形成。博物学家心目中的上帝，显然管得太多，其实无为而治才是一种大智境界。当然，对达尔文来说，他倒并不在乎上帝的形象，但他却在乎科学的形象。若是把每一个细节的形成原因都留给上帝，那么，还给科学解释留下什么？所谓科学的解释，必须是找到一条普遍适用的自然规律，用以解释所有现象的形成机制，正如万有引力足以解释所有天体相互间的受力情况一样。达尔文的成功就在于，他在博物学中终于找到了这样一条普遍适用的自然规律，即自然选择理论，它足以解释所有物种的起源机制，现在博物学可以说是一门真正的科学了。

自然选择理论因为废黜了上帝在博物学中的地位，从而遭到神学家的严厉反对。但也有一些神学家拥护自然选择理论，理由是，一个无为而治的上帝要比一个事无巨细、亲自操劳的上帝更为可信，也更有智慧。无为而治的意思是，上帝在设计了自然选择这一规律之后，就退隐幕后了，不再操心于每一物种敌害的关系，牛群中的公牛做出的姿态往往是掩护母牛和小牛，让它们先撤退，自己负隅抵抗。这就是一种为群体利益不惜牺牲个体的例子。再比如，衰老现象也可基于群选择的观点做出解释：老年个体甘愿接受被淘汰的命运，以便为更年轻的生命提供生存空间。群选择在非学术界颇得人心，因为它符合人类的道德审美心理。"落花不是无情物，化作春泥更护花。"多么高尚的境界！这样说来，达尔文的个体选择观点是否已经过时了呢？恰恰相反。后来的进化论者证明了群选择观点是一种似是而非的理论。以公牛的抵抗为例，兽群中的每个成员对于敌人的逼近会做出不同的反应：母牛或小牛，因其自知体弱，从而更容易做出逃跑反应；而成年公牛，因其有一定的战斗力，故更容易选择对峙抵抗的方式。事实上，在羊群、鹿群中均存在这样的情况。从现象上来看，成年雄性似乎在上演一出"英雄救美人"或大丈夫为家捐躯的悲壮话剧，但从机制上来分析，那仅仅是个体量力而行，针对威胁各自做出的不同反应而已，与出于集体利益的考虑无关。群体选择论表面上似乎仍坚持自然选择，但事实上却暗中引入了某种设计意图，那就是群体的利益，这恰恰与自然选择的主旨相违背。

如今，生物学家在自然选择的对象问题上依然存在争论，但争论的焦点已不再是"个体"与"群体"，而是在"个体"与"基因"之间。在达尔文的时代，基因这一概念还未出现，达尔文当然不可能超前预见到这一问题，所以他只能站在个体选择的立场上。如今遗传学的发展已证明，生物的性状最终是受基因所控制。于是，以威廉斯（George Williams）、道金斯（Richarcl Dawkins）为代表的生物学家认为，选择的最终作用对象是基因——构成遗传的最小单位，因为每个生物个体终究要死去，从遗传学的角度来看，生物遗传给后代的只能是体内的基因，它们在下一代的体内还要与来自配偶的基因进行重组。用一个通俗的比喻来说：个体好比是牌局中摸到的一副牌，由不同的单张扑克牌组成；每次洗牌后得到的另一副牌就是后代个体，在此过程中，每副牌的组成都有所不同，有好有坏，全凭运气，始终不变的就是那每张扑克牌，它相当于基因。就此而言，个体有生有死，只有基因才代代相传，它的不同搭配构成了无数相异的个体。基因决定的性状只要对于生存有利，就能通过自然选择的考验，在后代中得到表达。这就是道金斯等人对基因选择论的理解。

但另外一位著名的进化论学者古尔德（Stephen Jay Gould）却坚持个体选择论观点。他的理由是，单个的基因无所谓好坏，它必须在一个完整的个体中表达才有意义。这就好比一艘小船上的一组划桨手，他们彼此间动作、用力的配合至关重要，而不仅仅只是一名划桨手的突出表现就能决定快慢。所以，选择最终只能落实在个体层面——一组基因的合理搭配，而非单个的基因层次上。

古尔德和道金斯的争论依然在达尔文理论的范畴之内，读者可以根据自己的理解对他们的观点做出判断。

道金斯还有一个著名的观点，即"自私的基因论"，他为此还写过一本书。在道金斯看来，基因的唯一功能就是尽可能多地复制自身，这就好比我去银行存钱，我唯一的念头就是让钱尽可能多地增值。当然，基因没有意图、没有感情，它只是遵循自然规律而行事，如同江河流向大海或太阳从东边升起那样自然。躯体是装载基因的容器，或再说得无情些，躯体就是基因的奴仆，因此所有的生命都表现出尽可能多地繁殖自身的行为，这就是达尔文指出的生存斗争的根源，因为一切生物都有过度繁殖自身的倾向。由此就引出了两大问题。

一个问题是，自然选择中的"适者生存"，这里的适者是指能够尽可能多地留下后代，而不是指个体的长寿。亦即在生殖能力与长寿之间，自然选择青睐前者而非后者。对于果蝇的遗传学研究表明，果蝇早期的高生殖能力会带来后期死亡率的激增及衰老的出现。这正是生殖所付出的代价。进一步的分析还表明，果蝇中与生殖有关的基因具有双重效果，它在带来高生殖力的同时，也带来后期的衰老。对于自然选择来说，它所选中的恰恰就是基因的这种高繁殖能力，至于它对个体寿命带来的不利影响，自然选择则不闻不问了。

即便在我们人体身上，也存在着类似的现象。比如，有一种肝硬化的病，它的致病原因是因为肝脏吸收了过多的铁，从而导致病变，这种过度吸收铁的能力是由基因控制的，因此说来，这种致病基因早该被自然选择所淘汰了，但情况不是那么简单。原来这种基因在人年轻时有好处，因为它能使人体吸收充足的铁，从而不会患缺铁性贫血。此外，它对女性的好处更明显，因为可以弥补女性在经期的失血。但这种基因在一定情况下，尤其在男性中则会带来负面代价，铁的长期积累至人到中年时，终于在肝脏酿成病变。显然这是一种在生命的早期有利、后期却不利的基因，但它依然被自然选择所选中，因为生命的早期是生殖的黄金年代。生殖比长寿更重要！而衰老就是为此而付出的代价。说到衰老现象，根据群选择理论，衰老是个体为种族做出的牺牲。但根据基因选择论，衰老与集体利益无关，它只是基因自私性的表达。由此让我们联想到，若说自然选择是一把筛子，它会筛去不利的性状，但为何在我们人身上还有如此多的毛病，如高血压、糖尿病等？它们怎么未被及时筛选掉呢？原因在于，这些病大多是老年病，它们不妨碍人在青年乃至中年时的生殖能力，自然选择这把筛子就漏掉了它们。还有一个问题是，基因的自私性如何与高等动物、尤其是人类行为中的利他性相协调？根据自私的基因理论，舐犊之情无须张扬，因为子女中有一半的基因与父亲或母亲相同，父母爱护子女，就是爱护自己，他们的基因还有赖于子女才能往下传呢！至于恋人之情，那无非是合资做一笔生意罢了，其中各人出资一半，产出就是子女。若是如此，人类中的亲情只不过是自私的基因所采取的手段罢了。读到这里，读者是否感觉已有一股寒气侵入心扉？

先不说亲情，但人类至少还有友情，我们对朋友的慷慨相助，还有对陌生人的恻隐之情，自私的基因理论该如何对此做出解释？基于这种情况，生物学家提出了一种"亲选择"的观点。编个通俗的小故事，假如我的兄弟落水了，我是否该去救他？从理论上来计算，同胞兄弟有一半的基因与我等同，若是有两个兄弟落水，值得我冒生命的代价去救他们，因为两份之和正等同于我自己的一份；依此类推，四个堂兄弟之和等于我自己的一份，等等。从中可以看出，同伴身上一定带有一定数量与我相同的基因，这时，帮助同伴也就等于在帮自己。当然，我们在救助同伴时，肯定不会去做这些复杂的计算题，更何况在绝大部分的时间里，绝大部分的人也不会算这种题目。但自然选择给予了我们一种直觉。救同伴是值得的，尽管其中的生物学原因我们从不知道。直至现在，我们才从遗传学家那儿知道，原来背后起作用的是所谓"亲选择"原理。

助人为乐是一种高尚的情操，对于这种道德观的起源，达尔文也曾迷失过方向。他说，一个群体中若是有更多助人为乐的个体，该群体就会比一个自私冷漠的群体更有生存力。想想好像是这么回事。但再想想呢，问题就来了。一个助人为乐的烈士更容易年纪轻轻就牺牲了，他的基因怎么传得下去呢？而一个自私的懦夫，却享受别人的帮助而活了下来，并因此而生育更多的后代。长此以往，一个群体中烈士的基因岂不越传越少以致面临绝灭之险？达尔文在此迷失方向的原因在于，当解释道德的起源时，他不由自主地站到了群选择的立场上，以群体利益作为出发点，悖论就此形成。而亲选择观点却牢守基因选择的立场，用"你中有我"的说法来解释利他行为的起源，至少在逻辑上能够说通。据此，我们的爱有亲疏之分，我们更多地爱直系亲人，兼顾远亲，对陌生人，能有一份恻隐之情，就很不错了。

不过在我看来，人类的道德已超越了生物学事实，所以单纯的生物学立场已不足以解释道德问题的全部。对于动物的利它行为，也许生物学的解释尚能说通。比如，当某只鸟最早发现天敌，它及时发出警告声，从而使群体避免损失，但它本身却更有可能成为"烈士"，这种利它行为也许与亲选择有关。但动物中还有这样的利它行为。比如，有一种吸血蝙蝠，每至傍晚出外寻找食物，它们的食物就是一些大型哺乳动物的血液。当它们成群结队回来时，有些蝙蝠满载而归，有些却空腹而归，因为它们没找到合适的吸食对象。这时，满载而归的个体会反哺那些饥饿的个体，生物学家称之为"互惠利它"，因为受惠的个体下次就有可能是施惠的个体。这种行为往往需要动物有一定的智力及寿命，它在群体中才得以形成这样一种习惯。人类道德的起源恐怕与此也有一定的关联。但人类的行为更多地与文化的熏陶有关，所以探究人类道德，更多应该从伦理学着手。亲情、爱情在人类生活中的地位，绝不是自私的基因理论或亲选择理论所能完全解释的。就此而言，人不应该也不会成为仅受基因这条线所任意牵制、摆布的木偶。

进化：通往进步之路

根据达尔文的自然选择理论，进化与有意的设计无关，它完全是一个自发的过程，达到的效果就是适者生存。显然，进化无所谓终极目的，也没有低级与高级之分。这似乎与我们平时对进化的理解大相径庭。

　　当说到进化时，我们立即联想到这是一个与进步有关的变化过程。例如，生命的演化体现为一个从低级到高级、从简单到复杂的过程，这个过程就是从地球上最早出现的生命细菌，直至最后出现的人类。在这个过程中，生物复杂性的增加一目了然，人要比细菌更高级是一个毋庸置疑的事实。拉马克就是从这一角度来理解生物进化的，他认为生物天生都有一种向上进化的能力，这就是生命得以从低级向高级演化的动力。

　　自然神学也是认同进化的，当然这是一种静态的进化观。所谓静态的进化观是指，各种生物的排列体现出一种等级秩序，它的顶端是万物之灵的人类，依次往下，是猿猴类等，最底下的自然就是细菌这样的低等生命了。这条存在之链是静态不动的，每种生物都只能守着自己的等级，不能越级，越级就成为拉马克意义上的动态进化了。

　　既然进化意味着进步，而进步总得有一个标准，这个标准就是人类自身。人类把自己看做是进化的最终产物，其他生物的进化程度，就是看它们与人类的接近程度，如黑猩猩，被看做是仅次于人的一种高等生物，就是因为它的智力与人类最为接近。这也可说是一种人类中心主义吧。基督教神学把人看作是上帝的特殊创造物，耶稣是为拯救人的灵魂、而不是猴子的灵魂，才背负十字架的。这就是当时的教会对人类起源于猴子的驳斥。其实，把人设立为进步的标准，已暗含了一个前提：进化的展开遵循某种设计意图。要不然，标准从何而来？自然神学就更不用说了，它本来就视上帝为设计者，至于拉马克的进化论，其实也有神意在起作用。拉马克认同造物主的存在，只是该造物主仅与自然事物的秩序有关，而与我们人类生活的福祸无关。甚至当时和现在的不少科学家也都认同这样的有神论，如爱因斯坦就常常提到他的"宇宙宗教感情"，说的就是自然界的秩序与和谐让人不得不信服有一位智慧之神的存在。

然而，达尔文的自然选择理论却彻底与形形色色的有神论都划清了界限。在达尔文的世界观中，进化唯一要达到的效果就是适者生存，只要能够生存下来的，就是成功者。细菌是地球上最早的居民，历经36亿年之久，它们的子孙数量极为可观，且毫无隐退之意。细菌在进化上就是一个辉煌的成功者，与人类相比，它们在生存策略上毫不逊色。所以，达尔文在《物种起源》里曾强调指出，他尽量避免使用"低级"与"高级"这样的字眼，因为这种字眼必然会引入一个主观的标准，而主观的标准又必然与某种设计意图有关。

就适者生存而言，每种生物都有自己的生存之道，人以智力见长，猴子以爬树为生，熊猫满足于吃竹子。即便是早已被人类驯化的狗，或凭借着对人的忠诚，或善于摇尾乞怜，竟获得了比它的原始祖先——狼更好的生存境遇。在家养的狗获得娇生惯养的待遇的同时，狼群的生存范围和数量却正在急剧萎缩，狼们正处于苟延残喘的境地。以人设立的进化标准来看，仅次于人的高等动物——猿在地球上的数量已不多见，与其相比，稍为低等的猴子在数量上却要比猿繁荣得多。这样的例子还可举出许多，表明所谓"高等"的物种其生存力反而不如一些"低等"的物种。

但是，生物界从低等到高等、从简单到复杂的趋势确实随处可见，总不能否认人类在结构和功能上确实要远远高于细菌这一事实吧？可见，"进步"一词的广为传布绝不是空穴来风，对此我们来做一番具体分析。

就功能而言，真菌被认为是一种低级生物，但它却能自身合成各种营养物质，从维生素到氨基酸。所以，对于真菌来说，只需从外界得到足够的碳水化合物、无机盐和水，它就能生存下来。但对于人类这样的高等哺乳动物而言，虽然在进化过程中获得了许多比真菌复杂得多的功能，却也付出了巨大的代价，如人类早已丧失了合成全部营养物质的能力，必须从食物中获取。这才有了营养学的需要，告诉我们食物如何合理搭配的学问，比如，长期不吃水果和新鲜蔬菜，就会得维生素 C 缺乏症，等等。有所失必有所得，这才是进化的真谛。

即便是从形态的复杂性而言，人类真的要比鱼类更为复杂吗？解剖学的知识告诉我们，人类的头骨要比大多数鱼类的头骨简单得多。我们在吃鱼时最怕被鱼刺卡住，可见鱼类骨骼系统的复杂，至少在头骨方面，大多数哺乳类的骨头相互愈合，显得不那么复杂。显然，形态的复杂仅针对局部器官而言，复杂并不就意味着进步或高等。

就生理功能的分化程度而言，哺乳动物的组织在某种意义上确实要比鱼类、两栖类、爬行类等动物的组织更为特化，但这种特化常常以失去再生能力作为代价。蜥蜴在断了尾巴之后，还能再生出一条新的尾巴，但哺乳类却无此回天之术。人类在做了截肢手术之后，只能通过安装假肢来度过余生。

进步通常还被认为是对陆地生活的一种适应。如鱼类离不开水，两栖类只有部分陆地生活的能力，而爬行类由于具有了某些陆地生活的性状（如产羊膜卵，皮肤角质化，肺脏呼吸），似乎显示出一种进步。然而，在生物进化史上，我们却经常看到高级生物敌不过低级生物的例子。中生代时，同样生活在海洋里的大型爬行动物（蛇颈龟、鱼龙等）和古代的鲨鱼激烈竞争，结果较为低等的鲨鱼占得上风，它们的后代延续至今，而较为高等的那些海洋爬行动物却全都绝灭了。如果说，个体或物种数目的多寡是成功的标准，那么，我们是生活在一个两栖类与哺乳类种类同样多的年代中。在与爬行类、鸟类和哺乳类竞争食物和其他资源的过程中，两栖类似乎并不处于极度的劣势。有许多这样的例子，比如，在分类谱系树上属于古老的、似乎是低级的门类的动物，却具有大量的个体、物种和产量，尽管它们经常处于与更进步类型的激烈竞争之中。

一部波澜壮阔的生命史明白无误地昭示着一种进步趋势：地球上最早的生命化石记录存在于 35 亿年前的岩石中，那时只有细菌；如今，地球的每个角落都有生命的踪迹存在，闭起眼睛，随便就能唤起数不清的生物种类，繁多如昆虫，飞翔如鸟类，庞然如大象，智慧如人类，它们在生理结构和功能上的复杂与 35 亿年前的细菌已不可同日而语。这难道不是进步趋势的明证？但这只是现象的一个方面，另外一些事实是，地球仍然是细菌的天下，昆虫仍然是多细胞动物中最大的门类——大约有 100 万种，而哺乳动物还不到 4000 种，被排在最高位置的人，只有一种。

细菌和人类，看起来是生物的两个极端，究竟孰优孰劣？如果说，人类真是天之骄子，那又该如何解释我们常常不是细菌的对手这一事实呢？要知道，一次感染有时可能就会要了我们的命，尤其在前抗生素时代。

对此，生物学家古尔德有过一个精辟的阐述，他用"醉汉走路"这一假想例子来说明这一问题。假设有个醉汉从酒吧里跌跌撞撞地走了出来，酒吧门口是一条人行道，人行道的左面是墙，右面不远处是条水沟。他蹒跚地往前行走，路线完全是随机的，一会儿倒向左面，但左面是堵墙，只能被弹回；一会儿他又倒向右面，只要往右面多走几步，他必然就会跌入沟内。如果我们来看一下醉汉的路线图，就会发现，他很多时候是在左墙附近徘徊，但他最后终将会跌入水沟，他行走的终点似乎就是水沟。但事实上，那不是醉汉的目的，他本无所谓目的，只是在随机行走，只是因为左边被墙挡住。所以，他要么在左墙附近徘徊，要么多走几步后跌入右边的水沟。

这就像是生命史的展开路径。左墙是生命的起源处，只有细菌；而右边则是开放的。生命史走的其实是一条随机的路线。细菌是最原始而简单的生命，比这更简单的生命不可能再出现（病毒不是能够单独存在的生命体），所以这一面就相当于是墙；但右面，即通往复杂的一面，则是开放的，物种的演化可以随机地走向这一面。当然，越往右面深入，几率越小，右尾也就越细。于是在生命的演化史上，我们可以看到的情况是，越是复杂的物种，占据的数量通常越小（人类作为一个物种拥有庞大的个体数量是一个例外）。我们之所以得出结论，认为生命进化的趋势是向着复杂的方向演进，正是右尾给予我们的提示。但问题还有实质性的另一面，那就是左墙是不可逾越的，只有右边才是开放的，而且右尾那逐渐变细的末端也表明，那是一个几率越来越少的事件。这就是说，生命是随机走到右面的，复杂性并不是生命演化要趋近的终点，或者说进步的必然表现，人类也只是碰巧走到右面顶端的幸运儿而已。正如醉汉走路的目的地本来并不是要跌入水沟。

说到这里，进化无所谓进步的结论已昭然若揭。考虑到细菌依然无处不在；考虑到多细胞动物中，80%以上都是节肢动物，其中又以昆虫占绝对优势；考虑到非洲丛林里黑猩猩的命运已岌岌可危，而家里的蟑螂却时时出现于我们的眼皮底下。那么，所谓高等动物的优越性从何体现呢？误会的造成只在于人类自身占据右尾的顶端，于是，我们就夜郎自大地将此当作进化的终极所在，而不再顾及那数量庞大的细菌、昆虫正在我们身边肆意横行，并随时准备取代我们的位置。细菌、昆虫是自然界中"沉默的大多数"，它们就像是无言的证人，诉说着生命演化的另类故事。

从这些另类的故事中，我们能读出的意思还有，在原因导致结果这一现象中，必须澄清两种不同的情况：一种是原因主动导致的结果；一种是原因偶然引发的结果。以蚯蚓与土壤的关系为例，蚯蚓在土壤中爬行，取食是其主动原因；而土壤的松动则是偶然引发的结果。我们绝不能颠倒主次，说蚯蚓在土壤中爬行，是为了达到土壤松动这一有益结果，尽管这一结果客观存在。同样的道理，生存是自然选择所要达到的主动结果，而复杂性增加只是偶然导致的结果。我们也绝不能颠倒主次，说复杂性的增加是自然选择要达到的效果。

进化的目的：尽善尽美

既然生命史是一个"向左走、向右走"的过程，那么，通往复杂性的一边是否没有穷尽呢？在开放的"右边"是否最终也会遇到一面墙？或者说，人是否会进化得尽善尽美呢？

条条道路终有尽头。考虑到地球的引力作用，大树不能没有节制地直通天际，同样，由于自身的种种限制，人也不能成为神话中的人物。必须承认，包括人类在内的所有物种，其适应性状都只能是一种相对的优势性状。因为操纵进化过程的那双"看不见的手"是自然选择，它不同于"设计"的关键之处就在于"惯用"权宜之计。因此，自然选择就会留下不少遗憾，使得进化不会完美。这种不完美由两种原因造成，一种是历史原因，一种是环境原因。

就以人类来说，人体中存在着不少历史"遗留问题"。例如，我们从小就被告知，吃东西时不能说话和唱歌，因为那样容易被呛着。屡次发生的幼儿被果冻呛住乃至造成死亡的悲剧，就是因为小孩在用力吸果冻时不小心将其吸入了气管，悲剧就此铸成。事实上，人的食管在气管的后面，这两条通道在咽喉处交叉。通常，我们在吞咽食物时，气管的开口处于关闭状态，不让食物"误入歧途"；如果在这时说话，气管通道处于打开的状态，食物就有进入气管的可能。幸好，人体还有一套应急措施：呛咳反射，一套精确的、协调的肌肉收缩和气管收缩活动，制造出一种爆炸性的呼气，赶走进入气管的食物。如果这还不行，堵在气管里的食物无法及时被清除，那就真的有生命危险了。

你或许会问，这样一种不太"合理"的结构，为什么没有在进化的过程中被"自然选择"改变掉呢？没有答案。这只是一个"历史遗留问题"，没有任何功能上的意义。所有的脊椎动物都背上了这个沉重的历史包袱。而昆虫和软体动物的呼吸道和消化道却是完全分开的。其实，人体中诸如此类的结构弊端实在不少。相对于灵长类，人类的咀嚼功能趋于退化。而处于退化过程中的智齿很晚才长出（青春期时），不仅几乎丧失咀嚼功能，而且容易长蛀牙，使我们饱受牙痛的折磨。这种不合时宜的存在同样属于"历史遗留问题"。

还有一些不完美的缺憾，本身就是进化过程造成的。例如，直立行走的姿势是人类从其他灵长类动物中脱颖而出的标志，但是，由于这一新姿势的产生，人类不得不面对其他四足动物不曾有过的烦恼。直立行走致使躯体的血液循环从四足哺乳动物的接近水平流动转变为垂直流动，由于地心引力的作用，血液垂直流动增加了心脏的负担，导致心血管发病率增加；血液的局部淤积还使痔疮、下肢静脉曲张等症状成为人体的常见病；另外，妇女的骨盆构造在适合直立行走的同时，却使她们在分娩时产生巨大的痛苦……

历史遗留问题带来的不完美，恰恰在提醒我们，进化是一个动态的过程，它在前进中为自己随机开辟道路，其间不存在预定的轨道，更无所谓预定的目的。

另一类不完美则与环境有关。自然选择的核心思想就在于适者生存，这里的适者当然是指对于一定环境的适应者。但是，环境是随着时间变化的，所以，昨天的适应性状在今天就有可能风光不再。同时，在空间上，物种的适应性状总是特定环境下的产物，不同的环境造就不同的适应性状，"全能型"的适应性状在自然界是不存在的。

就时间上而言，以人体为例，我们有着太多的性状与不合时宜有关。比如，现代的不少文明病，在原始时代是不存在的，甚至导致某些现代文明病的基因，对于人类祖先来说，在一定程度上可能还会表现出某种优势性状。以高血压为例，一种假说认为，一些有交感神经系统兴奋增高和心输出量增高的高血压患者，其发病的情形如同一个人在面临巨大危险时做出的应急反应，如心跳加快，兴奋异常。这种反应对于原始人的生存是有利的，因为原始人处于危险随时有可能降临的情形，具备这样的反应，他们就能随时做好应战准备。于是，与这一行为有关的基因就得到了保留。但是，当人类有了农业，环境相对安全，营养也有了稳定保障（现代社会中甚至会营养过剩）的情况下，曾经有利于生存的防御系统激活反应就会造成血压升高、心跳加快、胰岛素抗性和血栓形成等症状，昔日的有利性状时过境迁，成了今日的不利性状。同样，肥胖、嗜糖、嗜盐等性状也在时间上表现出类似的情况。人类祖先长期处在缺少食物的环境中，因此会尽可能抓紧机会多享用食物，并把它们转化为脂肪储存起来。这些当然都是有利性状，人类在这样的环境中已经生存了成千上万年，而如今发达地区的营养过剩，则是工业革命时代以来的新生事物，对此，人体尚未来得及做出调整。

就空间来说，适应性状总是针对一个特定的环境而言，用生态学的语言来说，那就是"生境"或"生态位"。每个物种都有其特定的"生态位"。以人的眼睛为例，它有 1000 万个视杆细胞，用于感受暗光线；有 300 万个视锥细胞，用于识别各种颜色。可以说，它在结构上极其精致，在功能上非常完美。我们自以为我们的眼睛极其完美，那只是因为我们都习惯了它的无所不能之处。与其他动物的眼睛相比，我们才知道自己眼睛的不足。世界上有大量白色花朵的存在，那仅仅是从我们的眼睛中呈现的模样；蜜蜂能够看见紫外线，它们眼里的植物有更丰富的色彩。人眼对色彩的辨别不及蜜蜂，原因就是人和蜜蜂占据不同的生态位。对于蜜蜂来说，在植物的花朵上采蜜是它们最重要的生存方式，而所有的"虫媒花"都有鲜艳的色彩，如兰花，这本是植物与传粉昆虫共同进化的产物：植物通过进化出色彩斑斓的花朵来吸引昆虫为之授粉；传粉昆虫则进化出相应的视觉器官，如精细的辨色能力，来高效地充当"红娘"这一角色。而对人来说，只需辨别熟透的果实能吃或是记住何种形状、颜色的植物能吃，就足够生存了。对付这些，人眼的辨色能力当之无愧。

正因为每一个物种都有自己特定的生态位——仍以眼睛为例，它们各自看到的世界其实也不尽相同。昆虫的眼睛是由几百个晶状体构成的，每一个晶状体汇聚一束光线到一个光敏器，从这种结构的眼睛中看到的世界就是一个超大的画面，谈不上对细节的辨别，纤毫毕露更是奢望。第一位通过昆虫的眼睛原理拍摄成照片的科学家，把昆虫眼里的世界描述为："大约像是一幅制作相当粗糙的绒绣，或是在 1 英尺的距离观看一幅画的感觉。"与人眼相比，昆虫的眼睛虽然在结构上相对简单，但自然选择还是赋予了它们以特定的适应性状。例如，夜间活动的昆虫眼睛的晶状体特别大，能够数百倍地增加其光敏性；蜻蜓的眼睛拥有较多的晶状体，并紧密地包裹在一起，能够锁定空中猎物；蜜蜂经历了长期的进化，形成了一个竖直条状光敏接收器，适合观察呈直立态的树木和枝桠；而蝇的眼睛有一条水平带，适合于观察水平面的位置。另外，青蛙的眼睛对运动中的物体极其敏感，而对于静止中的物体则差不多是视而不见，这些显然也是其处在捕捉昆虫的生态位所需。

上面的例子告诉我们，其实每个物种的眼睛所反映的世界是各不相同的，在此意义上，动物都是带着一副先天的"有色眼镜"来观看这个世界的，它们看到的仅仅是与其生存有关的特征，故人眼看不到紫外线，而青蛙则生活在一个动态的世界中，等等。更深入地说，动物的感官系统对这个世界的反映是一种高度扭曲的状态，反映的基点以实用生存为准。你有你的世界，我有我的世界，两个世界之间难以比较高下优劣。因为所有的适应都是相对的，绝对的完美适应性状是不可能达到的。如此说来，一个与动物的感官系统无关的、本来的世界会是怎样的呢？其实这是一个无意义的问题。世上本无颜色、味道，有的只是电磁波和化学元素，是自然选择赋予动物的生存之道才让它们读出了其中的五颜六色或是酸甜苦辣，且读法还各有不同。

进化还不可避免地会走上特化之途，这正是对某一具体环境的适应。非洲草原上同时存在着几种大型食肉动物——狮子、猎豹和花豹，它们各自在不同的方向上特化了：猎豹跑得更快，狮子更强壮有力，而花豹则善于爬树。为什么自然选择没有将三者统一，形成一种能够胜过一切的超级猫科动物呢？这样的设想显然过于天真，因为从自然平衡的角度说，不会有一种压倒一切的超级动物，同样的道理，非洲草原上也不会进化出一种集斑马、长颈鹿和瞪羚之长于一身、永远不会被"超级食肉动物"捕猎到的"超级食草动物"。这正说明，自然选择在于每一种生物只能以一技之长去适应环境，猎豹的流线型体形适合于快速奔跑，就无法与狮子力大无比的性状相匹配。在自然界，适应性状绝不是指最强大、最完美，而是指最适合于所处的生存环境。从这个意义上来说，"尽善尽美"的生物是不会通过自然进化产生的。

自然选择还是一把双刃剑。不要说一个具有超级能力的物种不可能存在，一个长盛不衰的物种同样也不可能存在。一个全能永恒的形象，也许只能出现在神话或想象中。化石记录表明，地球上已经绝灭的物种数量要远远多于生存下来的物种数量。恐龙的绝灭看来似乎是一个悲壮的故事，但事实上，恐龙在地球上生存了约两亿年，实在是够久的了！而人类至今才生存了数百万年。假如人类可以生存到目睹 50 亿年的变迁，或再长一些时间，直至我们这颗星球的毁灭，那么，人类的生存历史肯定是所有生命中史无前例的个案。对此，古尔德有一个精彩的评价："届时，我们会欣慰地唱出人类的最后挽歌——富贵如浮云。当然，我们也有可能大批人乘着空间飞船离去，挤在一起等待着下一次宇宙大爆炸。但是，果真那样的话，我就不会再喜欢读科学幻想小说了。"

20 世纪一位法国分子遗传学家、诺贝尔生理学与医学奖获得者莫诺（Jacques Monod）曾如此说过："宇宙间并不处处都是生命，生物界也不全都是人类，我们人类只是在蒙特卡洛赌窟里中签得彩的一个号码。"这实在是对人类出现的一种极为生动的描述，也是对神创论极为深刻的嘲弄。在基督教神学看来，人类的出现是上帝的一种特殊安排，甚至整个宇宙的安排最终就是为了等待人类的出场。其实就我们每个人的心态来说，当李白豪迈地发出"天生我才必有用"时，我们不由自主地与之共鸣，因为它表达了一种心声，就是对把握个人力量和命运的一种信心。

那么，人类的出现究竟是偶然的还是必然的呢？

站在达尔文进化理论的立场上来看，这个问题背后的实质在于：人类的出现是否也是自然选择的产物？达尔文在《物种起源》中并没有就人类的起源问题专门展开讨论，只是在书的最后如此写道：人类的起源和历史也将由此得到许多启示。但他后来发表的《人类的由来》一书，则是对人类起源问题的详尽解答，可谓毫不含糊。

达尔文先是从人的解剖生理性状谈起，论证这些性状与动物的性状具有相似性和连续性。其实就人的体质特征而言，现在大多数人都认同人与动物存在着密切的相似性，并且我们还相信，这些特征是自然选择的产物。但问题的关键在于人的一种独特性状——智力。达尔文坚决认为，智力也是自然选择的产物，并且智力的低级状态在动物中也同样存在。比如，动物也有种种交流方式，如灵长类的不同吼声，蜜蜂的舞姿；动物还有种种利它行为，如前面提到过的吸血蝙蝠的故事，那不正是道德行为的萌芽吗？甚至，很难说动物就没有宗教感情。达尔文说，当一条狗仰面看着它的主人时，我们又何尝不能作这样的猜测：也许在这条狗的心目中，它的主人就类似于人所信任的上帝呢！总之，达尔文不仅填平了动物与人类在心理、道德上那条不可逾越的鸿沟，而且还认为人类特有的心理、道德行为的产生，同样受自然选择法则的支配。

在这一点上，与达尔文同时提出自然选择理论的华莱士却有另一番见解。在华莱士看来，自然选择的法则在生物界通行无阻，但人类的出现却是一个例外，原因在于人类那独特的智力，它不能由自然选择所带来。因为自然选择所导致的适应性状总是与生物当时的生存直接有关。蜜蜂之所以能分辨人眼所无法察觉的紫外线，就是因为蜜蜂的生存方式直接依赖采集植物花蜜的行为，辨别植物花朵的色彩对它们当下的生存至关重要；同样，青蛙的眼睛对动态物体的高度敏感，是它们适应捕捉运动中的昆虫的结果，这也与它们当下的生存直接相关。而人类的智力却与当下的生存没有直接关系。华莱士指出，对于那些生活在原始部落里的人来说，他们的大脑在生理上与文明人相差无几，然而他们的生活其实根本就不需要达到在文明社会中生存的智力程度。用他的话来说："自然选择只能为野蛮人奉献一个略优于类人猿的大脑，但事实上他却拥有一个仅仅略逊于哲学家的大脑。"具体地说，人类是否会演算复杂的代数题、证明艰深的几何公式、欣赏贝多芬交响曲，甚至写出《红楼梦》这样的巨作，这一切体现人类智力的事情，对于生存能带来什么直接的好处呢？当然，对于现代社会中的我们来说，尤其是在应试教育一统天下的背景中，在奥数竞赛中争得名次、在音乐考级中获得证书，或是在作文大赛中夺得桂冠，都直接有利于在高考、中考中脱颖而出，这些当然可算是有用的"生存"技能，但对原始部落里的人来说，这些技能都算不上什么，甚至都不可能有表达的机会，因为在他们的生活环境中，这些都是无用之技。

19世纪的欧洲人曾做过这样的事情：他们在将要离开一个土

著部落时，将土著人的小孩带上船。回到欧洲后，他们让这些土著小孩接受欧洲的所谓文明教育，发现土著小孩在学习各种知识时没有任何困难，这就表明他们的大脑结构与白人没有本质差异。由此就带来了华莱士的问题：这些潜在的智力技能对原始人的生存无直接好处，也就是说，自然选择不可能导致这些技能，那么，他们是通过何种方式获得的呢？于是，华莱士不得不在人类的起源问题上求助于神创论。在他看来，智力的获得只能归因于上帝的特殊赠予，人类就是上帝的特殊创造物。

其实，华莱士的疑问可以归结为：与生存无直接关联的智力最初是如何起源的？它能够是自然选择的产物吗？

对此，当代的生物学家又可分成两派：一派认为智力是一种与生存直接有关的适应性状，它是自然选择的产物，这一派以道金斯为主；另一派认为，智力确实与人类当下的生存无直接关联，不过它也是自然选择的产物，这就是说，自然选择还能造就与生存无直接关联的适应性状，古尔德就是这一观点的提出者。在古尔德看来，智力是自然选择的副产品，或者说，是附带的赠品，是偶然的礼物。这种观点直接回应了华莱士的疑问。

必须承认的是，人类的某些智力，如高深的数学能力或高雅的艺术能力，确实是一种与当下生存无关的性状。人类曾经不知道宇宙由大爆炸而来，也不知道宇宙中有黑洞的存在，甚至不知道自己的祖先起源于猴子，但这并不妨碍人类的生存。但是，人类能够在激烈的生存竞争中立于不败之地，绝不在于出色的体能，而在于超强的智能。借助于智能，人类制造出工具，当动物只能赤手空拳求得生存时，人类却可利用弓箭、陷阱等方式来谋取猎物，逃避危险。当许多动物在寒冷中奄奄一息时，人类用火焰的温暖来保存自己。在这些过程中，人类拥有的智力具有这样的特点，它的最初出现确实仅与满足工具的制造这一实用技能有关，但智力的"仓库"里却还储存有不少潜能，这些潜能在某种条件的激发下得以呈现，人类就此踏上了一条新的生存之路。

说到智力潜能的存在，它与备用无关，也就是说它与为了未来开发而有意储备无关。潜能只是一种刚好多余的搭配。举一个例子，我们的脑袋旁边长着两只耳朵，那本来只是与听力有关的一种器官。但自从人发明了眼镜之后，耳朵刚好还能起到支撑眼镜架的作用。能说耳朵早就有这样一种潜能，就是等待着眼镜的发明并被用来支撑眼镜架吗？显然，这种说法是荒谬的。我们只能认为，耳朵用做支撑眼镜架的功能是无意中得到的，它们是听力的一个副产品。这就类似于人类智力的情况，智力一旦出现，除了用于制造工具之外，它刚好还有许多潜能，最终在人类生存的过程中被逐渐激发和发掘出来了。

类似的例子还有女性的处女膜。所有的雌性哺乳动物在胚胎期都有处女膜的存在，不过在出生后它们的处女膜就破裂了，唯有在人类女性中，这层处女膜却一直要保留到首次性交。处女膜对于人类女性是否有着特殊的功能？对此，科学家们也曾提出不少说法，比如，处女膜有利于维持下身清洁，或者是女性重视贞操的标志，等等，但所有这些说法都显得有些牵强。其实，人类女性的这一生理性状并无特殊功能，它只是幼态延续的一个副产品，即将胚胎期的特征带到了成年。对于人类的形成来说，幼态延续曾扮演了一个极其关键的角色。比如，哺乳动物的大脑神经细胞分裂大多在胚胎期完成，而人类在胚胎期仅完成70%，还有30%要留待出生后完成，这就是一种幼态延续。生物学家认为，出生后神经细胞的继续分裂对于智力的形成至关重要；人类的枕骨大孔位置与脊柱成直线，这正是哺乳动物胚胎期的特点，而这一特点在人类中保持终生，它对于直立行走至关重要。可见，幼态延续所带来的诸多特征可说是必不可少的，而女性的处女膜只是其中之一，它是幼态延续的"搭配"产物，尽管它本身并无重要功能。

若某些较高程度的智力的出现可用"搭配"的说法来加以解释，这就意味着，并不是每种结构或功能的形成都有其特定的原因。能得出这一结论实在不那么容易，因为人类的思维中有一种根深蒂固的习惯或冲动，就是为每一种现象的存在找到一种原因。这种强烈追求因果的心理对于原始人类的生存来说曾起到过有益的作用，这就意味着，人们可以从前后发生的事情中找出规律，用于指导以后的实践。比如，知道火会灼人，春雨过后可以播种等。这种心理习惯出现于科学中，就表现为曾经在科学思维中占主流的那种对于必然规律的追求；出现于自然神学中，就表现为生物体的每一结构或功能都必定出自于上帝的有意安排。正是在此意义上，我们甚至可以说，如果将生物的每一种结构或功能都看作必定是自然选择的产物，那其实正是自然神学思维的另一种表述方式。

由于追根究底的思维习惯是如此顽固，以至于我们难以接受偶然性的存在。于是，我们习惯性地追问许多现象背后的原因。提出问题的背后就暗含了一个前提：这些现象的出现有其必然原因，遵循某种规律。但如果换个角度，引入偶然性思维，我们可以从中看到的却是，有些现象的出现不一定总有原因，它就是机遇的产物，如科学在西方的出现就是多种因素、条件汇聚的结果，这些因素、条件在其他地区从来都不可能汇聚，于是，科学的诞生就成了一种不可多得的幸运。

在这个意义上，达尔文的理论就有了一个意义深远的影响。

当我们回忆自然选择理论，一定还记得，选择的前提是生物体中普遍存在的变异现象。达尔文强调，变异是自发的、随机的，与特定的功能无关。比如，刚走出非洲丛林的原始人类的祖先，他们的肤色本来都是深色的，在往各地区迁移的过程中，他们的后代中或许偶然出现了肤色较浅的个体，这只是自发变异的结果，与特定的环境无关。但是，当这支人群往高纬度地区迁移时，这种浅肤色却更有利于生存下来。因为在高纬度地区，阳光是比较稀罕的"奢侈品"，而浅肤色则有利于吸收更多的阳光。于是，在自然选择的作用之下，北欧的浅肤色人种得以脱颖而出。在此过程中，变异性状的出现与环境诱导无关，它只是经受了环境的筛选而已。这也正是达尔文理论与拉马克理论的区别所在。在后者，变异的出现受环境的诱导，这就是说，变异是有原因的，是指向特定功能的。比如，是高树引诱了长颈鹿个体使劲伸长脖子，高树就是长颈鹿脖子变长的直接原因。

现代遗传学已经证明，基因突变或染色体重排、畸变，都是一种随机过程，与环境的特定诱导无关。达尔文当初天才的猜测由此得到了证明。在现代科学中，偶然性正在得到重视，比如，概率理论、统计力学就是与偶然事件打交道的学科。承认偶然性，就意味着承认生活中有运气的存在，承认未来是开放多变的。当代法国哲学家福柯曾这样说过，人生与爱情这场游戏之所以值得玩味，就在于它的结局是不可知的。多亏世界还有偶然存在，我们生活才会如此丰富多彩。就个体生命来说，我们每个人来到这个世界上，都是一次概率极小的事件，想想即便在受精过程中，就有上亿只精子竞争与一只卵子结合的机会，而我们就是那亿分之一的幸运儿。在此意义上，生命对每个人来说都近乎是一个奇迹。

由此可见，从生命演化史的角度来看，人类这个种族并不是注定在数百万年前的某个时候、某个地点要出场的角色。如果生物进化史能够重演，人类出现的几率或许是微乎其微的。再把目光放远，在人类已知的其他星球上，还没有确凿地发现生命的存在。所以，在地球上，生命的诞生的确是一个奇迹，而人类的出现则可称为是这个奇迹中的一个惊喜，如此，我们对宇宙就能持有一份惊奇，也正是这份惊奇，成为人类求知的动力。

第六章　晚年的成就

笔耕不辍

达尔文是幸运的，因为在反叛基督教的科学家当中，有太多太多人遭受了劫难。哥白尼临终时才拿出他否定地心说的《天体运行论》，却被长期列为禁书；布鲁诺因为宣传哥白尼的学说，被烧死在罗马鲜花广场；伽利略由于信奉日心说而受到教会的警告，并被判终身监禁；塞尔维特发现了血液循环，却被教会活活烧死了……还有太多科学家为坚持自己的科学信念，被迫流浪异国他乡。

达尔文虽然遭到了咒骂和攻击，但他的个人生活没有受到任何限制，而且他和支持他的朋友们还能自由地进行还击，使越来越多的人站到科学的进化学说一边。这是社会文明进步的结果，可以说，达尔文享受到了前人辛苦换来的成果，他也以自己辛勤的劳动为社会的文明进步做出了巨大贡献。

晚年的达尔文，除了因病去外地治疗和短期探访亲戚外，其余的时间一直都在唐恩奋力工作，做实验、观察、记录、查阅文献、写作，这些成了他生活的基本内容。达尔文在唐恩小镇过着隐居式的生活，但宁静的庄园里却在进行着一个革命，这个革命从根本上改变人们的思想观念，极大地推动了科学和社会的发展。达尔文在晚年时说过："我一生中的主要享受和唯一的职业，就是科学工作。由这种工作所带来的兴奋使我暂时忘记，或者说完全赶走了身体的不舒适。很明显，献身科学才是自己生命的最好道路。"

继《物种起源》之后，他还陆续写了《动物和植物在家养下的变异》《攀援植物的运动和习性》《人类的由来及性选择》《人类和动物的表情》《植物界中异花受精和自花受精的效果》《同种植物的不同花型》《植物的运动本领》《论壤土通过蚯蚓作用的形成，兼述对蚯蚓习性的观察》等很多书，并且发表了几十篇科学论文。达尔文晚年时身体已经很虚弱，但他却写出了这样多的科学著作，这充分表现了他献身科学的伟大精神。

为建立自己的物种理论，达尔文准备了 20 多年，积累了大量的材料，而《物种起源》这本书只运用了其中很少一部分材料。因此，达尔文只把《物种起源》看作是自己物种理论的一个摘要，它虽然向世人宣告了自己的学说，但达尔文感到这还不够，要让自己的学说有更强大的说服力，还需要更多的事实，需要做更多的实验。

早在 1838 年，达尔文就观察过花朵借助昆虫进行异花传粉的现象，"异花传粉是不是更能保持物种的稳定性呢？"达尔文想。他做了大量的观察，并进行了许多实验，得出的结果是：自花授粉的后代比起异花授粉的后代来，植株瘦弱，毫无竞争力。他还特别观察到兰花的花形和结构好像是要特意防止自花授粉似的。

1860 年开始，达尔文用了连续两个夏天，顶着烈日在实验地里仔细观察，看昆虫是如何钻进不同兰花的花朵帮助兰花传粉的，他还对各种不同兰花的花形和结构做了详细描述和分析。达尔文发现，这些细小器官的形态都有阻止自花授粉便利昆虫帮助传粉的作用。显然，这种结构和自然选择有关，一切不能阻止自花授粉、不利于昆虫传粉的就得不到保存和繁殖，就被淘汰掉；而能够繁衍的，都是那些最有利于昆虫传粉，并阻止自花授粉的植株。

在大量观察事实的基础上，达尔文用了 10 个月的时间写成了《兰科植物的受精》一书。这本书对兰科植物的繁殖器官做了精细的研究，不仅说明了自然选择原理的正确性，还提出"自然界厌恶自花授粉"的说法，它有助于植物学家培育出优良的花卉和蔬菜、水果等品种。这本书出版后，受到了植物学家和园艺家的热烈欢迎，伦敦的一家报纸高度评价这本书，称达尔文为"园丁之友"。

写完这本书以后，达尔文又开始写一本植物学著作，这本书与攀援植物的习性有关。他认为，攀援植物，也是自然选择方面一个很好的例子。1862 年，达尔文在花盆里种上葫芦种子，放在书房里，每天进行观察。细心的达尔文注意到，植物最上面的一段小茎会不断地进行缓慢的旋转运动，它非常敏感，一碰到树枝和绳子就缠绕上去，随后就越长越粗壮。达尔文还仔细观察和记录了它们缠绕绳子的时间，发现小茎们的旋转速度越来越快，第一圈用了一昼夜，第二圈是九小时，第三圈就只有三个多小时。除了自己在家做实验，达尔文还到野外察看蔓藤植物，看它们是怎么做攀援运动的，并给许多植物学家写信，请他们帮助提供观察数据。

1863 年冬到 1864 年春的达尔文病得很厉害，几乎什么事情都不能做，但他还是坚持着对攀援植物的观察。他写信给胡克说，在温室中观察攀援植物的旋转运动是他病中唯一的乐事。到了 1964 年 5 月份，健康状况有了好转，达尔文便立刻找来一切与攀援植物有关的资料进行阅读和研究。1864 年秋，达尔文完成了关于攀援植物的长篇论文，并在第二年发表。10 年后在这篇论文的基础上，他又补充了大量观察材料，写出了《攀援植物的运动和习性》一书。细致的观察和清晰的描述，让植物学家们对达尔文钦佩不已，1500 册很快就销售完了。

1868 年达尔文出版了他的巨著《动物和植物在家养下的变异》，在这本书中，达尔文详细地讨论了遗传和变异的原因与法则。书中用了一个生动的比喻，把他的理论说得十分明白。他说，自然选择就像个建筑师，它把自然界中的各种碎石头筛选出来，把它们累加在一起，就构成了一座建筑，而这些碎石头就是生物各种各样的变异。碎石头落下时它们的自然条件不相同，和它们一样，每一种生物的偶然变异．也是由自然法则所决定的，建筑师通过对各种碎石的筛选组合，建成各种高楼大厦，自然选择则在变异的基础上形成一个个新的物种。这本书全面推进了进化学说的胜利，神创论者再也无力对进化学说进行指责了。

在完成《动物和植物在家养下的变异》后，达尔文立即着手撰写另一部关于人类起源的重要著作。人类起源问题是当时最敏感最尖锐的问题，它直接违反《圣经》宣扬的亚当和夏娃的故事。本来在达尔文 1837 年确立了物种进化观点后，就无法不相信人类一定也是在同一法则下出现的；但是，如果达尔文一开始就以进化论的观点提出人类起源问题，不但会遭到来自教会及其信徒们的激烈反对，而且也不容易为人们理解和接受，所以，达尔文十分明智地在全面阐述了生物进化的基本理论之后，才提出"光明将会投射在人类起源和它的历史上"。当人们已经接受物种进化学说时，再具体讨论人类起源的问题就是必要而适时的了。

达尔文在1867年2月写完了《动物和植物在家养下的变异》后，立即着手整理他积累的有关人类起源的材料。他花了三年的时间，写出了《人类的由来及性选择》，这本书中，四分之一的篇幅阐述了人类起源，四分之三的篇幅讨论性选择。关于人类的起源问题，达尔文从生理构造、胚胎发育、痕迹器官等方面说明了人和哺乳动物，特别是高等猿类的联系。在人的胚胎发育过程中，就相继出现了鱼类（鳃裂）、爬行类（四肢的位置）、灵长类（长尾巴的尾骨）的特征，七个月胎儿的大脑皱襞同成年大猩猩的大脑皱襞一样。在少数人身上常常可以看到有返祖现象，他们身上有着动物的痕迹器官和功能，如皮下肌肉能像牛一样抽动皮肤、耳朵如狗那样能转动。达尔文不仅从生理上对人和动物做比较分析，同时还讨论了人和动物在心理、智慧上的联系。列举和分析了人类起源于动物的事实后，他进一步探讨了人类是怎么起源于动物的。达尔文坚持了自己的生存斗争和自然选择的学说，认为人——比如，手和腿的构造就是在适应生存的过程中从猿猴的前、后肢进化来的——这些看法无疑是正确的。但是，人并不只是自然选择的结果还是自身活动或劳动的产物，是自身的活动或劳动把人从猿类中选择出来。

正如恩格斯指出的，是劳动创造了人。关于性选择，达尔文讨论的是物种的交配和繁殖问题。他认为动物的性选择有两种主要的方式，就是格斗和炫耀。以肉体的格斗实行性选择是大多数动物的特征，这种方式便导致了动物中的雄性加强它的体格和力量，发展武器器官，雄性中最强的便获得同雌性交配和繁殖的权利。而在鸟类中，性选择主要通过炫耀。雄鸟总是以展示自己鲜艳的羽毛、动听的鸣叫向雌鸟求爱，这就使自然界中有了许许多多颜色美丽、鸣叫动听的雀鸟。

达尔文最后讨论了人类的性选择问题。他认为，人类选择配偶的审慎行为都是男人对女人的，各个不同民族和文化群体对人体美和吸引力有着不同的标准。如非洲一些民族以妇女有巨大臀部为美，黄种人不喜爱欧洲人的大鼻，一些黑人部落偏爱肤色最黑的妇女，等等。达尔文的性选择著作提供了异常丰富、新颖和有趣的事实。

早年著作的再版

在 1873 年至 1875 年期间，达尔文准备对过去的许多著作进行再版。其中包括《人类的由来及性选择》。但是，再版这项工作是相当枯燥乏味的，再版要求改正批评界或通信人所指出的缺点，而且要求把新的细小事实或想法加到正文中去，要求长时间地润色文章风格。因此，再版工作使达尔文无法全力以赴从事他所喜爱的植物学的研究。

但是让达尔文感到高兴的是，他的地质学著作也得以再版了。由于达尔文关于陆地下沉的旧理论开始遇到越来越多的批评，其中具有代表性的人就是泽姆佩尔，所以达尔文很关心《珊瑚礁的构造和分布》一书的再版事宜。后来穆瑞开始接受水下的沙滩上可能形成珊瑚岛的说法，驳斥了陆地下沉的作用，承认有时陆地会上升。达尔文在给泽姆佩尔的信中，谈了自己的意见，提出钻探珊瑚岛会给解决争论提供许多资料。但是，这些对达尔文理论十分有利的钻探活动，是在达尔文死后很久，由索拉斯和司徒亚及戴维德教授的考察队在富纳富蒂岛这个珊瑚岛上实现的，而且钻探的报告直到1904年才得以出版。

值得高兴的是，地质学家们对达尔文《"贝格尔"号的地质学》等地质著作还是给予了很高的评价，札德教授在自己关于火山理论的著作中也引证了达尔文的话。尽管《"贝格尔"号的地质学》这部著作在某些方面已经过时了，但是达尔文认为如果把它再版成为一卷本的话，还是不做任何修改为好。

1876年11月16日，达尔文为答复詹·格基教授寄给他的《伟大的冰川时代》一书，给格基写了一封长信。信中他对格基表示感谢，并且提出了自己关于骚桑波顿旧石器时代沉积物中角形石为什么能够立着的理论观点。他认为，沙石冻结在雪层里，在冰雪融化的情况下，沙石竖着陷下去，冻结了——这就是他为自然界的微小现象寻找解释的鲜明特点。1878年，达尔文阅读了莫西李维克的《白云石礁》，表示很高兴。

1876年，华莱士的巨著《动物的地理分布》出版了，达尔文对此书也表示非常赞赏，他不仅认为根据华莱士的观点去研究各种植物、昆虫、有肺软体动物和淡水鱼的分布是非常有意义的，而且认为把哺乳动物作为动物地理分布的基础是最有价值的。

达尔文向来是一个彬彬有礼的人，他同德国演化生物学家奥古斯特·魏斯曼也有着相当频繁的通信，他每次在通信中总是表现得非常谦和，特别是对外国人，甚至在他同他们发生意见分歧时也是这样。不论在什么情况下，他都竭力避免同他们发生任何摩擦。

达尔文的最后一部著作是1881年10月10日出版的，名字很长，叫作《论壤土通过蚯蚓作用的形成，兼述对蚯蚓习性的观察》，此时距他去世只有半年。之所以会写这样一本书，完全是由于受到反对他的人的刺激。早在 1838 年达尔文就发表过相关的文章，22 年后，有人为了攻击达尔文的进化学说，竟然翻出他的这篇论文，说达尔文编造了蚯蚓的"惊人的技艺"，因为他们根本就不知道蚯蚓对改变地球面貌的巨大威力。

这一下子刺激了达尔文进一步观察、搜集事实，分析、研究蚯蚓习性的兴趣。为了观察蚯蚓对地表变化的作用，他在园子里的草地上专门放了一块"蚯蚓石"用来观察它下面的草地，看它在蚯蚓作用后下沉的速度。经过多年的观察统计，达尔文发现，在蚯蚓作用下的地面每年会下降 6 毫米之多。

深夜，他还到草地实验蚯蚓对光和声音的反应。他发现，蚯蚓见了光就往土里钻，对声音没有任何反应。后来，他把一条蚯蚓放到钢琴上，然后开始弹奏。这时，达尔文注意到当弹奏低音时，它就会立刻东躲西藏。原来啊，这些小家伙是害怕振动。

蚯蚓喜欢吃地下的腐殖物，为了吃这些美食，它们不断地在地下挖掘。这样，土壤中就充满了许多的肠形地道。根据自己的观测资料，达尔文对蚯蚓的松土能力做了计算，他最后吃惊地发现，这些不起眼的蚯蚓每年运上来的土有 18 吨之多。如此推算，只需要几年，英国的全部土壤就能被翻一个遍。一条蚯蚓的作用是微不足道的，而无数条蚯蚓的持久作用，就是一种改变自然面貌的强大力量。

严谨治学

达尔文在总结自己的一生时说："作为一个科学家，我之所以能够获得成功，是因为我热爱科学。在我感兴趣的任何问题上我都有无限的耐心，认真观察记录，勤奋搜集事实，不得不说的是我还有自己独特的思考能力。"也正是凭着这些，达尔文建立了科学的生物进化理论。

对科学的无限热爱，是达尔文获得成功的前提；而严谨的科学态度和作风，则是达尔文成功的根本保证。在达尔文一生的研究中，有着许许多多严谨治学的生动故事。达尔文的朋友、生物学家罗马尼斯讲过这样一件事：

一天晚上，我到唐恩拜访达尔文先生。在彼此的谈话中，我们谈到人类特有的情绪的进化，当说到这些情绪的进化跟欣赏自然美景有关时，他提出了一种观点，认为这是以联想为前提的。既然以联想为前提，那之前肯定就要见过这些美景。而就在这时，达尔文立即向我问道："那如何理解第一次见到一个地方就产生崇高的感情？"紧接着，达尔文还向我谈到了自己最受感动的一次，那是他站在安第斯山的山顶，环顾四周的壮丽风景的时候。

这本来是偶然谈的一句话，谁也没有在意，并且很快话题便转到别的上面去了。后来达尔文先生去休息了，留下我同他的一个儿子坐在那里漫无目的地抽着烟聊天。我们聊得很开心，就继续谈了几小时的话，这时候已经是午夜1点多了。忽然，门被推开了。达尔文穿着睡衣走了进来，他脚穿拖鞋，慢慢走到我面前，很认真地对我说："自从上床到现在，我反复想了我们刚才所谈的话。我刚才忽然想到，之前我说的最让我感动的，是当我站在安第斯山山顶的时候，我错了。现在我要纠正，我十分肯定，自己最感动的时候是在巴西的森林里。我认为最好是下床马上纠正这点，免得给你留下一种错误的印象。现在，我确信自己最感动的时候是在巴西的森林里。"

他下床来要说的话就这些，并且是专门为纠正一句话下床来的。在我看来，这只是一句不经意的话，但达尔文感到它关系到一个科学假说，因此，他必须要把自己经历的事情想清楚。想了几个小时，即使已经到了午夜 1 点多钟，还是特意从床上下来纠正他偶然说过的一句话。听到达尔文的话我特别地感动。达尔文先生对待科学的这种认真谨慎的态度，让我终生难以忘怀。

达尔文严谨治学的态度集中地表现在有关物种起源的理论中。前面说过，达尔文的进化理论是在莱尔和胡克的一再敦促和华莱士论文的刺激下发表的。虽然对自己的理论已经反复思考了 20 多年，但达尔文还是感到有一些问题没有弄清楚，因此总不愿意很快把它发表出来。

后来实在没有办法了，达尔文写了一份概要，也就是《物种起源》一书。20 多年的材料只写一本概要，看上去再简单不过了，但即使这样，达尔文还用了专门一章来写自己学说的疑难，极坦诚地说明自己学说还没有解决的问题，而这样做的人是很少的。

尽管这些疑难对进化理论来说并不带有根本的性质，但达尔文却认为，自己是在做最严肃的科学事业，应该告诉读者，它解决了什么问题。还存在着什么问题，达尔文这样做，虽然为当时反进化学说的人提供了口实，但却让那些真正的科学家看到了自己的认真严肃，也使他们感受到了生物进化理论是真正的科学理论。

达尔文说:"我从很小的时候起,就有一种最强烈的兴趣,想去弄明白我所观察到的事物。"他进行科学研究,始终遵循着一条基本的指导原则,就是一切假说理论都要建立在可靠的事实之上。因此,在他的研究活动中,摆在首位的就是大量搜集、认真鉴别。

达尔文十分注意从书籍、报纸杂志,以及和科学家的通信中搜集所需要的事实材料。他说:"在我的著作中,我很广泛地使用了别人曾经观察过的事,我把它们分门别类地放在自己的书柜里,以至于保存材料的大档夹就有 40 个之多。以后再遇到相关的数据,我就很轻松地把它们放在一起……我买了许多书,在每一本书的后面,我都做好标记,记好这本书和我的著作有关系的一切事实。"

他不仅注意搜集,还特别注意鉴别。对不同的数据,达尔文总要对它们加以比较,并且还要亲自进行观察。在阅读别人的著作时,他也非常注意所用的事实材料是否确实可靠。一次,达尔文看到一个材料,说兔子近亲交配了几代,完全没有产生有害作用,这个材料是从很有权威性的《比利时皇家学会会报》上摘引来的。根据自己在动物学方面的经验,达尔文开始怀疑这个材料的可靠性。他立马写信给比利时皇家学会的负责人,询问这篇文章的作者是否可靠。经过调查,果然这个材料是作者编造的。

事实是理论的基石,基石可靠,理论才会稳固,所以,达尔文总是把获取可靠的事实材料放在自己工作的首位。在他自己的著作中,他更不会轻易使用未经核实的材料。

在谈到《物种起源》的成功原因时,达尔文说:"这要归因于我积累的大量事实材料,还有在此基础上多年的研究和思考,这样,我才能选择比较显著的事实得出最后结论。许多年来,我一直遵守着一条金科玉律，即我随时会把自己遇到的每一个新的观察材料，或者每一种新的思想，立刻如实地写在备忘录上。"正因为这样，一切和达尔文的想法不相同的材料，他都已反复思考过，因此在《物种起源》发表以后，那些用来反对他的材料和思想，他早已都考虑到了，很少遇到没有考虑到的反对意见。

这是达尔文科学活动的一贯作风，也是他研究方法的一个重要特点。他在研究工作中，不是只寻找有利于自己的材料，而是支持的和反对的材料都注意搜集，并且特别注意搜集反对的材料。他说："我总是努力地保持我的思想自由，以便当事实被证明同假说不符合时，就丢掉无论多么美好的假说。"达尔文不仅以生物进化学说为科学的发展做出了巨大贡献，而且他严谨治学的作风、实事求是的研究方法，也给后人留下了一笔宝贵的财富。

晚年时的达尔文曾经说过："我出版过的书，就是我一生的里程碑。"这些书是他勤奋劳动的果实，每一本书都装满了他一路的辛勤和汗水，都彰显了他对科学事业的一片赤诚之心。

真正的博爱精神

1877 年 2 月 12 日是达尔文 68 岁生日。这一天，他收到了两份从国外寄来的特殊礼物：两本精美的相册。一本是从德国寄来的，里面有 154 位科学家的照片和他们的生日祝福；另一本寄自荷兰，上面贴有 217 位观察家和博物学家的照片。

看着这两份别致而情意深厚的礼物，达尔文感到特别激动。他一边翻阅相册．一边高兴地对埃玛说："这两份礼物是给我的最高荣誉了，一定要好好保存。我要给他们的组织者写信向他并请他向相册里的各位朋友，转达我对他们的感激和谢意。"

达尔文受到那么多国外科学家的热爱和尊敬，让埃玛也感到高兴。埃玛知道，十几年来，达尔文已经获得了许多奖励，但从来没有像今天这样荣耀。因为她知道，达尔文把同行科学家的理解和尊重，看得比获奖更珍贵。

达尔文在写给荷兰朋友的信中说："昨天我收到了伟大的礼物——相册和您的来信……这件礼物使我感到了极大的满足，我觉得永远也不会有比这个更使我感到光荣的礼物了。"

"我清楚地看到，如果没有以前的科学家们搜集的大量材料我绝不会写出那些书来，因此，光荣基本上是属于他们的。在我生命剩下的几年中，当我需要鼓舞的时候，我就会看一看这些同行们的照片，他们是那样的优秀，这样，我就会信心倍增。当我死去的时候这本相册也将是留给孩子们的一份最宝贵的财产。"

达尔文说，光荣属于科学界所有的人们这绝不是什么客套话，而是他真实想法的表白，他从来不把功劳归于他一个人身上。在给华莱士的信中，达尔文也明确地说，不应该把这种荣耀全归于自己。

1879 年，当达尔文 70 岁生日的时候，他获得了皇家医学院的贝利奖章。同时，法国都灵皇家学院也授予了他比利萨奖金——1.2 万法郎。拿到这 1.2 万法郎的奖金后，达尔文立刻写信给自己的朋友多恩教授，表示愿意用这些钱资助他们的研究工作，信中说："我知道你们很需要仪器，如果你们能够准许我支付这笔款项，那是我非常乐意的。请您记住，如果你们有什么需要，我会随时把这张支票寄去的。"

很快，达尔文就给他们寄去了 100 英镑，他把资助科学研究工作看作是自己的一种义务，甚至是一种乐趣。他说："我的收入近来大大地增加了，但是我自己的需要并没有什么改变。我极想捐自己不需要的那一部分钱，资助或者促进地质学和生物学的研究和发展。"

他还说："我一生的病痛多，当我痛苦的时候，只有在博物学中才能找到安慰，也是博物学研究让我得到了极大的愉快和荣誉，现在如果我能够促进科学的进展的话，我会感到更大的愉快。"

在这样的信念之下，达尔文向伦敦出版商提供了5000英镑的巨资，用于翻译出版世界名著，又买了许多世界名著赠送给各个图书馆；他还向胡克提出，愿意长期提供皇家植物园相关书籍出版的费用并且立下遗嘱，在他逝世后这种资助还要继续。

帮助科学家朋友解决经济困难，达尔文更是慷慨大方。当他得知动物学家弗里茨·米勒在巴西考察时遭受洪水，立刻表示要为他重新购买仪器和书籍；听说农学家托尔毕在培育马铃薯变种时经费不足，他很快就和朋友们一起为他捐了一笔钱，使托尔毕的实验能够继续进行下去。

达尔文对赫胥黎的帮助更是感人至深。这位坚决捍卫进化论的勇猛斗士由于过度劳累，加上饮食营养较差，患了较严重的肝病，需要做较长时期的休养，然而他的经济情况又不允许。达尔文知道这位多年好友是个自尊心极强的人，直接送钱他是不会接受的。于是，达尔文连同另外几个朋友一起想了一个"先斩后奏"的办法，先给他的银行账户存入2100英镑，然后又寄去一封情深义浓的信。

信中说："这样做是为了公众的利益……如果你能了解我们内心深处的想法，你就会知道，我们大家对你是何等的尊重和爱戴，你就是我们深深热爱的兄弟。我相信，你也会以同样的感情来对待我们，因此你会乐意给我们一个略尽心意的机会，因为，那将是我们终生感到高兴的事情。我再补充一句，这个做法是几个朋友几乎同时想到的，事先并没有商量。"赫胥黎看了这封感人肺腑的信久久无言，最后大声叹道："我做了什么？竟值得他们如此厚爱！"

醉心于科学事业，热爱科学家朋友，是达尔文一生表现出来的崇高品德。达尔文不仅帮助科学家，大量资助科学研究工作，而且热心于公益活动。他搬到唐恩后，帮助村民成立了一个互助组织——友谊社，并且担任管理财务的会计达 30 年之久。唐恩教区的一位牧师说："在教区的各种事务上，达尔文先生是一个积极的助手。在学校、救济和其他事情上，他总是给予慷慨的捐助。每当遇到捐款不够的情况时，我总是有把握可以从他那里得到帮助。"唐恩的村民们也都十分敬重和热爱达尔文。

达尔文是一个有着博爱精神的人，他不仅深深同情黑奴矿工和济贫院的孤寡老人，也不愿意看到动物经受痛苦。儿子弗朗西斯说过这样一件事：一次，达尔文坐着马车回家，经过唐恩村的时候，他看见一个壮汉拿着鞭子使劲地抽打一匹马。这时，达尔文赶忙喊赶车的老园丁停下来，他跳下车，直奔那个壮汉。"先生，你怎么这样狠心？马身上已经布满一条条鞭痕了你还不放过！"壮汉看是达尔文同自己讲话，忙停下手中的鞭子支支吾吾地说："这马，太……太不听话！"

"不听话！你死命地打，它就听话了？你要想一想，它和我们一样是有生命的，是知道痛苦的，你就这样忍心折磨它？"这件事让达尔文很生气，回到家里后弗朗西斯还看见他面色苍白，神情沮丧，他向那个人提出抗议时太激动了。

唐恩的村民们都知道达尔文爱动物的仁慈心。还有一次，一个客人乘车到唐恩去，他告诉赶车的人把马赶快一点。赶车的人说："还要我赶快一点吗？如果车上的人是达尔文先生，他看到我这样地打这匹马，他就会下来把我痛骂一顿的。"

达尔文痛恨那些残忍地折磨动物的人。但是，他又坚决反对不加区别地禁止一切解剖动物的实验。19世纪70年代，在英国上流社会出现了一股反对对动物进行解剖的运动，甚至企图让议会通过法案禁止解剖，达尔文的女儿利奇菲尔德也加入了这个运动。她写信给父亲请他签名支持这一活动。

达尔文回信说："看完你的信，我坐在那里进行了几个小时的思考，现在我把我的结论写下来，这些结论大概会让你很不满意的。我很久以来便认为，作为最伟大的科学之一的生理学，一定会大大地造福人类。但可以肯定的是，生理学只有借助于活的动物做实验才能取得进步。因此，毫无区别地完全禁止动物解剖，我认为是幼稚的。所以现在，我不能签署任何的呼吁书。"

达尔文在给他朋友的信中，更明确地谈了对待动物的人道主义问题。他说："在我的一生中，我无时不在努力提倡以人道主义的精神去对待动物；在我的著作中，我已尽我所能地尽到了这一责任。几年以前，当反对生理学家的运动在英国开始的时候，有人说英国人对待动物不人道，而且他们使动物遭受了不必要的痛苦。那时我想，除了借助于活动物做实验，否则生理学是不可能有进步的；并且我还深信，阻挡生理学进步的人犯的是反人类的罪恶。"

达尔文不像那些高喊博爱的普通市民，他们不懂科学，眼光狭隘，盲目地反对用作科学实验的活体解剖。他们不知道，自己的所作所为实际上是在阻挡生理学的进步，已经犯下了反人类的罪恶。达尔文反对无端地虐待动物的行为，但他坚决支持借助动物所进行的各种实验，他知道，那是在为促进科学进步而努力。一个科学家，应该具有真正的博爱精神，达尔文就是这样的科学家，他以最伟大的博爱精神把自己的一生献给了造福于人类的科学事业。

最后的日子

达尔文在一生中的最后十年里，健康状况比以前有所好转：他已能像从前那样不间歇地工作，他通常的那种疲倦或不适感已经消失了。最后几年，他是在他所信任的、能使他焕发朝气的医生安德鲁·克拉克的看护之下生活的。不过看得出来，他的体力已在下降，而且他在给自己朋友的一些信中抱怨说，他已无法开始进行预计要用整整几年时间才能完成的新的考察，然而这些考察却又是唯一能使他感到快乐的事情。

1881年10月10日，达尔文的最后一部著作《论壤土通过蚯蚓作用的形成，兼述对蚯蚓习性的观察》出版了。他万万没有想到这本书会让读者产生这么大的兴趣，第一天就销售了2000册，超过了当年一天售罄1250本的《物种起源》。

读者们纷纷给达尔文来信，有的谈读书体会，有的提问，有的把自己的观察告诉达尔文。达尔文每天都要收到十几封关于蚯蚓的信。看到有这么多读者给自己写信，达尔文很受鼓舞，但这时候，达尔文的身体和精力已经很差，以至于不能对来信一一作答。

他在1882年2月4日写给老朋友的信中说："最近，有太多太多的读者给我来信，这让我很高兴，也使我增添了烦恼。可爱的读者们寄来的信里总是有很多有用的材料；但现在，我的身体正在变得很差，我实在没办法给这些可爱的读者们一一回信。"

这本书之所以能够获得成功，在于它的现状是那么新颖，而现象又是那么普遍，每个人到处都可以看到地里的小蚯蚓，但没有想到的是它会有那么巨大的作用，以至于改变了人们居住环境的面貌。达尔文引用的材料是那么丰富，叙述是那么生动、那么容易理解，这本书自然能够吸引读者了。

一位评论者说："在大多数的人看来，蚯蚓不过是一种不起眼的虫子而已，它不能看、不能听、没有感觉而且黏滑得令人讨厌。正是达尔文先生的工作，恢复了蚯蚓的名声。一下子，蚯蚓在人们心目中的样子改变了：它成了一种有智慧、慈善的角色，一个伟大的地质变化工作者，一个改善土壤的英雄，简直成了人类的朋友。"

写完这本书之后，达尔文感到自己的身体越来越虚弱了。本来他还有许多研究想法，只怕已经难以实现了。这一年的夏天，他在给胡克的信中说："我感到很难过，我已经没有勇气也没有体力，去开始一种需要费时几年的研究了。"

1881 年 7 月，达尔文从乌尔苏奥捷尔回来后，又给华莱士写信："……我不能去散步，一切都使我疲倦不堪，即使观赏风景也是如此……我将怎样利用这有生之年余下的日子呢？我简直讲不出来。看上去，生活里有太多使我愉快和满足的东西，我愿周围的人都能幸福，但生活对我已变得异常艰难了。"达尔文已经预感到他的日子不多了，但这并没有停止他的科学研究工作。1881 年的整个秋季，达尔文都在做实验，大量观察研究碳酸氨对植物的根部和叶子中叶绿素体所起的作用。但是到了冬季，达尔文的身体更加虚弱了，他的颓丧情绪又加剧了，

12 月 13 日，在埃玛的陪同下，达尔文到伦敦看医生，住在

女儿亨里埃塔家（她嫁给了律师利奇菲尔德）。有一天，天气晴朗温暖，达尔文自我感觉还好，便去拜访一位叫作罗马内斯的生物学家，到了之后才发现朋友不在家。知道朋友不在，达尔文便转身辞别。在他刚要往回走时，突然感到一阵眩晕。罗马尼斯家的仆人见状赶忙上前扶住了他，并请他进去坐了一会儿。主人不在家，达尔文不愿给仆人增加太多的麻烦，休息一会儿后便独自离开了。

后来，那位仆人讲了当时的情形："达尔文先生不允许我去送他，也不让我去为他叫马车。我看着他艰难地走着离开，他是想自己叫上辆马车。大约走了300米，达尔文先生的身子好像摇晃起来，幸好他扶住了花园的篱笆，我就赶快跑了过去。这时达尔文先生转过身朝我摆了摆手，告诉我他已经感觉好多了，然后，就又转身走了。"

1882年1月末，达尔文的病情又加重了，时常感到胸部疼痛。在2月末和3月初，心脏疼痛更加频繁，脉搏也开始变得不正常，心跳过速的情形几乎每天下午都会发生。

3月7日，天气晴朗，唐恩处处都是一派春光无限的景象。这时的达尔文也已经有好多日子没有外出散步了，以前，他是每天都要出去散步的。这一天，他感觉身体似乎好了一些，便挂着手杖，带着自己心爱的狗慢慢出去了。

爱犬一会儿前一会儿后，在达尔文身边不停地闹腾着。沿着熟悉的沙路，达尔文在林荫下边走边看，树上的新叶开始发绿，常青树的老叶留下的已经不多了。年年岁岁花相似，但达尔文来说，今天似乎有点特别。他蹒跚着走到一棵常青树下，看着一片即将脱落的老叶，静静地站了许久。忽然，达尔文感慨地自言自语："你已为大树的生长尽了自己的力，可以无愧地落下了。"

突然，达尔文感到心头发慌，胸部又剧烈疼痛起来。他就地坐在一块石头上，豆大的汗珠不停地从他的额头上渗出，重重地落下。他按住胸口，闭上双眼，靠在身旁的一棵树上。爱犬蹲坐着面对他，尾巴不住地摇着，似乎很关心主人的样子。过了一会儿达尔文感觉好了一点，便拄着手杖艰难地走回了家，他不知道，这已是自己最后一次散步了。他勉强走到家门口，从此他就不敢远离家门了。

埃玛从伦敦请来了名医克拉克爵士，长久以来，每次达尔文病情加重，都是克拉克为他诊治，现在，克拉克医生已是达尔文夫妇的好朋友了，他对达尔文夫妇说过："只要你们需要，我会随叫随到。"1882年3月10日，安德鲁·克拉克医生来给达尔文看病，但因为就医的人很多，他不能经常去给达尔文诊病，所以后来就由其他的医生继续为达尔文治疗。达尔文感到身体特别虚弱，已经无法工作。

经过克拉克医生的诊治，又按照医生的治疗方案用了一段时间的药，达尔文的病情似乎有所好转。身体虚弱的状况又逐渐过去了，他又能同埃玛一起坐在自己的花园里赏花，倾听鸟鸣。

达尔文的老朋友赫胥黎特别关心达尔文，希望医生们能经常对达尔文进行精心地护理。对于赫胥黎对自己的关心，达尔文也表示非常感谢。3月27日，达尔文给赫胥黎写了一封信，说：

亲爱的赫胥黎：

您那封极亲切的信对我确实是一针强心剂。今天，我觉得比过去三个星期要好一些，直到现在我还没有感到任何疼痛。您的计划看来是非常好的，所以，如果我的健康大大好转的话，我将要谈到它。克拉克医生对我真是无限地亲切，请他再来一次就好了，但是他太忙了，不能经常到这里来。亲爱的老朋友，请您再一次接受我的诚挚的谢意吧。

我诚恳地希望，世界上再多一些像您这样的"自动物"就好了。

达尔文

信中最后这句话幽默地暗指赫胥黎的演说《论运行时自动物的假说》，这个演说是赫胥黎 1874 年在贝尔法斯特的英国科学协会上发表的。

但 1882 年 4 月 15 日，达尔文的病情又突然恶化了。这一天是星期六，儿女们这时都住在了唐恩，一方面是因为父亲的日子不多了，他们要陪着老父亲走完最后一程；另一方面是儿女们害怕万一父亲会有什么不测。

当时一家人正在吃晚餐，达尔文突然感到胸痛无比，他想走向沙发，可是却浑身无力地倒在地上，孩子们便马上起身把他扶到沙发上。只要身体不适，达尔文就喜欢躺在客厅的沙发上，眼望着摆放古董和挂着图画的那个角落。

17 日，达尔文的病情好转了一些。埃玛在日记中写道："天气晴好，他做了一些轻微的工作，两次在户外，还在花园里散步。"18 日上午，儿子弗朗西斯因事出去了，下午还没有回来。这时，达尔文想到自己正在进行的实验还没有记录，儿子不在，达尔文就让埃玛扶他到温室。像往常一样，达尔文仔细地查看了叶面，让埃玛对植株做了测量。然后，他用颤抖着的手把这一天的实验进展写在了记录本上。

回到房间后，达尔文气喘吁吁地躺到沙发上，晚餐也没有吃就上床睡去了。18 日晚上 11 点 45 分左右，达尔文感到了最严重的胸痛、呕吐，不一会儿他就昏厥过去。埃玛伏在他的床边，呼叫着："查理！查理！"儿女们哭喊着，达尔文苏醒过来，一双呆滞无光的眼睛看着泪流满面的埃玛，看着陪他走完一生的妻子，大概感觉到死亡的逼近，达尔文极微弱地对埃玛说了几句温存的话："我一点儿也不怕死，我真感谢你，只要我一有病，就受到你的服侍。"埃玛忙止住达尔文："亲爱的，不说了，我知道。你好好休息吧。"达尔文还是接着说："你要告诉胡克，让他把那本植物学的书编好。我死后，还要继续资助他们……"

一阵剧烈的疼痛打断了他的嘱咐。达尔文又昏厥过去了，这一昏厥，达尔文便再也没有醒来，达尔文在埃玛的怀里停止了呼吸。那刻，时钟永远定格在 1882 年 4 月 19 日清晨 4 点。那刻，天空中的启明星依然明亮，而人类的一位伟大的科学巨星陨落了……

埃玛和子女们一边向亲友发出讣告，一边着手准备葬礼。达尔文的遗愿是葬在唐恩村的家庭墓地中，与哥哥伊拉兹莫斯和夭折的大女儿安妮埋在一起，他的家人和村民们也都希望他能长眠在他已生活了 40 多年的土地上。但其他人则认为，以达尔文的成就应该为他举行国葬，埋到英国的先贤祠——威斯敏斯特大教堂。第二天，英国的报纸纷纷发表评论，呼吁把这位"自牛顿以来最伟大的英国人"与牛顿等人埋在一起供后人凭吊。有一家报纸还指出，早在 15 年前普鲁士国王就已授予达尔文爵位，英国女王却没有这么做，以至达尔文死时还是一介平民，不能以"爵士"的头衔下葬，难道现在还不该以入祠祀奉他来弥补英国对其"第一儿子"的不公平待遇吗（后来达尔文有三个儿子被陆续授予爵士头衔）？也有报纸评论说，达尔文要比已埋在威斯敏斯特大教堂的许多政治家更属于那里，因为"与这位震撼世界的思想家的成果所产生的巨大影响相比，日常政治的喧嚣大部分不过是尘土一般的贫乏"。

在媒体的呼吁声中，皇家学会会长给达尔文的家人写了封信，请求他们同意达尔文入葬威斯敏斯特大教堂。达尔文的邻居林奈学会会长兼议员约翰·鲁巴克收集了 28 位议员的签名，向威斯敏斯特大教堂主教请愿。正在法国访问的威斯敏斯特大教堂主教甚至还未收到议会的请愿书，就已发电报表示同意让达尔文入祠，葬礼于 1882 年 4 月 26 日举行。埃玛没有出席葬礼，留在了唐恩家中。十名抬棺者中，除了鲁巴克是一名威斯敏斯特大教堂的教士外，其余的是代表科学界的一位皇家学会会长、代表政府的一名伯爵和两名公爵（其中一位是达尔文的母校剑桥大学的校长），还有美国大使代表外宾及达尔文最亲密的且还健在的三位朋友：植物学家约瑟夫·道尔顿·胡克、与达尔文共同发现自然选择理论的华莱士、古生物学家托马斯·赫胥黎。

送葬者中包括伦敦市长，皇家学会、林奈学会和其他科学学会的会员们以及各国、各界代表。在"得智慧，得聪明，这人便为有福"的赞美诗的歌声中，达尔文的身体被埋在了牛顿墓碑的下方。没有人觉得把这位提出动摇了基督教世界学说的人埋在大教堂里有什么不妥。《时报》甚至评论"该大教堂需要这个葬礼甚于该葬礼需要大教堂"，进化论与基督教的冲突似乎已成为历史，英国的基督教领袖们也趁机在世人面前展示他们的宽容。《旗帜报》宣称："真正的基督徒能够像接受天文学和地质学那样接受进化论的主要科学事实，而不会对更古老和珍贵的信仰产生任何偏见。"高教会派的报纸《晨报》声称："我们无法欣赏他的理论的全部，但是我们能够敬佩他的生活。"《教会时报》则干脆说达尔文是一名"基督教绅士"。几年之后，开始出现谣言，声称达尔文临终前忏悔并放弃了进化论，这个谣言至今还能在传教宣传品中看到。

事实上，达尔文到死时不仅不信神，甚至对基督教极其反感。他生前不愿公开他的宗教立场，一方面是因为他不愿参与争端；另一方面也是因为他认为不信神的立场只适合于有教养的人，让普通大众接受无神论的时机还不成熟。但是在私下场合，达尔文并不隐瞒他反对基督教的立场，这有他晚年写的自传为证。在自传中，他用一章专门阐述自己的信仰，批驳各种有关上帝存在的证据，认为没有任何理由相信上帝存在，并介绍了自己放弃基督教的经过。

达尔文也写了自传，但他写自传的目的是给其子女看的，并没有打算发表，所以写得非常坦率，以致自传在其死后（1887年）发表时，在埃玛（她是一位虔诚的基督徒）的要求下做了大量的删改，直到1959年才得以完整地出版。如果达尔文对基督教的抨击在其生前就被公开，英国基督教领袖们对他是否还会如此宽容，他是否还能入葬威斯敏斯特大教堂都是未知的。

附录　达尔文年表

1809 年 2 月 12 日，查尔斯·达尔文诞生于英国什罗普郡的施鲁斯伯里镇。

1817 年，母亲去世。

1817～1825 年，进入施鲁斯伯里私立中学（寄宿学校）就读。

1825～1827 年，在苏格兰的爱丁堡大学医学院攻读医学。

1828～1831 年，进入英国剑桥大学基督学院攻读神学。

1831～1836 年，结束大学学业，经植物学教授亨斯洛推荐，参加"贝格尔"号的环球航行。

1837 年，开始写第一本物种演变笔记。

1838 年，阅读托马斯·马尔萨斯的著作《人口论》。

1839 年 1 月，与表姐埃玛·韦奇伍德结婚，12 月，儿子威廉出生，严重疾病第一阶段。

1839～1843 年，编纂五卷本巨著《"贝格尔"号航行期内的动物志》。

1842 年，迁居到伦敦郊外的唐恩小镇。

1842～1846 年，撰写三卷本著作《"贝格尔"号航行期内的地质学》。

1844 年，撰写未发表的阐述进化论的论文。

1846～1855 年，就藤葫问题进行研究写作。

1848 年，父亲去世；健康状况不佳并持续很长时间。

1851 年，女儿安妮去世。

1855 年，开始撰写关于进化论的主要著作。

1858 年，收到华莱士的信和稿件，将自己有关进化论的原稿和华莱士的论文一并提交给伦敦林奈学会，林奈学会宣读达尔文和华莱士各自关于进化论的论文；小儿子夭折。

1859 年，《物种起源》出版。

1860 年，英国科学促进会年会在牛津大学组织了有关达尔文进化论问题的大辩论。

1863～1865 年，病情延续。

1868 年，发表《家养动物和培育植物的变异》。

19 世纪 70 年代发表五部关于植物的著作。

1871 年，发表《人类起源和性选择》。

1872 年，发表《人类和动物情感的表达》。

1880 年，出版的《植物的运动力》一书中总结了植物的向光性的实验。

1881 年，出版关于蚯蚓的著作。

1882 年 4 月 19 日，因心脏病发作在唐恩去世，葬于伦敦威斯敏斯特大教堂。